人本管理案例丛书

恪守以人为本 彰显社会责任

U0692964

人力资源管理案例集

Human Resource Management
Case Selections

丛书主编◎陈惠雄

主　　编◎胡孝德

副主编◎旷开源

ZHEJIANG UNIVERSITY PRESS
浙江大学出版社

总　序

　　自管理学从经济学理论体系中分离出来而成为一门独立的学科以来,迄今已近百年。在过去的一百年中,管理学发展势头迅猛,出现了诸多管理学派,形成了管理学理论丛林。无论什么学派,都是基于对人性的认识不同而提出来的管理思路。正是对于人性认知的演进,人本管理思想最终成为主导的管理学思想之一。

　　人本管理就是基于科学的人性观基础上的"以人为中心"的管理。它要求理解人,尊重人,充分发挥人的积极性、主动性和创造性。作为一种现代管理方式,相对于传统管理方式而言,人本管理是一种管理理念与管理方式方法的根本性跨越。人本管理思想产生于西方二十世纪三十年代,真正将其有效运用于企业管理是在二十世纪六七十年代。自上世纪九十年代知识经济时代出现,人及其知识在经济发展中的贡献日益突出,人本管理逐渐风行全球。

　　众所周知,企业管理是对企业生产经营活动组织、计划、协调、控制等一系列职能的集合,包括对企业的人、财、物、信息等资源要素的系统整合与组织管理。对企业资源中第一要素——人的认识也有一个逐渐演化的过程。现在没有人怀疑人力资源是第一资源。那么,如何对企业中的人进行管理,就不能再简单的以"经济人"、"社会人"这些人性的认识作为前提进行制度层面的设计。我们需要对人类行为的终极目的——包括人们工作的终极目的有一个更加深入的认知。这个终极目的就是人的快乐幸福。运用到管理实践中就是如何尽可能地实现人们的"快乐工作"。也就是说,人本管理的核心还是要调动人的积极情绪,考虑人的多方面的快乐需要,通过人们的快乐工作来使得个人与组织都获取最大收益。这也使得"Happiness in Work"的研究越来越受到人们的重视,并成为人本管理的一个新趋向。

　　显然，基于人本管理视角，我们应该把员工作为企业最重要的资源，以员工的能力、特长、兴趣、心理状况等综合情况来科学地安排最合适的工作，做到合适的人做适合的事。并在工作中充分考虑员工的职业发展和价值，通过全面的人力资源开发计划和企业文化建设，使员工能够在工作中享受工作的愉悦，从而充分地调动和发挥工作积极性、主动性和创造性，从而提高工作效率、增加工作绩效。

　　工商管理作为管理类一级学科，涵盖企业管理、人力资源管理、市场营销管理、物流管理等专业内容，旨在培养企业中的中高级管理人才队伍。我国有近千所高校开设工商管理类专业，目前在校学生达三百多万，为企业培养了大批适合的管理人才，在人才市场中是供需两旺。浙江财经大学工商管理学院目前拥有七个本科专业，企业管理、人力资源管理、市场营销管理、物流管理等工商管理专业都开设较早，形成了以人本管理为基础的培养特色。工商管理专业是浙江省重点建设专业，企业管理是浙江省重点学科。近年来，学院获得教育部高等学校人文社科优秀成果奖 2 项，主持国家社科基金、国家自然科学基金项目 10 余项。学院的师资力量雄厚，科研成果丰富。在多年的教学工作实践中，尤为重视案例教学。既注重理论上的"顶天"，更关注实践工作的"立地"，突出学生的能力培养。毕业的学生以理论掌握的系统性与实际操作的扎实性而广受企业界等用人单位好评。现在，我们把多年来的案例教学材料进行汇总、加工、编辑，以便为更多高校工商管理类专业教学提供借鉴、参考。

　　这套《人本管理案例丛书》包括《战略管理案例集》、《人力资源管理案例集》、《市场营销案例集》、《管理学案例集》，涉及企业管理的主要方面。案例选材以浙江省企业为主，大都是教师们在长期的教学研究工作中赴企业调研整理而成，有的企业本身就是我校的教学实习、实践基地，因而案例资料真实，所选企业又具有一定的代表性和典型性。相信本套案例集的公开出版将促使我校工商管理专业的教学与科研迈向一个新台阶，同时也为全国高校同行提供一个相互交流学习的平台。

陈惠雄

2013 年 10 月于杭州

前　言

21 世纪什么最贵？人才。

人力资源是第一资源。

人力资源管理的概念自上世纪 90 年代初引入，1996 年教育部增加人力资源管理本科专业设置以来，人力资源管理学科在我国高等教育领域发展迅速，至今已有近 300 所高校开设了这个专业。2008 年，国务院机构改革成立了中华人民共和国人力资源和社会保障部，之后各省市相关机构都改名为人力资源和社会保障管理部门。机构的改名反映出我国政府在人力资源这个问题上的与时俱进。至于社会组织则早已大部分改名为人力资源部。人力资源管理实务方面，把国外的做法引进、移植、改进、本土化。人力资源理论领域方面，本土教材、翻译教材、原版教材如雨后春笋，各领风骚。

根据我们多年的教学和对企业实际运作情况的了解，我们发现，目前我国高校人力资源管理的教学大多以国外人力资源管理教学体系为蓝本，或略加修改，没有结合我国社会组织，尤其是营利性组织的实际管理情况。特别是在人力资源管理教学案例方面，多以国外营利性组织为例，难免隔靴搔痒。这就造成学生毕业后在实际工作中，有力使不上，感到大学学习中的东西能用于实际的不多。

有鉴于此，我们几位同仁决定编写一本具有中国社会组织特色的人力资源管理教学案例集。案例选材以浙江省企业为主，大都是教师们在工作之余赴企业调研整理而成，有的企业本身就是我校教学实习、实践基地，因而案例资料真实，而且所选企业又有代表性。

案例体系方面，我们以人力资源管理的核心内容，即通常所说的八大模块为框架，每个模块 1—3 个案例。前面为该部分核心概念，概念来源于廖泉文教授、赵曙明教授、董克用教授编著的教材。后面设置了案例思考题，供分析案例之用。

本案例集主要供大学本科生在学习人力资源管理时使用，也可供企业管理专业研究生、MBA 学生在学习相关课程时使用。

案例中涉及的组织，机密资料已排除，材料源于各种公开渠道。作为教学案例来源，特向这些组织致谢。

目　　录

第一章 概　述

◇ **本章基本概念**

1. 人口资源（Population Resources）　人口资源是指一个国家或地区所具有的人口数量的总称。

2. 劳动力资源（Labor Resources）　劳动力资源是指一个国家或地区具有的劳动力人口的总称。

3. 人力资源（Human Resource）　人力资源是指能够推动社会和经济发展的,能为社会创造物质财富和精神财富的体力劳动者和脑力劳动者的能力,即处在劳动年龄的已直接投入建设和尚未投入建设的人口的能力总和。

4. 人才资源（Talent Resources）　人才资源是指一个国家或地区具有较强战略能力、管理能力、研究能力、创造能力和专门技术能力的人们的总称。

5. 天才资源（Genius Resources）　天才资源是指在某一领域具有异于他人的特殊的开拓能力、发明创造能力、攀登某一领域高峰能力的特殊人群。

6. 人力资本（Human Capital）　人力资本理论是由美国经济学家舒尔茨和贝克尔等创立的,是指存在于人体之中、后天获得的具有经济价值的知识、技术、能力和健康等质量因素。

7. 人力资源开发（Human Resources Development）　人力资源开发主要指国家或地区、企业、家庭、个人的正规国民教育、在职学历教育、职业技能培训以及人的使用和启智等一系列活动,从而达到培养各类人才、开发人的潜能、提升人的质量的目的。

8. 人力资源管理（Human Resource Management）　人力资源管理是指各类社会组织对员工的招募、录用、培训、使用、升迁、调动直至退休的一系列管理活动的总称。

📁 【案例 1.1】

"以人为先"的奥克斯人力资源管理

≫ ≫ ≫   ≫

摘要:目前是我国民营企业发展的最好时期,而东部沿海又成为我国民营企业发展的样板地区。本案例以快速成长中的宁波奥克斯集团为例,从企业人力资源管理的角度,从四个方面,即与人力资源管理相对应的奥克斯的特色管理、奥克斯的人才观、奥克斯人力资源管理的模式、奥克斯人力资源管理模式的基本价值等来研究"奥克斯现象",试图给正在成长起来和将要成长起来的我国民营企业提供一些管理经验。

关键词:民营企业　奥克斯　人力资源管理

0 "奥克斯现象"

正在快速成长的奥克斯至今经历了 17 个年头,它从最初的 7 名员工,负债 20 余万元的一个加工钟表零件、拉杆天线等小五金的小厂,已经发展成拥有总资产 55 亿元人民币、员工 1.5 万名的现代股份制民营企业集团和国家重点火炬高新技术企业,并设立了国家博士后工作站。目前奥克斯集团已形成宁波三大制造基地、南昌制造基地、沈阳制造基地等国内五大生产基地,主要产品涉及家电、电力、通讯、汽车和能源等多个领域。当该企业开始生产电能表时,国内最大的电能表企业是它的 500 倍,奥克斯用 5 年时间做到了全国第一;当开始生产空调时,国内最大的空调企业是它的 1000 倍,奥克斯用 8 年时间做到了国内前三。现在奥克斯的三星电能表的年生产能力为 2500 万只,居世界第一;奥克斯空调的年生产能力是 450 万台,居全国同行业前列,2003 年的销量突破 250 万台,跃居全国前三位;"奥克斯"也一跃成为"中国驰名商标"。在 17 年的发展历程中,奥克斯每年以近翻番的速度完成了 1000 倍的成长跨越,创造了奇特的"奥克斯现象"。因此,研究"奥克斯现象"成为剖析我国成长中民营企业内在机制的一个典型样本。

1 研究之一:与人力资源管理相对应的奥克斯的特色管理

一流企业需要有一流人才,奥克斯的成功或者说"奥克斯现象"的产生首先得益于奥克斯的特色管理,但归根结底得益于奥克斯所拥有的高素质人才队伍。因为高素质的人才队伍筹划了奥克斯的特色管理,奥克斯的特色管理发端于奥克斯特色的人力资源管理。当然,包含于奥克斯特色管理的人力资源管理不能没有与之相对应的其他奥克斯特色管理的支撑,因此,有必要对与人力资源管理相对应的奥克斯的其他特色管理做些简要分析。

1.1 走向世界的企业核心竞争力

奥克斯把在实践中提炼的企业核心竞争力归结为一个核心、三大机制、四大能力所构成的八大要素,即"1+3+4"模式的企业核心竞争力。奥克斯企业核心竞争力是其发展、壮大,走向世界的基本支撑力,也是解读奥克斯成长之谜的重要因素。所谓一个核心就是奥克斯的文化理念,它是奥克斯的灵魂,核心思想就是"一切按经济规律办事,一切按有理服从原则办事,一个以提高企业效率为中心的企业风格",它使企业的基本理念最终回到"以人为先,诚信为本"的现代企业的立业思想上来。所谓三大机制就是奥克斯的基本管理风格,即决策机制、激励机制和效率机制。企业管理的成功来源于科学的决策、有效的激励,而决策是否科学,激励是否有效,又取决于企业效率,建立配套的效率考核机制成为评价企业决策和有效采取激励措施的根本手段,奥克斯的三大机制从体系上完成了企业管理的基本过程。所谓四大能力则是奥克斯的基本经营理念,即创新能力、成本控制能力、资源整合能力和信息化运作能力,这四大能力贯穿于企业经营管理的全过程,成为奥克斯成长的重要动力源。

1.2 奥克斯特色的企业文化

企业文化是一种理念,一种价值观,属于精神层面,它只有转化为员工和组织的自觉行为才是有价值的。奥克斯企业文化的特色不在于它的成功提炼和准确表述,也不在于它的员工和企业本身的较高接受度,而在于它实际操作中的可行性。在奥克斯的企业文化中,"一切按经济规律办事"就是用经济的手段去激励员工的工作热情,用经济的手段去规范员工的行为,企业运作中的产品质量、成本,管理效率,以及人才的引进乃至后勤服务最终都量化为具体的经济指标,转化成一定数量的"钱",奥克斯的实践也表明这种"经济人"思想的合理运用是当前市场经济条件下在一定时期内企业管理的合理选择。"一切按有理服从原则办事"就是用制度来约束管理者的行为,用制度来构建全员化的创新竞争平台。领导者、管理者的威信来源于自身的学识和办事成功的概率,奥克斯提倡有理服从,拒绝武断和强压,在实际工作中充分发挥员工的积极性和创造性。"一切以提高效率为中心的企业风格"就是用管理工具来确保效率的最大化。在经营管理中,始终将效率作为员工素质考评的关键要素,用会议纪要、承诺书、工作联系单等形式,通过实施 ERP 工程,推广 OA 系统等具有操作性的管理工具,形成快捷严密的资金流、工作流、信息流,推动企业快速发展。

1.3 "事件营销"战略

"事件营销"是企业通过策划、组织和利用具有名人效应、新闻价值以及社会影响的人物或者事件,吸引媒体、社会团体和消费者的兴趣与关注,以求提高企业或产品的知名度、美誉度,树立良好品牌形象,并最终促成产品或服务销售的手段和方式。作为国内外一种流行的营销手段和策略,奥克斯的成功就在于奥克斯人善于充分调动社会资源,发掘事件热点,精心制作,在"事件营销"中策划站得高、时机抓得好、选题准确、传播巧妙以及注重尺度的合理操作。最关键的是,每一次事件营销的背后,奥克斯都已经把准备工作做到了前头,即充分发挥长三角制造业发达的地域优势和企业机制灵活的优势,将成本充分控制到自己可以承受而对手难以接受的水平,最终促成这一营销战略。

1.4 成功的信息化管理

奥克斯是国内不多的成功运用 ERP 管理系统的企业。在信息化建设中,公司提倡"一把手"工程,并将"一把手"的含义从总裁延伸到各公司总经理、各部门领导。根据信息化建设的需要,信息管理部还制订了"计算机及相关设备采购使用管理规定""OA 办公自动化系统使用规范""ERP 操作奖罚条例""软件项目开发管理及奖罚制度"等与信息化建设有关的规章制度,同时给予 ERP 项目经理四大特殊权力——经济奖罚权、行政处罚权、人事建议权和经济决定权,建立起信息化建设顺利运作的保障体系。如今,奥克斯的管理已迈上了信息高速公路,ERP 工程顺利上线,OA 系统在各部门、分厂全面实施。比价系统提高了企业的成本竞争力;规章制度模块使全公司各类制度得到有效整合;会签审批发文模块加快了文件传递速度;合理化建议、质量信息、价格信息、奖罚通报平台等模块促进了企业激励竞争机制的全员化、透明化。

1.5 稳妥的企业发展战略

奥克斯基于理性思维,抢抓发展机遇,促进了企业的快速成长。在理性思维下,奥克斯把每一个机遇转变成发展的每一个台阶,在理性思维下,使企业的发展具有前瞻性,实施稳妥的企业发展战略:电表做到行业老大,才去做空调;空调做到前几名,才去做手机;手机有了较大规模,才去做汽车。并灵活运用做企业"做熟不做生"的基本法则,不盲目进入高利润领域,而是进入企业可控领域,使业务得到合理调整。奥克斯遵循的原则是企业业务的走向最终取决于新进入领域与传统领域利润率的可比性以及规模市场的成长性,而不是新进入领域的超高利润,这就是具有奥克斯特色的企业发展战略。

1.6 企业内部的联产承包制

奥克斯在企业内部,大到公司、分厂,小到车间、食堂、招待所、电梯、汽车、交通费、办公费、电话费、电费及所有提供生产服务和单一专业性强的设施,凡能实行承包的都必须实行承包,凡能计算定额的均实行定额核算,凡能责任到人的坚决定位到人。每个成本中心的费用都是限定的,超过部分自理,节余部分自留,使员工树立一切开支与自己的收入有关的理念,员工节约意识明显增强。这样做的目的,是让承担具体工作职责的人直接掌握经济权力,推行面对面的近距离服务,消除管理盲区和死角;并通过经济激励的手段,最大程度地发挥每个人的创造潜能,提高了员工积极性和设施利用率,使整个企业的生产经营都体现出既高效快捷、充满生机活力,同时又规范有序的氛围,将企业、管理者、员工结成牢不可破的经济利益共同体。在这个经济利益共同体里,员工既是利益的创造者,又是利益的分享者。通过运用经济价值的原理,奥克斯实现了企业与个人的"双赢"局面。

2 研究之二:奥克斯的人才观

"奥克斯现象"催生于奥克斯的特色管理,奥克斯的特色管理得益于奥克斯的独特人才战略,奥克斯的独特人才战略又是基于科学的人才思想的,人才思想是奥克斯核心价值观的重要组成部分。正如奥克斯集团总裁郑坚江先生在《奥克斯报》发表2005年新年致辞中所指出的那样,奥克斯越发展就越不是一个人的企业,并认为奥克斯"以人为先,诚信为本"宗旨就是要强调企业在未来的发展中把人才当成企业的核心问题。因此,综观奥克斯的发展历程,其人才观的核心思想主要表现在:

2.1 "虚心以待"的人才观

奥克斯集团总裁郑坚江先生在 2003 年提出的一个突出观点就是"人对了，企业就对了"。他在用"企"字去人则为"止"来强调人是企业生存发展的关键因素的同时，还用"管理究竟是拍板的艺术，还是沟通的艺术?"的管理学基本命题来强调管理者要首先在主动而充分的沟通中去尊重他人、理解他人，才能从内心去打动他人、激励他人，进而才能有效而长久地调动他人。也就是，在位者不是以权压人而是要以德服人、以心服人。

另外，郑坚江先生崇尚"低调做人，高调做事"的为人风格，这种的品格也体现在其具体的虚心容人的用人之道上。他认为，奥克斯的"虚心"是不计代价的，虚心的奥克斯才能人才辈出，才能高效发展;企业需要权威，但权威必须虚心，权威也要服从和服务于经济价值规律这个大道理。"虚心以待"的容人观、用人观使奥克斯在人与人之间做到了坦率、真诚、平等，也增强了企业的凝聚力。

2.2 "人人做伯乐"的全员人才观

奥克斯对"千里马常有，而伯乐不常有"这句古语给予了全新的诠释和理解，并用现代管理制度进一步提升了"伯乐"在现代企业发展中的作用。奥克斯规定，只要能发现、培养人才，并主动向公司推荐人才，在被举荐人试用合格后，"伯乐"就可以获得企业高调的表彰和重金奖励。"人人做伯乐"的全员人才观的基本要义体现在:一是明确标准，即通过"千里马"的等级来确定"伯乐"贡献的大小;二是明确范围，即规定奥克斯的全体员工人人可做"伯乐";三是明确"千里马"需要经过一个试用期，杜绝假"伯乐"推荐假"千里马";四是奖罚分明，对不愿做"伯乐"或者做"伯乐"不力者要给予相应的处罚。"人人做伯乐"的全员人才观带来的直接效果就是"伯乐奖"的全员化，使奥克斯员工的引才、识才、荐才意识，特别是容才之心明显增强。

2.3 "移民部落"的新理念

奥克斯人把奥克斯的发展与美国的发展相类比，认为奥克斯的发展也得益于移民文化，得益于企业的开放心态，得益于奥克斯从上至下始终敞开的胸怀。奥克斯从 20 世纪 90 年代初开始就已经把"招贤纳才"的信息发布到全省、全国乃至全球，从根本上打破了用人上的"地缘、亲缘、血缘"界限。目前，奥克斯的万余名员工，来自于除台湾、西藏、新疆、海南四省份外的全国所有省、市、自治区;从 2002 年起外国专家也开始加入奥克斯;并在企业内部建立博士后工作站吸引国内外高素质技术人才。海纳百川的用人理念使得奥克斯"移民部落"逐步扩大，在推进人才多元化的同时，奥克斯和奥克斯人的开放度越来越高、包容性越来越强,这种开放的心态以及对各种文化、观念、思想都包容的胸怀,最终转化成企业持续发展的动力源。

3　研究之三:奥克斯的人力资源管理模式

正如奥克斯的企业文化一样,奥克斯人才观的特色也不在于它的理论上的高深,而在于它的可操作性、实用性以及符合奥克斯本身发展所需要的个性,因此,奥克斯的人才观作为奥克斯人力资源管理模式选择的理论依据,最终要落实到人才战略的具体实施中去,即落实到具体的人力资源管理实践当中去。具有奥克斯特色的人力资源管理模式主要包括以下四个方面的内容:

3.1　多元化的人力资源获取模式

在"移民部落"新理念的影响下,奥克斯的人力资源获取已经从根本上打破了"地缘、亲缘、血缘"的界限,根据奥克斯集团人力资源部的统计,早在 2003 年 9 月 25 日,在奥克斯 13000 余名员工中,宁波籍本地员工与外地员工的比例首次达到 1:1。其中外地员工的比重略大些,占到员工总数的 50.4%,宁波籍的管理干部和外来的管理干部的比例也首次达到 2:3。

历年来,奥克斯还通过市场觅才、网上引才、登报求才、社会荐才等途径不拘一格降人才,使员工总数达到 1.5 万余人,专业管理技术人才达 1500 多名。现在还根据企业快速发展的需要,又提出了新的引才目标,要求各部门、分厂均要配备 3 名以上中级职称人员,每位干部至少引进 1 名月薪 2500 元以上的人才。另外,奥克斯还在尝试人力资源获取的国际化战略,从 2002 年起,有 3 名日本专家加盟奥克斯,出任技术总监和品质顾问,在 2003 年成立的奥克斯(香港)销售有限公司,也有数名境外人士加盟。

而且,奥克斯还在不断优化人力资源获取策略,首先是乘着行业洗牌的时机,从竞争对手那里挖来行业内的高素质人才;而在向新业务领域拓展时,则提出"生产找老人,营销找新人,研发用外脑"的策略,有针对性地获取市场中的高素质人力资源;还在企业内部设立博士后工作站,在为社会培养高层次人才的同时也为直接获取社会高层次人力资源提供了便利;同时也通过"伯乐奖"和"合理化建议奖"等可操作性措施建立起企业人力资源获取的畅通工程。

从外面引进人才的同时,奥克斯还注重自身人才的培养,通过师傅带徒弟、外派培训等渠道,培养技术和管理接班人,在实现人才本土化的基础上挖掘自有人才潜力,构筑起人力资源获取的外引内培新机制。

3.2　多元化的薪酬体系设计

奥克斯的人力资源管理并不回避"金钱"问题,它根据企业经营状况和企业经济实力,遵循既体现人才市场价值的外部公平,又照顾公司新老员工利益的内部平衡;既突显刚性的岗位差异,又保持与业绩挂钩的弹性激励的基本思路,确立了符合企业发展战略的薪酬设计原则:一是岗位重要度原则,即根据岗位本身在公司战略体系中的价值、地位、岗位所需技能的复杂程度和可替代程度,制定不同的岗位薪酬标准;二是社会认同原则,即根据员工自身素质与能力的状况以及社会的认同度确定技能工资标准;三是原薪水比较原则,即人才市场价值定薪原则,奥克斯认同并尊重人才的市场价值,对于稀缺人才,奥克斯一般采用更具竞争性的薪酬标准来确定其市场工资标准;四是创造价值原则,即基于人才绩效的定薪原则,也就是根据员工工作的努力程度、创造价值的大小来确定考核工资。

在根据以上原则确定员工基本薪酬的基础上,奥克斯还有自己的一套福利政策,包括购房资助、购车资助、通讯补贴、住房补贴等。但具有奥克斯特色的薪酬体系设计更突出地表现在"三奖"的设立和运作上。

"伯乐奖"制度。所谓"伯乐奖"制度,就是奥克斯根据员工向公司推荐的公司发展所需要的优秀人才的数量和质量而给予员工一定数额物质奖励的制度。奥克斯规定,只要发现、培养人才,并主动向公司推荐,在被举荐人试用合格后,"伯乐"就可以获得公司的高调表彰和重金奖励。"伯乐奖"的高低,取决于被推荐人才的身价。具体奖励办法是,当被推荐人才的试用期满并经过考核合格后,由公司出钱对举荐人进行奖励。举荐人以口头方式推荐的,可以得到任用者(被推荐人才)1个月的薪水作为奖励;举荐人以书面方式推荐的,可以得到任用者(被推荐人才)2个月的薪水作为奖励。各分公司也根据实际情况设立了自己的"伯乐奖",奖励标准减半。该项制度创立于1999年,至今已使150余人次的奥克斯员工受奖,企业为此发放的奖励金额累计达到64万元。

"合理化建议奖"制度。所谓"合理化建议奖"制度就是奥克斯根据员工提供的经考核和审核能给企业带来经济效益的建议的数量和质量而给予员工一定数额经济奖励的制度。从2003年起公司每年拿出500万元的奖金来奖励公司的合理化建议。为使这项制度有据可依,有章可循,奥克斯专门制订了《合理化建议奖励条例》。一条建议提出后必须经过部门负责人、相关责任部门负责人以及审批人三方签字认可才能最终被批准为合理化建议。每个子公司和部门还专门设立合理化建议监控员,监控本单位的合理化建议的执行情况,集团企业质量管理办公室负责所有合理化建议的执行监督。合理化建议人的奖励标准是根据集团企业质量管理办公室评估具体执行部门执行其合理化建议所产生的效益来确定的,奖金取决于产生效益的大小以及《合理化建议奖励条例》所规定的奖励比例。《合理化建议奖励条例》还规定，只要建议被采纳，建议经手者个个有奖：对建议提出人所在部门，按奖励总额的10％进行集体奖励，奖金由部门、分厂负责人自行分配，其中的50％可归负责人本人所得，旨在让各个部门的负责人为员工多提合理化建议创造良好环境；对具体实施部门的奖励额更高，为奖励总额的20％，以此来有效杜绝议而不决、采而不施的消极扯皮现象。奥克斯自执行这条制度以来，有超过半数的人曾提出过各类建议，共计有7800余人次分享了总额超过600万元的合理化建议奖，分摊到每一位员工头上，相当于人均增加收入700多元。当然，"合理化建议奖"制度的执行也给奥克斯带来了可观的经济效益，近三年来，奥克斯共计采纳合理化建议4493条，产生直接经济效益2亿余元，几乎相当于国内一家中型企业的年利税额。

"爱心奖"制度——一种期权模式的有益尝试。所谓"爱心奖"制度就是奥克斯通过赠送一定数额期权的形式来吸引和留住企业的管理骨干和技术骨干。这项制度规定：凡是在奥克斯工作满一年的业务骨干，并且该年度在工作中表现突出，没有违反公司的廉政规定，在年终奖发放时，均可同时获得以集团总裁名义赠予的"爱心奖"，以表彰其为企业做出的贡献。爱心奖不是以现金的形式发放，而是以一定金额的企业期权证明书的形式由企业总裁赠予员工，员工每年可以提取该金额的10％用于自己的购车、购房等消费，但不能领取现金，而且员工跳槽之后的剩余部分则视为自动放弃，由企业收回。爱心奖可以累积，因此，在奥克斯服务年份越长，爱心奖累计数也就越大。以2004年度为例，奥克斯赠予员工最高的一笔爱心奖，其金额高达40万元。

3.3 "员工直选"的内部晋升模式

为在企业管理干部中引入竞争机制，奥克斯从2002年初开始推行各类各级管理干部直选制度。提供的竞争岗位，起初主要为下属各分厂、部门的副职，以及车间里的正副主任和班组长，从2003年8月起，竞聘岗位的范围进一步扩大到分厂、部正职管理干部，使企业内部员工晋升制度取得重大改革。"员工直选"制度有三大新意：一是直选各级管理干部，并不迷信"外来的和尚好念经"，而是"眼睛先朝内"，把竞聘机会全部向内部员工开放；二是候选人均需公开发表竞聘演讲和选举辩论，并由选民直接向候选人提问，候选人当场做出回答；三是改变过去由企业高层和上级党组织直接委任的方式，邀请来自基层的员工、中高层管理者担任评委，来自基层的评委的数量超过中高层评委的数量，演讲和答辩的表现占总分的45％，其余的分值来自以下几个方面：笔试15％，员工打分（民意调查）以及绩效考核各占20％，最后依据得分高低确定任用人选。在决定任用之前，还要进行公示，再次听取员工们的意见。

候选人产生的办法也体现了公正性和广泛的群众性,如所有分厂厂长的选举,目前都采取没有专业、经历、部门限制的自由提名方式。员工只要学历在高中以上、年龄在35周岁以下、在奥克斯服务时间超过半年,且以往在本职岗位上做出较好业绩的,均可通过自荐、领导引荐、群众推荐三种途径,取得竞聘资格。

当然,奥克斯员工的内部晋升还体现在通过"合理化建议奖"和"伯乐奖"等制度使一大批有真才实学的员工得到不同程度的提升,以"伯乐奖"制度为例,自从1999年开始实行"伯乐奖"制度以来,就有180余名普通员工和企业新引进人员,因为遇到"伯乐"而受到重用,成为企业的各类骨干。

3.4 虚拟学院——现代员工培训的新尝试

在培养企业高层次实用型人才和构建人才梯队方面奥克斯也做了有益的尝试。通过和浙江万里学院合作成立的浙江万里学院奥克斯学院是我国首家虚拟性质的学院。奥克斯虚拟学院具有一般高校办学的所有要素:人才培养目标、办学宗旨、教学大纲、教学计划、师资队伍、考核检查手段、学业鉴定等。学院的师资力量主要由浙江万里学院提供,奥克斯的技术、管理专家通过开设讲座、参与教学计划修订等方式,也参与学院的教学与管理。学院坚持实用性、前瞻性、创造性的办学原则,根据企业发展的实际需要,面向奥克斯的各级管理人员、研发人员、一线工人实施"再教育计划",为企业培养出既具有较高专业理论知识,又具有较强实践应用能力的对口人才。

另外,根据奥克斯提出的具体岗位要求,虚拟学院还专门招收相应专业的学生并设置合理的课程体系,实行"订单式培养"。学院已经以"二次招生"的形式从万里学院2004届本、专科生中招收60名学生,为奥克斯定向培养以市场营销岗位为主的高级人才。这批学生进入虚拟学院学习后就不再缴纳学费,虚拟学院还设立优秀学生奖学金,以促进学生发奋学习,全面发展,为真正培养出奥克斯发展所需的合格人才奠定良好的基础。

奥克斯虚拟学院的模式,一方面实现了学校人才供给与企业用人单位人才需求的对接,提高了大学毕业生的就业率,也缩短了大学生的就业适应期,另一方面也为高校与企业之间的人才、信息、技术的共享搭建了平台,促进了企业员工再培训计划的落实,也在一定程度上节约了培训成本。

4 研究之四:奥克斯人力资源管理模式的基本价值

综观民营企业的发展历程,正如奥克斯一样,它其实已经跨越了物质资本的稀缺阶段,同时又由于新经济条件的推动,人力资源在企业发展中的地位突显是历史发展的必然。因此,更多地关注和有效地整合企业的人力资源特别是优秀人力资源,实现企业无形资本(人力资本)与有形资本(物质资本)的合理组合,以达到科学经营和筹划有形资本,实现民营资本的保值增值,确保民营企业的可持续发展是当前企业管理中无法回避的现实问题。通过以上对奥克斯人力资源管理模式的分析和研究,其人力资源管理实践确实有许多值得效仿和推广的经验。

4.1 确立科学的具有前瞻性的人才观

奥克斯提出"人对了,企业就对了"这样一个基本的关于人才的观点是具有战略意义和时代眼光的。一方面它是奥克斯 17 年发展经验的基本总结,另一方面也是奥克斯确立未来发展战略的基本依据。正如奥克斯总裁郑坚江先生在《奥克斯报》发表新年致辞所说的那样,"奥克斯越发展就越不是一个人的企业了,这个舞台属于大家! 属于每一个有才华的奥克斯人!",而奥克斯在 2004 年把"以人为本,诚信立业"的企业宗旨改成"以人为先,诚信为本",他认为就是要强调:在奥克斯的未来发展中,"人才"是关键核心的问题,人用好了,企业就对了,这是真话,也是真理。在郑坚江先生带领下,奥克斯所取得的成功确实也证明了"发展是硬道理,人才是关键"这个真理。因此,确立一种科学的具有前瞻性的基本人才观,既可以为企业的发展建立科学的人才战略,也能为企业催生和营造出引才、识才、重才和容才的企业文化氛围,最终形成企业发展的持久竞争力。

4.2 "理性经济人"思想的合理使用

西方经济学理论用"理性经济人"的前提假设构建了它的理论大厦,但是实践表明,把每个人的行为准则都看成是追求约束条件下自身效用的最大化有其历史和理论的局限性。尽管如此,在现代社会,人类行为在追求其他社会目标时,不忽视对自身效用最大化目标追求的社会环境还是没有根本改变。奥克斯巧妙地运用了西方经济学的这一基本思想,用"一切按经济规律办事"进行了重新诠释,并在具体的人力资源管理实践中简化为"一切听人民币的",为此还建立和完善了一整套奖惩制度和承包制度,使"人民币"真正成为计量企业运作中员工行为的数量和质量的基本单位,效果十分明显。这其实也反映出,在我国社会主义初级阶段的一定时期内,经济利益这根杠杆仍然是调节企业员工行为的最基本工具。

4.3 参与式管理是实现人力资源管理效果的合理方法

我国民营企业采取家族经营和家族控制的比例超过 80% 以上,由于我国社会中普遍存在的信任资本不足的现象,家族经营的一个重要特点就是采取内外有别的管理策略,家族以外的人员(职业经理人)参与企业管理的范围不充分或者受到诸多限制,从而制约了家族制民营企业的成长。Z 管理理论的基本思想之一就是倡导上下结合的决策和员工参与式的管理,这与新经济条件下企业内部管理的要求相符合。在奥克斯,通过制定一系列较为成熟和合理的管理措施,诸如"合理化建议奖"制度、"员工直选"制度以及管理信息化等等,拓宽了企业中的各级管理者(职业经理人)和各类员工直接参与企业管理的渠道和机会,提高了管理的透明度,也增强了企业主和员工之间的互信度,使得企业的整体管理,特别是对员工本身的管理更能获得支持和理解,从而全方位调动员工的积极性和创造性。

4.4 充分运用现代技术条件提升企业人力资源管理水平

能否有效地利用以信息技术为代表的现代技术条件是衡量一个企业经营能力、经营水平的重要标准。奥克斯是我国为数不多的成功进行信息化建设的民营企业,它通过引进德国 SAP 公司的世界最先进的信息化管理软件在公司成功实施了 ERP 工程;OA 系统也在各部门、分厂全面上线。管理系统中各个模块的使用与开发,可以更有效、更便捷地整合和配置企业的物质资源和人力资源资源,也强化了企业内部信息资源的共享。另外,由于网络架起了员工与员工之间、员工与企业主之间沟通的桥梁,在缓解人与人之间直接交流可能产生的冲突的同时也加快了人与人之间信息沟通的速度和广度,并在一定程度上也简化了人力资源管理程序,提高了人力资源管理水平。

4.5 人力资源获取的多元化保证了企业真正获取其发展所需的优秀人才

我国民营经济的快速发展使得对企业人才的需求急剧增长,人力资源市场上企业人才特别是高层次企业人才的供给已显不足,以民营经济较为发达的浙江省为例,企业人才总量供给明显不足,高级技术人员和外语人才缺口达 40%以上,职业经理人的缺口大约为 15%左右。[1]奥克斯敏锐地洞察到国内人力资源市场的现状,因而在人力资源获取的模式选择上采取多元化战略,树立"移民部落"新理念,在打破人力资源获取的"地缘、亲缘、血缘"传统束缚之后,在地域上立足国内,放眼世界,在用人标准的选择上注重德才兼备,最终使企业能够源源不断地获取到企业发展所需的合格人力资源,特别是高级人力资源,实现了企业的跨越式发展。

4.6 建立体系化的薪酬制度,调动不同层次员工的积极性和创造性

薪酬设计是企业激励员工的基本制度安排,在现代企业管理不断趋于人性化、不断趋于个性化大背景下,薪酬设计既要符合不同层次、不同类别员工的需要,也要符合人力资源市场供需状况变化的需要。奥克斯的薪酬设计在薪酬设计"四原则"的基础上确立了员工的基本薪酬结构——岗位工资、技能工资、市场

工资及考核工资。同时又通过"三奖"——伯乐奖、合理化建议奖和爱心奖及其他福利政策使员工的薪酬体系更趋完善。这种"4＋3"为主体的薪酬模式反映了我国民营企业在薪酬设计上已经突破了原有的企业付酬模式,是我国企业薪酬设计的大胆尝试。

参考文献

[1] 冯洪江:《浙江民企"快车"疯狂"揽客"》,中国品牌营销管理网,2004 年8 月2 日。

❖ 案例思考

1.奥克斯公司的人力资源管理理念是什么?

2.奥克斯公司在人力资源管理方面的借鉴性启示有哪些?

3.如何理解整体性人力资源管理?

第二章　人力资源管理环境

✧　本章基本概念

1. 人力资源管理的环境（Environment of HRM）　人力资源管理的环境是指对人力资源管理活动产生影响的各种因素。了解人力资源管理的环境，有助于实现人力资源管理活动与环境的和谐统一。

2. 人力资源管理的外部环境（External Environment of HRM）　人力资源管理的外部环境是指在企业系统之外能够对人力资源管理环境产生影响的各种因素，可以从政治环境、经济因素、文化因素、竞争者等方面来分析人力资源管理的外部环境。

3. 人力资源管理的内部环境（Internal Environment of HRM）　人力资源管理的内部环境就是指在企业系统之内能够对人力资源管理活动产生影响的各种因素。

4. 组织文化（Tissue Culture）　组织文化是指组织成员所共同享有的价值观和信念，为组织成员提供行为标准。这种价值观是内在的，根据这种价值观，组织及其成员能够反省自身，识别发展机会，制定战略计划。

5. 非正式组织（Informal Organization）　正式组织是经过精心设计、计划而建立的个人地位和权责关系。非正式组织则是指人们在共同的工作过程中自然形成的以感情、喜好等情绪为基础的松散的、没有正式规定的群体。这些群体不受正式组织的行政部门和管理层次等的限制，也没有明确规定的正式结构，但在其内部会形成一些特定的关系结构和不成文的行为准则及规范。

6. 多元化管理（Diversified Management）　多元化管理是指采取措施以便最大限度地发挥多元化的潜在优势，同时最大限度地减少可能破坏多元化的潜在障碍，比如成见和偏见等。

📁 【案例 2.1】

和谐共存:X民营企业非正式组织的问题

>>>> >

摘要:非正式组织在民营企业中的存在不可避免,其作为企业客观存在的部分,对企业运行的各个层面都会产生影响,既有积极的,又有消极的。企业的管理者应当重视非正式组织的管理,协调其与正式组织之间的关系,发挥积极影响,降低消极影响,准确把握非正式组织与正式组织之间的关系,使它们和谐相处,更好地为企业发展服务,保障正式组织目标任务的完成和实现。本文针对 X 企业中非正式组织的实际情况,通过实证分析,为企业管理者更好地管理非正式组织提供一些可行的建议。

关键词:非正式组织 民营企业 影响

0 学术背景

1927 年哈佛大学教授梅奥通过霍桑试验首次提出非正式组织概念,自此以后,研究者们开始对非正式组织现象进行了广泛的研究,主要研究集中在非正式组织的概念、形成及影响作用方面。梅奥指出,企业中存在着正式组织,这个组织是为实现企业目标而存在的,并且正式组织明确规定了企业各成员间的关系和职责范围,除了正式组织之外,企业中还存在着另一种组织——非正式组织。同时梅奥提出了管理人员在正确利用非正式组织的影响作用上的要求。弗里茨·罗特利斯伯格与威廉·狄克逊在合作编写的《管理和工人》这本书中,对非正式组织进行了深刻的探讨,从而引起了人们对"非正式组织"概念的关注,他们认为,"情绪和人际相互影响"是非正式组织成立的基础,这种相互影响是一种感情的逻辑。罗宾斯则认为,非正式组织是工人们为了满足其自身社会交往的需要而在工作环境中自然形成的组织,是一种既没有正式的组织结构,也不需要由正式组织来确定的社交联盟。

在对于非正式组织形成的原因研究中,费雷德·鲁森斯认为,出于相同的兴趣爱好、政治地位或情感友谊等原因,人与人之间会形成非正式组织。L. R. 塞尔斯将利益因素和友谊因素归结为形成非正式组织的原因。群体动力学学派的学者库尔特·勒温则从活动、相互影响和情绪这三个方面对非正式组织进行了分析。勒温对非正式组织的研究突破了以往研究者对非正式组织的单面且负面的认识,从他的研究中可以看到非正式组织对企业也同样存在着好的正面的影响功能,发展了非正式组织理论。伦西斯·利克特在其著作《管理的新模式》(1961 年)、《人群组织,其管理和价值》(1967 年)中从领导方式的角度解释了非正式组织形成的原因。利克特通过对企业管理者的领导方式对非正式组织进行分析,不仅分别解释了不同领导方式非正式组织的形成原因,并且还对各种领导方式中的非正式组织的影响作用进行了阐释。

社会系统学派理论的奠基人切斯特·巴纳德不仅对非正式组织的概念有所创新研究,同时他还从非正式组织与正式组织两者的关系角度对非正式组织进行了更深层次的研究,在《经理人员的职能》一书阐述了非正式组织就是指人与人之间的相互接触、相互作用和相互聚集的总和。在巴纳德的研究中,他提出了非正式组织所拥有的三个积极的影响:一是在信息交流方面能够为正式组织提供一个沟通渠道,便于对一些有争议的问题进行更好的沟通;二是通过调节人与人之间的协作关系来起到团结正式组织的作用;三是对于非正式组织中的优秀人员,对他们所拥有的优秀品质和才能进行维护,充分尊重个人的人格。从巴纳德的角度来看,他提出经理人员要善于利用和充分发挥出非正式组织的积极作用。巴纳德关于非正式组织影响作用的理论观点成为大多数学者研究非正式组织的影响作用的理论依据。

决策理论学派的代表人物赫伯特·西蒙等人从决策产生的过程这个角度出发,提出应当重视信息的传递作用,并且应当重视非正式渠道的信息联系。不同于以往的理论家,以西蒙等人为代表的决策理论是从企业管理决策信息沟通的视角对非正式组织现象进行研究,明确提出应该重视非正式渠道的信息联系,对非正式组织在决策信息沟通中的影响作用进行了分析与阐释。

1　X 企业概况

　　X 企业创立于 1979 年,现有员工 500 余人,是经过 30 多年市场检验的专业厨房电器生产企业。集团总部位于风景秀丽的杭州，这是一块集人文风貌与经济发展双重优势的宝地。企业专业生产吸油烟机、燃气灶、消毒柜、电烤箱、蒸箱、电压力煲、电磁炉等厨房电器、生活小家电产品。经过 30 多年不断地发展与壮大，现已成为中国厨房电器行业发展历史最长、生产规模最大、产品类别最齐全、销售区域最广的龙头企业之一。30 多年的发展和创新使其在中国厨电领域已成为社会公认的领导品牌。先后被授予中国名牌、中国驰名商标等；连续 6 年荣登"中国 500 最具价值品牌"，连续 5 年荣膺"亚洲品牌 500 强"，吸油烟机更是取得了 12 年全国销量第一。企业秉持"创新、责任、务实"的老虎钳精神，以"改善人类的烹饪环境"为企业使命，始终用行动，来体现自己"做一个让社会尊敬的企业"的理念。凭借着领先的科技和优异的品质，现已成为市场销售的领先者，行业标准的倡导者，社会责任的先行者。逐渐完善的销售渠道，是其领先市场的信心来源，依托渠道而建立的完善的服务体系，成为坚实后盾。经过 30 多年的市场检验，使其成为中国家庭最为熟悉和喜爱的厨房电器品牌，目前有近 3500 万的家庭享受其带来的高品质生活。未来，企业的厨房电器将继续致力于不断改善和提升人类的烹饪环境，把中国悠久的饮食文化与先进的科学技术相结合，让每个家庭都享受到由精湛科技带来的轻松烹饪。X 企业的 30 多年发展，不仅见证了我国改革开放的 30 年，更谱写了我国民营企业健康发展史。

2 研究分析

2.1 问卷设计的思路

本次调查问卷包括两部分的内容，第一部分为基本资料调查部分，包括受测者的性别、年龄、学历、户口、职位和工作时间这六方面的内容；第二部分是问题部分，这些问题围绕员工情感、沟通交流、工作职责履行及企业制度执行这四个方面进行调查，考虑到问卷的简洁性及易懂性，每个方面都采用适当数量的题目来衡量，并且简单明了。

问卷设计遵守的原则：

第一，保密性原则。问卷进行匿名填写，对填写情况进行保密，问卷数据只用于本论文的完成。

第二，客观性原则。在语言上使用客观词语表达，避免主观态度倾向对调查者产生影响。

第三，适用性原则。问卷的内容必须适用于被调查人群，符合被调查者的情况，能够使被调查者根据自身实际情况进行填写。

2.2 问卷设计的内容

表 2-1　问卷内容表

变量	问题
员工情感方面	您在公司是否有较为谈得来的同事？
	与您谈得来的同事中，他们是您的？
	您觉得与这些同事较为谈得来的原因是？
	当您在私人生活方面遇到问题时，是否有要好同事给予帮助？
	您在公司是否参与了小团体？
沟通交流方面	您同同事的交流形式为？
	工作之余，您和同事之间是否会探讨各自工作上的问题？
	工作之余，是否有要好同事会私下传达与公司有关的信息？
	工作之余，是否有要好同事会私下传达其他同事的信息？
	工作之余，您是否会和同事谈论家庭和感情等私人问题？
	您所获得的有关公司内部的消息通常来自于？
	您进入该公司，是通过？
	是否有朋友、同学或老乡为您介绍过工作？
	您自己是否有为朋友、同学或老乡推荐进入自己所在的公司工作？
工作职责履行方面	您在工作过程中，是否有要好同事帮助？
	当您因为工作与其他同事发生不愉快时，是否获得要好同事的支持？
	当您因为工作与管理人员发生不愉快时，是否获得要好同事支持？
	在工作方面，要好同事对您的影响是？
企业制度执行方面	您认为公司对小团体现象的态度是怎么样的？
	您认为公司在评比一些员工奖项时是否受到小团体的影响？
	您认为公司在招人用人时是否受到小团体的影响？
	您认为公司在执行各种规章制度时是否受到小团体的影响？

本次调查在 X 企业范围内实行随机抽样地发放调查问卷，在对接受调查者进行问卷调查之前，简短地表明了调查的原因、目的及意义，确保被调查者根据自身真实情况认真填写问卷，保证问卷调查结果的真实性。本次调查总共发放调查问卷 100 份，实际回收 100 份，经过检查核实有效问卷为 96 份，有效问卷率为 96％。这 96 份有效问卷数据通过 SPSS 统计软件进行数据录入和整理，并且进行了数据分析。

1) 样本总体特征描述

从由调查问卷数据整理而来的个人基本信息表中可以看到,接受调查的男性员工与女性员工的比例大致相同,被调查人员普遍比较年轻,年龄在 24 岁及以下的人数占了大多数,30 岁以下的占了绝大多数;这些年轻人中的大多数为本地人,学历大多数为大学专科,学历为本科的大致占了 15.6%;被调查人员中基层人员和基层管理人员占了 95.8% 的比例,大多数人的工作时间为 1—3 年,也有 19.8% 的员工只工作了一年及以下,从这个比例中可以看出,该企业员工的流动率较高。

表 2-2 样本个体特征分布

调查项目		人数	百分比
性别	男	50	52.1%
	女	46	47.9%
年龄	24 岁及以下	79	82.3%
	25—29 岁	16	16.7%
	30—39 岁	1	1.0%
	40 岁及以上	0	
学历	高中(中专)及以下	12	12.5%
	大学专科	68	70.8%
	大学本科	15	15.6%
	研究生及以上	1	1.0%
户口	本市户口	70	72.9%
	外省市户口	26	27.1%
职位	基层员工	80	83.3%
	基层管理者	12	12.5%
	中层管理者	3	3.1%
	高层管理者	1	1.0%
工作时间	一年及以下	19	19.8%
	1—3 年	61	63.5%
	3—5 年	9	9.4%
	5 年以上	7	7.3%

2）员工情感方面

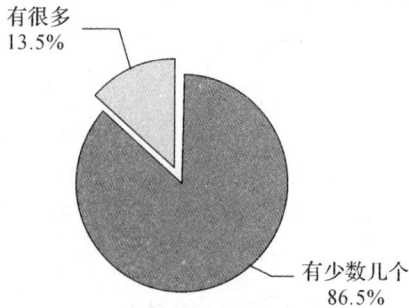

有很多
13.5%

有少数几个
86.5%

2-1　在公司是否有较为谈得来的同事

表 2-3　与您谈得来的同事是您的（多选题）

选项	人数	百分比
同乡	90	93.8％
校友	30	31.3％
同学	24	25.0％
其他	50	52.1％

表 2-4　与这些同事谈得来的原因是（多选题）

选项	人数	百分比
与他们相处更亲切和放松	90	93.8％
个人爱好相近	79	82.3％
有共同的话题	90	93.8％
有共同的工作目标	13	13.5％
有利于自身工作目标的实现	12	12.5％

从以上图表可以看出，绝大多数被调查者表示有少数几个交谈得来的同事，有少数表示有很多个谈得来的同事，没有被调查者选择"没有"这个选项；大多数员工会与同乡比较谈得来；很多员工与某些同事谈得来的原因是个人爱好的相近、有共同的话题和亲切放松的相处环境，较少的员工是因为工作的原因。

表 2-5　户口与是否参与小团体的关系交叉表

户口 * 您在公司是否参与了小团体 Crosstabulation

Count

		您在公司是否参与了小团体		Total
		参与了	没有参与	
户口	本市户口	61	9	70
	外省市户口	25	1	26
Total		86	10	96

表 2-6　户口与是否参与小团体的关系对称测度表

Symmetric Measures

		Value	Asymp. Std. Error[a]	Approx. T[b]	Approx. Sig.
Interval by Interval	Pearson's R	−0.131	0.074	−1.282	0.203[c]
Ordinal by Ordinal	Spearman Correlation	−0.131	0.074	−1.282	0.203[c]
N of Valid Cases		96			

a. Not assuming the null hypothesis.

b. Using the asymptotic standard error assuming the null hypothesis.

c. Based on normal approximation.

　　由户口和在公司是否参与小团体的交叉表分析可知,本市户口和外省市户口的员工都有大部分人数参与了公司的小团体,只有小部分没有参与,而且由对称测度表可知,户口和是否参与公司小团体的皮尔逊相关系数 R、斯皮尔曼相关系数的绝对值都很小。可以看出,户口在本地还是外省市与是否参与公司小团体之间没有显著的相关关系。

表 2-7 职位与参与小团体之间的关系交叉表

您的职位是或者相当于是 * 您在公司是否参与了小团体 Crosstabulation

Count

		您在公司是否参与了小团体		
		参与了	没有参与	
您的职位是或者相当于是	基层员工	75	5	80
	基层管理者	11	1	12
	中层管理者	0	3	3
	高层管理者	0	1	1
Total		86	10	96

表 2-8 职位与参与小团体之间的关系对称测度表

Symmetric Measures

		Value	Asymp. Std. Error[a]	Approx. T[b]	Approx. Sig.
Interval by Interval	Pearson's R	0.490	0.141	5.446	0.000[c]
Ordinal by Ordinal	Spearman Correlation	0.346	0.141	3.574	0.001[c]
N of Valid Cases		96			

a. Not assuming the null hypothesis.

b. Using the asymptotic standard error assuming the null hypothesis.

c. Based on normal approximation.

　　由员工职位和在公司是否参与小团体的交叉表分析可知,基层员工和基层管理者都有大部分人参与了公司的小团体,只有极小部分没有参与,而接受调查的中层管理者和高层管理者都没有参加小团体。由对称测度表可知,职位的高低和是否参与公司小团体的皮尔逊相关系数 R、斯皮尔曼相关系数的绝对值接近 0.5。可以看出,职位的高低和是否参与公司小团体有一定的相关关系。

　　3)沟通交流方面

表 2-9 与同事的交流形式

选项	人数	百分比
QQ	91	94.8%
电话	91	94.8%
聚餐	85	88.5%
其他活动	16	16.7%

表 2-10 工作之余和要好同事之间谈论的信息情况

		经常	有时	很少	没有
人数	探讨各自工作上的问题	37	32	19	8
	传达与公司有关的信息	31	48	15	2
	传达其他同事的信息	35	36	18	7
	谈论家庭和感情等私人问题	47	26	21	2
百分比	探讨各自工作上的问题	38.5%	33.3%	19.8%	8.3%
	传达与公司有关的信息	32.3%	50.0%	15.6%	2.1%
	传达其他同事的信息	36.5%	37.5%	18.8%	7.3%
	谈论家庭和感情等私人问题	49.0%	27.1%	21.9%	2.1%

表 2-11 所获得的有关公司内部的消息通常来自于

	人数	百分比
大部分通过公司正式渠道,小部分通过同事间谈论	35	36.5%
大部分通过同事间谈论,小部分通过公司正式渠道	36	37.5%
各占一半	25	26.0%

　　从以上三张表可以看出,QQ、电话、聚餐这三种形式是员工之间主要的交流形式;员工在工作之余,与要好同事之间的谈论不仅会涉及私人的问题,而且也会传递工作上的情况,其中探讨各自工作上的问题、传达与公司有关的信息、传达其他同事的信息占有相同重要的比重,而谈论私人问题相对来说则更多;从同事间的谈论中和通过正式渠道获得公司内部消息所占比重相差不大可以看出,非正式渠道具有不容小觑的力量。

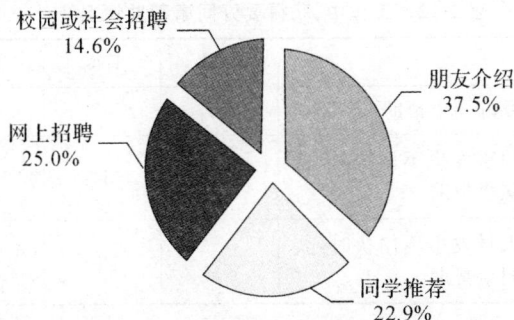

图 2-2 进入该公司通过的渠道

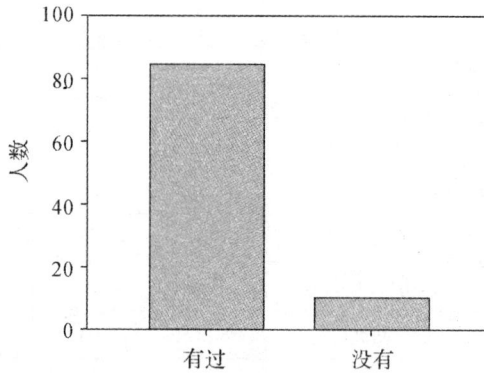

图 2-3　自己是否有为朋友、同学或老乡推荐进入该企业

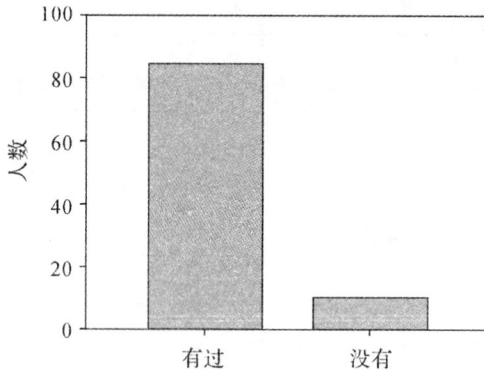

图 2-4　是否有朋友、同学或老乡为您介绍过工作

通过上面三张图我们可以看到,超过一半的员工进入该企业或通过朋友介绍,或通过同学推荐;有绝大多数的员工推荐过或被介绍过工作。

4)工作职责履行方面

表 2-12　工作中,获得要好同事帮助情况统计

		经常	有时	很少	没有
人数	是否有要好同事帮助	10	67	14	5
	与其他同事发生不愉快时,获得要好同事帮助	5	64	24	3
	与管理人员发生不愉快时,获得要好同事帮助	2	33	47	14

续　表

		经常	有时	很少	没有
百分比	是否有要好同事帮助	10.4%	69.8%	14.6%	5.2%
	与其他同事发生不愉快时,获得要好同事帮助	5.2%	66.7%	25.0%	3.1%
	与管理人员发生不愉快时,获得要好同事帮助	2.1%	34.4%	49.0%	14.6%

表 2-13　在工作方面,要好同事的影响情况(多选)

选项	人数	百分比
主动掩饰其工作差错	45	46.9%
对公司管理的评价考虑其意见	84	87.5%
对上级指示的执行保持与其一致	50	52.1%
帮助其解决难题	87	90.6%

由表 2-13 可知,在工作中,有绝大多数员工或多或少在与其他同事发生不愉快和与管理人员发生不愉快时,会获得要好同事的帮助;在工作方面,要好同事对员工也产生了重要的影响,有绝大多数的员工表示会对公司管理的评价考虑其意见、会帮助其解决难题,有一半左右的员工会主动掩饰要好同事的工作差错、对上级指示的执行保持与其一致。

5)企业制度执行方面

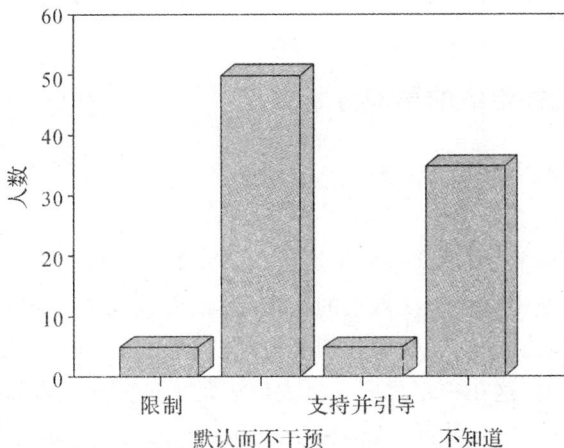

图 2-5　您认为公司现在对小团体的态度是怎么样的

由图 2-5 可知,有超过一半的员工认为该企业对小团体的存在采取默认而不干预的态度,也有很多员工表示并不知道企业对小团体的态度,这说明企业对小团体的存在没有足够重视,且对小团体的态度没有明确,导致员工更多地用主观来判断企业对小团体的态度。

表 2-14　企业受小团体影响情况

		明显受到影响	有一定影响但不明显	没有影响
人数	在评比奖项时是否受到小团体影响	12	66	18
	在招人用人时是否受到小团体影响	58	28	10
	在执行规章制度时是否受到小团体影响	20	66	10
百分比	在评比奖项时是否受到小团体影响	12.5%	68.8%	18.8%
	在招人用人时是否受到小团体影响	60.4%	29.2%	10.4%
	在执行规章制度时是否受到小团体影响	20.8%	68.8%	10.4%

由上表可知,大多数员工明显感觉到企业在招人用人时受到了小团体的影响,而企业在评比奖项和执行规章制度时,大多数员工认为小团体有一定影响但不明显。

3　X 企业非正式组织的影响分析

3.1　对 X 企业的积极影响

1)在员工情感方面

满足员工情感需要,增强企业组织活力。从图 2-1 和表 2-4 中可以看到,被调查者通常在企业中有较为谈得来的同事,与他们较为谈得来的很大原因是有相近的爱好、共同的话题、相处更亲切和放松,同时要好同事在私人生活方面也给予了很大的帮助,这在一定程度上极大地满足了员工的心理需要,同时之间经过感情的交流,互相得到认同,获得在正式组织中无法获得的地位,极大地激发了员工的工作热情,为正式组织注入活力。

2）沟通交流方面

（1）有助于管理沟通的改善，沟通有效性的提高。从表 2-9 中可以看到，同事之间的交流形式灵活多变，不拘于一种形式。从表 2-10 中可以看到，工作之余，同事之间谈论的内容不仅涉及自身家庭和感情等私人问题，而且也有公司的信息和其他同事的信息。从表 2-11 获得公司内部消息的方式这一题可以得出，同事间的谈论与公司管理层正式渠道的地位一样重要。由此可以看出，非正式组织成员之间言谈涉及面广，无拘无束，能够迅速地传递各种信息。

（2）为企业提供人才。从图 2-3 和图 2-4 中可以看到，大部分被调查者都有朋友、同学或老乡为其介绍过工作，也有为朋友、同学或老乡推荐过工作；从图 2-2 中可以看到，超过一半的被调查者进入该企业是通过朋友介绍和同学推荐。由此可以看出，当企业面临招工难问题时，非正式组织成员可以通过推荐其他成员加入企业来帮助企业解决人才难求的问题。

3）工作职责履行方面

有利于组织内部协调工作的顺利开展。从表 2-12 中可以看到，很多被调查者表示，自己在正式的工作中，经常有要好的同事给予帮助，使自己的工作得以顺利进行。同时，要好同事在自己的工作中处理与其他同事和管理人员的关系中，也担任了重要的角色，工作难题的解决、工作效率的提高、工作的顺利完成离不开要好同事的支持。

3.2 对 X 企业的消极影响

1）员工情感方面

易滋生“小团体”。从表 2-4 中可以看到，被调查者与要好同事较为谈得来的极大原因是相近的个人爱好、共同的话题、相处更亲切和放松，极小部分是因为共同的工作目标和工作目标的实现，而且调查也表明大部分被调查者承认参与了“小团体”，所以这些有共同爱好、兴趣、话题的同事之间更容易达成默契，形成“小团体”，排斥其他同事，影响组织正式目标的实现。

2）沟通交流方面

易产生“小道消息”，阻碍和谐企业文化的创建。从表 2-10 中可以看到，同事之间工作之余谈论的内容既有关于自己家庭和感情的私人问题，也有公司的信息和同事的信息，而非正式组织具有非正式性的特点，由于这一特点，它更多地掺入了成员的主观意识，成员可以对掌握的信息做出非理性的判断，一旦这些非理性的判断被确认为信息而进行传播，则对正式组织会产生很大程度的影响，威胁企业和谐文化的创建。

3）工作职责履行方面

（1）出现"从众行为"，阻碍企业变革。从表 2-13 中可以看到，很多被调查者在工作方面承认有过主动掩饰要好同事错误的行为，对公司管理的评价也受到过要好同事的影响，对上级指示的执行会保持与要好同事一致。这就会造成这样的现象，非正式组织的不成文规范对成员产生了控制影响，使其放弃本意而产生与其他非正式组织成员一样的行为，一旦这种行为与企业的正式目标发生冲突，那么，整个正式组织的运行就会受到不利影响，甚至侵害，阻碍企业改革的正常进行。

（2）涣散正式组织内聚力，影响正式组织内部团结。从表 2-13 中可以看到，被调查者在工作中与其他同事和管理人员发生不愉快时，或多或少都会得到要好同事的支持，但如果要好同事的支持是以非正式组织不成文规定为基础，带入主观情感色彩，而不是客观地以企业正式的目标为出发点，则会产生小团体主义，分裂集体。

4）企业制度执行方面

易阻碍正式组织目标的实现，导致企业人才的流失。从图 2-5 和表 2-14 中可以看到，很多被调查者认为企业对小团体现象持默认而不干预的态度，也有很多被调查者认为企业在评比员工奖项和执行各种规章制度时都受到小团体的一些影响，而在企业招人用人时则明显受到影响。这就会产生这样的现象：企业评比员工奖项的目的是对员工在工作中的行为进行肯定，对员工的行为实施正强化，而小团体的存在影响了企业评比员工奖项的最初目的，严重的甚至会扭曲企业的目的，打击员工工作的积极性，造成企业人力资源管理上的流失；而企业在执行规章制度时，一旦规章制度与小团体的目标有出入，产生冲突时，小团体成员则会为了团体的利益而抵制企业规章制度的执行，有碍于正式组织目标的实现；在企业招人用人时，很有可能因为小团体的存在，出现近亲繁殖现象，新进员工的能力对企业目标的实现不会有太大帮助。

附 录

X 企业非正式组织情况调查问卷

尊敬的先生(女士):

我是浙江财经大学的一名学生,感谢您在百忙之中参与和协助完成此次问卷调查。本问卷为匿名调查,仅供本人做本科论文参考,您不必填写姓名,答案也无所谓对或错,请您不必有任何顾虑,只需如实填写即可。

十分感谢您的支持与合作,祝您工作愉快!

个人基本信息:

1. 您的性别　A. 男　　B. 女
2. 您的年龄　A. 24 岁及以下　B. 25—29 岁　C. 30—39 岁　D. 40 岁及以上
3. 您的学历　A. 高中(中专)及以下　B. 大学专科　C. 大学本科　　　　D. 研究生及以上
4. 您的户口　A. 本市户口　　B. 外省市户口
5. 您的职位是或者相当于是　A. 基层员工　　　B. 基层管理者　　　　　　　　　　　C. 中层管理者　　D. 高层管理者
6. 您在现企业工作的时间是　A. 一年及以下　B. 1—3 年　C. 3—5 年　　　　　　　　　　　D. 5 年以上

问题部分(请从以下问题中选出与您情况相符的选项,若无特别说明,均只能选择一个)

1. 您在公司是否有较为谈得来的同事?(若选 A,则结束填写)

A. 没有　　B. 有少数几个　　C. 有很多

2. 与您谈得来的同事中,他们是您的(可多选)

A. 同乡　　B. 校友　　C. 同学　　D. 其他

3. 您觉得与这些同事较为谈得来的原因是?(可多选)

A. 与他们相处更亲切和放松　B. 个人爱好相近　　C. 有共同的话题

D. 有共同的工作目标　　　　E. 有利于自身工作目标的实现

4. 您同同事的交流形式为(可多选)

A. QQ　　B. 电话　　C. 聚餐　　D. 其他活动(如:　　　　　　　　　)

5. 您在工作过程中,是否有要好同事帮助?

    A. 经常　　B. 有时　　　C. 很少　　D. 没有

6. 当您因为工作与其他同事发生不愉快时,是否获得要好同事的支持?

    A. 经常　　B. 有时　　　C. 很少　　D. 没有

7. 当您因为工作与管理人员发生不愉快时,是否获得要好同事支持?

    A. 经常　　B. 有时　　　C. 很少　　D. 没有

8. 工作之余,您和同事之间是否会探讨各自工作上的问题?

    A. 经常　　B. 有时　　　C. 很少　　D. 没有

9. 工作之余,是否有要好同事会私下传达与公司有关的信息?

    A. 经常　　B. 有时　　　C. 很少　　D. 没有

10. 工作之余,是否有要好同事会私下传达其他同事的信息?

    A. 经常　　　B. 有时　　　C. 很少　　D. 没有

11. 工作之余,您是否会和同事谈论家庭和感情等私人问题?

    A. 经常　　　B. 有时　　　C. 很少　　D. 没有

12. 当您在私人生活方面遇到问题时,是否有要好同事给予帮助?

    A. 经常　　B. 有时　　　C. 很少　　D. 没有

13. 您所获得的有关公司内部的消息通常来自于

    A. 大部分通过公司管理层正式渠道,小部分通过同事间的谈论

    B. 大部分通过同事间的谈论,小部分通过公司管理层的正式渠道

    C. 公司管理层正式渠道和同事间的谈论各占一半

    D. 其他

14. 您进入该公司,是通过

    A. 朋友介绍　　　B. 同学推荐　　　C. 网上招聘　　　D. 校园或社会招聘

15. 您自己是否有为朋友、同学或老乡推荐进入自己所在的公司工作?

    A. 有过　　　　　B. 没有

16. 是否有朋友、同学或老乡为您介绍过工作?

    A. 有过　　　　　B. 没有

17. 在工作方面,要好同事对您的影响是(可多选)

    A. 会主动掩饰其工作差错　　　　　B. 对公司管理的评价考虑其意见

    C. 对上级指示的执行保持与其一致　　D. 帮助其解决难题

18. 您在公司是否参与了小团体?

    A. 参与了　　　B. 没有参与

19. 您认为公司对小团体现象的态度是怎么样的?

    A. 限制　　　B. 默认而不干预　　　C. 支持并引导　　　D. 不知道

20. 您认为公司在评比一些员工奖项时是否受到小团体的影响？
    A. 明显受到影响　　B. 有一定影响但不明显　　C. 没有影响
21. 您认为公司在招人用人时是否受到小团体的影响？
    A. 明显受到影响　　B. 有一定影响但不明显　　C. 没有影响
22. 您认为公司在执行各种规章制度时是否受到小团体的影响？
    A. 明显受到影响　　B. 有一定影响但不明显　　C. 没有影响

请您最后检查一下是否有遗漏或是误选的情况，以免造成废卷！
再次感谢您的参与，非常感谢您的支持！

◆ 案例思考

1. 企业如何进行有效的对非正式组织的的管理？
2. 非正式组织对人力资源管理存在哪些挑战？

第三章　人力资源规划

✧　本章基本概念

1. 人力资源规划(Human Resource Planning)　人力资源规划是企业根据其发展战略的要求,对实现企业目标所需的人力资源进行预测,对企业现有的人力资源进行分析与规划,对可能的人力资源进出路径进行系统安排的过程。

2. 人力资源计划(Human Resource Programming)　人力资源计划是指在一个特别计划时期内,为消除人力资源供给与需求之间的差别而采取的开发行动计划中的一个步骤。它是人力资源规划的一部分,是在确定组织内人力资源需求后而产生的。

3. 人力资源素质(The Quality of Human Resources)　人力资源素质是指企业成员所具有的对企业生产力有直接和显著影响并具有相对稳定性的品质特征。

4. 人力资源需求预测(Prediction of Human Resource Demand)　人力资源需求预测是指根据组织战略规划和组织的内外条件选择预测技术,然后对人力资源需求结构和数量进行预测的过程。

5. 人力资源供给预测(Supply Forecasting of Human Resources)　人力资源供给预测也称人员拥有量预测,指根据现有人力资源及其未来变动情况,预测出各规划时间点上的企业内部人员拥有量和外部各类人员的可供给量。

6. 战略人力资源规划(Strategic Human Resource Planning)　战略人力资源规划定义了人和竞争优势之间的关系,继而体现了如何系统地管理人员以取得这个优势。这个过程使组织通过人,也通过成本管理、有效的人力利用和人员管理体系来取得竞争优势。

📁 【案例 3.1】

员工与组织共同成长:杭州 YT 百货公司人力资源规划探讨 ≫ ≫ ≫　≫

　　摘要:本案例描述了杭州 YT 百货公司人力资源规划的整个流程,对同行业的人力资源规划有一定的借鉴作用。案例的最后还描述了要保证整个规划的顺利进行公司各个部门必须注意的事项,但仍存在一些需要进一步完善的地方。

　　关键词:人力资源规划　YT 百货公司　规划的流程

1　杭州 YT 百货公司概况

　　YT 百货,即 YT 百货集团,是以百货零售业为主要经营业务的百货零售集团。集团以实现连锁经营、集约化和专业化为目标,结合 YT 百货的优势实现管理创新,实施品牌战略,形成具备 YT 商业文化特色的大型销售企业品牌。其中,杭州 YT 百货公司是浙江 YT 百货的第一家连锁店,位于杭州市商业最繁华的黄金地段——武林广场商业中心。杭州 YT 百货公司是一家集百货、美食、休闲于一体的大型综合百货公司。总建筑面积达 5.1 万平方米,其中,营业面积达 2.72 万平方米。杭州 YT 百货以"传递新的生活美学"为经营理念,内部管理科学、高效、机制灵活,人员精干、队伍年轻、平均素质高。经过三年多的努力,在杭州树立了良好的社会形象,得到了社会各界的广泛认同,目前日均客流量约为 3 万人次,周末达到 7 万—8 万人次,已成为杭州客流量最大的商场。2001 年实现零售 10.03 亿元,居同类商场之首。在取得良好经济效益的同时,公司积极开展双文明建设,取得了良好的社会效益,近年来获得"中国服务业 500 强""浙江省知名商号""浙江省百强企业""杭州市百强企业""浙江省消费者信得过单位""杭州市商贸特色企业品牌单位""杭州市来杭投资先进企业""杭州市物价信得过单位""杭州市纳税大户""工商企业信用评价 AAA 级企业""企业银行资信 AAA 级"等称号。

2 杭州 YT 百货公司人力资源现状

2.1 人力资源总量分析

2011 年统计数据表明,杭州 YT 百货公司现阶段员工总数为 2580 人,其中在岗人数为 1768 人,占公司总人数的 68.5％,不在岗员工人数为 812 人,占公司总人数的 31.5％。公司在岗人数如表 3-1。

表 3-1 公司在岗人员状况

分类	在岗	不在岗								合计	小计
		长期离岗			短期离岗						
		停薪留职	内退	离岗休养	病事假	产假	息工	待岗	待清理		
数量	1768	168	519	47	38	2	6	30	2	812	2580
比例	68.5％	6.6％	20.2％	1.9％	1.5％	0	0.2％	1.1％	0	31.5％	100％

从 YT 公司的人员组成中可以看出,公司有大约三分之一的员工处于不在岗状态,并且对这部分员工进行分流或是其他处理也是公司一个比较头痛的事情。虽然,进行规模扩张可以解决这些不在岗人员的问题,但是,公司往往在扩张规模的时候都希望招聘到一些业务骨干,或是中层管理人员等高素质的人才。所以对这些冗余人员需求并不大。目前,公司已经认识到这一问题,也正在考虑如何解决这一问题。

2.2 人力资源结构分析

随着市场竞争的加剧,YT 百货公司意识到公司要保持高效的运作,必须拥有一批精神旺盛,有很强创造力和想象力丰富的员工。从 3-2 中可以看出公司员工年龄主要集中在 30—39 岁这个年龄段,并且处于这个年龄段的人数占公司总人数的 90％以上。可以看出,目前,YT 百货公司员工的年龄结构并没有出现明显年轻化的趋势。与同行业相比较而言,员工年龄结构不占优势。

表 3-2　员工年龄结构表

年龄段	25 岁以下	25—29 岁	30—34 岁	35—39 岁	40—49 岁	50 岁及以上	合计
人数	9	116	521	703	399	20	1768
比例	0.50%	6.56%	29.47%	39.76%	23.58%	1.13%	100%

说明:在岗女员工占总人数的 65%,男员工占 35%

由公司的性质决定了公司整体员工的学历层次,公司员工的文化程度普遍不高,大部分员工只拥有大专以下学历,少部分员工是本科学历,研究生学历的员工只有 26 人。由此也可以看出,公司应该在员工学历结构这块进行提高,以此来提升公司整体员工的素质。公司员工学历结构如表 3-3 所示。

表 3-3　公司员工学历结构

	人　数	比　例
大专以下	1256	71%
本科	486	27.4%
本科以上	26	1.6%
合计	1768	100%

3　杭州 YT 百货公司人力资源规划

由于外部环境的不确定性,以及连锁公司和外地超市的加入,YT 百货流通领域面临的竞争更加激烈,归根到底,人才是竞争最核心的资源,商业人才的稀缺及公司内部人力资源结构的不合理,再加上新进入市场的竞争对手采用高价手段"挖墙脚"等现象,破坏了 YT 百货公司现有的人才储备,如不采取紧急行动,人员资源短缺的问题将日益严重,最终会影响公司整体目标的实现。因此,YT 百货公司的高层领导决定对公司整体人力资源进行重新规划,在 2011 年年底,由 YT 百货公司人力资源部门经理牵头,各职能部门经理积极配合,完成了公司新一轮的人力资源规划,具体包括以下三个阶段:

第一阶段:企业战略计划。公司的市场部门根据以往的经营状况、总公司的总体战略以及市场调查的情况提出本公司的一个战略计划。同时,确定高级领导小组成员,小组成员都是公司的高层管理者,虽然没有进行过专业的培训,但是平时在公司的大大小小会议中接受过大量的训练,因此,具备演讲和组织讨论方面的能力和经验,小组成员的准则包括"即使你不是专家,也要敢于发言"。在整个讨论的过程中,公司的总经理和人力资源部门的经理都会作为参与者参加会议,公司总经理会在会议过程中提出一些相关的建议,人力资源部门的经理是会议的主持者,主要职责是"引导讨论",并和总经理对会议的议程给予全力支持。

在此阶段,首先是进行头脑风暴分析,领导小组成员主要由各个职能部门的经理组成,并且人力资源经理也是其中的一员。随后,各个职能部门的经理开始探讨企业的战略对各个职能部门的影响。其次就是无领导小组讨论,各个职能部门的领导者将对公司战略中的 10 个关键性方面的问题进行讨论,这 10 个关键性的问题是结合公司总部的总体战略提出的,必须和公司具体的战略计划相适应,并且,参加无领导小组讨论的成员必须熟悉这 10 个方面的问题,并再次讨论这 10 个问题对本部门的影响。在讨论过程中,如果某个问题对其中一个部门的影响较大,那么就由这个部门的经理出来主持讨论。比如说,如何加快产品市场占有率,这个问题就涉及市场营销方面,那么会议的主持者就会是市场部门的经理;如果讨论的主题是如何通过销售战略来扩大业务,那么,销售经理就是会议的主持者。

第二阶段:小组会议。接下来是进行专门的小组会议。小组会议成员主要由以下人员构成:公司总经理、人力资源经理、培训与开发经理、财务总监以及行政主管。各个职能部门要分别向专门的小组汇报他们每年的人力资源计划,其中包括拟招聘的人数、未来一年的人员整体结构、员工培训计划、费用支出以及相关设备计划。这里面涉及费用支出和相关设备计划,主要是考虑到这两大块均涉及了人力资源和培训资源的安排,因为员工招进来,肯定是要进行培训的,那么就会涉及费用开支和相关设备的使用。同时,如果有些环节和其他职能部门有关系的话,那么这些职能部门的经理也要参与进来,比如说,公司要招一个高级销售主管,这个销售主管肯定要和其他职能部门之间进行沟通,那么他必须要有团队合作和沟通精神,所以,在面试过程中,其他部门的经理应该参与进来,看是否具有沟通能力和团队合作精神。

专门小组会议结束时,公司人力资源部门的经理必须和各个职能部门的经理对所做的计划进行进一步的修改完善。最终讨论的结果要以文字的形式记录,并由人力资源部门存档,而且由人力资源部门和职能部门讨论通过的计划将作为他们部门今后制定具体行动计划的依据。

第三阶段:具体的行动计划。行动计划包括以下几个方面的内容:

(1)各个职能部门的人数。在每年年底,各个职能部门都应该向人力资源部门上报各自部门的人数,以便年初做计划。

（2）加班时间。

（3）员工流动情况。这里面涉及退休、离职、升职、新录用等情况。

（4）培训计划。这里面主要涉及三个方面的培训人数，即：参加公司外部培训项目的人数；参加公司内部组织培训的人数，这里主要是公司人力资源部门组织的培训；参加部门组织的培训的人数。

（5）激励计划。主要涉及如何对员工进行考核和薪酬的发放。

以上就是具体的行动计划，公司的总经理必须掌握各部门的行动计划，每个职能部门的经理也应该有一份自己部门的行动计划，并对计划的执行负责。

以上三个阶段就是YT百货公司的人力资源规划过程，该规划最大的优点就是所有部门都参与了进来，保证了计划的完整性和彻底性。还有一个优点就是思考方式具有战略性，主要表现在各个职能部门经理不是只从自己部门利益最大化出发的，而是从公司整体战略角度考虑的。为了更好地处理自己部门和其他部门之间的关系，有的部门在制定具体的人力资源计划时，还考虑到了其他部门的要求，和其他部门经理一起协商进行制定。对于公司人力资源部门而言，它是站在公司的整体战略角度来考虑的，人力资源计划也和企业计划保持了一致性，并且，在整个计划的制定过程中，人力资源部门都是参与的，从中也了解到职能部门经理工作的困难性和复杂性。

经过一年时间的运行，各个职能部门的经理们之间也慢慢地建立起了合作关系，慢慢地职能部门经理也开始配合人力资源部门的工作了。刚开始运行时，来自职能部门经理的阻力还是蛮大的。有些职能部门经理不是很愿意配合人力资源部门的工作，觉得人力资源部门是想控制他们部门的人数。为了保证各个部门报上来的人数的准确性，人力资源部门不得不对信息进行反复核对。对那些不能很好理解人力资源部门工作的经理，人力资源部门就拿做得最好的部门做样本，把他们的人力资源计划发给这些部门做参考。

运行一年之后，YT百货公司人力资源部门进行了总结，觉得要保证计划的成功，还有以下需要注意的一些事项：

（1）高层管理的支持是关键。YT百货公司的人力资源规划试运行一年后，为什么能取得这么大的成功，毫无疑问的一点是得到了高层领导的大力支持，公司总经理熟悉人力资源的各个职能模块，并且在公司大力支持职能部门经理参与人力资源管理部门的工作。同时，为了得到各职能部门经理的积极参与，人力资源部门也采取了相关办法，比如说把各个职能部门经理吸收为各种人力资源管理活动委员会的委员，并且还通过各种形式对职能部门经理的工作给予肯定。最终的结果是，职能部门经理鼓励他们部门的员工积极参与人力资源部门的工作,员工都把这看成是职业生涯发展的一个机会。

（2）人力资源部门要有较强的商业意识,要对企业的产品比较了解,要了解企业是如何进行运作的。为了提高人力资源部门的商业意识,人力资源部门经理要时刻关注各部门的报告以及及时阅读市场报告。为了熟悉各个职能部门的工作情况,人力资源部门必须定期组织人员对各部门的运作情况进行考察。另外,人力资源部门必须提高本部门员工的整体素质和知识储备能力,定期开展培训课程帮助员工熟悉各个职能部门的运作状况。

（3）必须要有强有力的企业文化。YT百货公司经过多年的发展,已经形成了具有自身特点的企业文化,但是企业文化也必须和企业新的发展战略相结合。

◆ 案例思考

1.请结合YT百货公司的人员结构状况分析一下为什么公司如此重视人力资源规划?

2.YT百货公司人力资源规划具有哪些特点? 这些特点哪些具有普遍性? 哪些具有特殊性?

【案例 3.2】

全面发展"人"的缙云县人才战略选择

≫≫≫≫　≫

摘要:人才战略是国家为实现经济和社会发展目标,把人才作为一种战略资源,对人才的培养、吸引和使用做出的重大的、宏观的、全局性的构想与安排。人才战略的选择关系到该地区的政治、经济、社会等各项发展。尤其是欠发达地区,人才战略的正确选择是地区经济发展,摆脱经济束缚的一项重要保证。本文以丽水市缙云县为例,通过对该地区的人才现状及人才政策措施及实施情况的分析,同时对该地区人才战略政策措施效果的评估,得出影响其政策发挥的主要因素。进而提出提升人才战略实施效果的改进措施和建议,力求对地区人才战略的选择做出一些参考价值。

关键词:人才战略　欠发达地区　缙云县

0　概念界定

　　人才战略是国家为实现经济和社会发展目标,将人才作为一种战略资源,对人才培养、吸引和使用所做出的重大的、宏观的、全局性的构想与安排。

　　其本质核心在于"人才是一种资源"。人才战略的核心是培养人,吸引人,使用人,发掘人。人才战略是对未来的思考,着重研究人才对于推动企业改革和地区可持续发展的作用。

　　中国作为世界上最大的发展中国家,人口多,底子薄,人均资源相对不足,这一基本国情决定了中国的发展必须坚持"以人为本",走人才强国之路。中国实施人才强国战略的根本目的,就是要把人才作为推进事业发展的关键因素,努力造就数以亿计的高素质劳动者、数以千万计的专门人才和一大批拔尖创新人才，建设规模宏大、结构合理、素质较高的人才队伍，开创人才辈出、人尽其才的新局面，把中国由人口大国转化为人才资源强国，大力提升国家核心竞争力和综合国力，完成全面建设小康社会的历史任务，实现中华民族的伟大复兴。中国的人才战略是经济社会发展战略的重要组成部分，是关于人才资源发展的总体谋划、总体思路。中国的人才强国战略主要包括两层含义：一是着眼加大人才资源的开发力度，全面提高人才的基本素质，将人口大国转变为人才强国，通过提高人才的竞争能力，增强国家的综合国力和国际竞争力。二是着眼创新体制机制，做到广纳人才，为我所用，通过提高政策制度对人才的吸引力和凝聚力，增强国家的综合国力和国际竞争力。实施这一战略，要按照人才发展战略规定的原则，坚持以人才资源能力建设为主题，以调整和优化人才结构为主线，以改革创新为动力，抓紧做好培养、吸引和用好各方面人才的工作。

关于中国人才战略的基本内涵，从总体上看，可以划分成 5 个相辅相成的组成部分：

1）人力资本投资优先战略

人力资本是国民通过学习和培训在人才个体身上形成的能够进行创造性劳动的知识和技能。人力资本的形成是通过多渠道、多途径的人力资本投资实现的。实施人才强国战略，首先要加大人力资本投资力度，实行人力资本投资优先战略，大力投资于国民教育和促进国民身心健康的各项事业。中国是世界上国内投资率最高的国家，投资率达到 GDP 的 42%，但其中大部分属于物力资本（厂房与设备）投资，而人力资本（如 R&D、教育、公共卫生等）投资却明显偏低。在人才强国战略的指导下，中国势必将改变投资战略，不断扩大对国民教育、全民健康和社会保障的投资，建立遍及城乡的教育网络，从而逐步缩小同发达国家的差距。

2）人才价值实现战略

人才价值是指物化在人才身上的社会一般劳动时间，亦即物化在人才身上可用于创造性劳动的人力资本。人才价值实现是指人才提供服务、付出劳动和进行创造性活动所应得到的承认和补偿，包括物质奖励和精神激励等。人才价值的实现过程，实际是人力资本投资的回报过程，是人才作用得以发挥的过程，也是实施人才强国战略必须关注的关键环节。人才价值的充分实现，需要建立社会化的人才评价和激励机制，把智力资源量化、法制化为股权和资本，从而使智力资源进入法人治理结构，参与企业生产经营的全过程，参与到剩余价值的分配之中，最终建立与知识经济相适应的现代分配机制。根据体现中国人才强国战略的有关文件精神,人才评价和激励机制的建设将加快步伐,按照党的十六大的要求,将确立劳动、资本、技术和管理等生产要素按贡献参与分配的机制,从而达到吸引人才、留住人才、激励人才多做贡献的目的。

3) 人才结构调整战略

经济结构决定人才结构。世界科技革命的浪潮推动世界经济在结构调整中不断发展。随着中国国民经济结构的变化,调整人才结构的任务十分紧迫。根据体现中国人才强国战略的有关文件精神,中国人才结构的调整,在宏观调整方式上,将会更多地重视市场机制的作用,同时辅之以法律的、行政的手段。将会更重视部门间的协调配合,建立人才结构调整与经济结构调整相协调的动态机制,根据经济结构与产业结构调查的要求,调整人才的专业结构和能力结构、能级结构和地域分布,以期有效盘活人才存量,最大限度提高人才增量,不断提升人才素质。通过人才结构的调整,解决人才短缺与过剩并存的问题,使整个人才队伍具有更强的创新意识、创造能力,在推动中国社会主义现代化建设事业中发挥更大的作用。

4) 人事制度改革战略

人事制度改革是实施人才强国战略的一项重要工作。受计划经济体制下统分统配的传统人事制度的影响,中国人事制度的很多方面还不能适应人才资源市场化配置的需要。特别是由于受传统的身份制度、档案制度、户籍制度、住房制度、保险福利制度的制约,中国人才流动的风险和成本比较高。在人才配置上,仍存在着"学非所用,用非所长""人不得其事,事不得其人"的现象,造成了人才资源的浪费。根据体现中国人才强国战略的有关文件精神,人事制度改革要坚持以市场为导向,进一步发挥人才市场在配置资源中的基础性作用。其根本目的,就是要坚决改革一切影响人才发展的体制弊端,努力形成与社会主义初级阶段基本经济制度相适应的制度和机制,放手让一切劳动、知识、技术、管理和资本的活力竞相迸发,让一切创造社会财富的源泉充分涌流。

5) 人才整体开发战略

人才强国战略明确提出对人才的整体开发,意在通过人才工作的协调发展,推动社会经济的协调发展。实现人才的整体性开发,要求坚持三支队伍建设一起抓,把人才、企业经营管理人才和专业技术人才这一人才队伍的主体建设好,坚持分类指导、整体推进。要求在抓好东部发达地区人才建设的同时,进一步抓好西部和民族地区的人才工作,在抓好国有企事业单位人才工作的同时抓好非公有制经济组织和私有组织人才工作,在抓好高层次人才队伍建设的同时,带动和加强高技能人才和农村实用人才队伍建设。不断扩大人才工作覆盖面,实现人才工作协调发展。

1 欠发达地区的界定

欠发达地区,是指那些有一定经济实力和潜力,但与发达地区还有一定差距,生产力发展不平衡,科技水平还不发达的区域。

欠发达地区经济发展面临的问题主要有以下几种:

1)体制转型滞后

同东部地区相比,欠发达地区在所有制结构、现代企业制度、要素市场等方面还保留着较多的传统计划经济体制的痕迹,有的方面还相当严重。东部沿海地区的市场化程度远远超过中西部地区。中西部省区市场化程序与东部差距较大的方面主要是非国有经济的发展和要素市场的发育程度,在政府与市场的关系、产品市场发育、市场中介组织和法律制度环境等方面也都存在明显差距。

2)政府职能转变滞后

欠发达地区政府职能转变滞后,与改革开放的需要相差甚远。首先,政府规模庞大,运行费用长期偏高。其次,政府过多干预经济。最后,政府管理方式落后,运行效率低下。

3)知识贫困,技术落后

胡鞍钢提出了"知识贫困"的概念,他认为知识贫困不仅仅是教育水平低下,而且是指"获取、吸收和交流知识能力的匮乏或途径的缺乏"。欠发达地区的知识积累与经济发展一样与东部地区差距显著。

4)观念转变滞后

欠发达地区广大干部和普通劳动者观念转变滞后。突出表现在以下三个方面:一是安于现状,不求进取。二是求稳怕变,不敢创新。三是有严重的依赖思想。就因如此,企业在对销售人员的奖金考评方面会碰到许多非量化指标,容易产生很大的人为性。

欠发达地区主要分布在中国中西部地区,浙江省内主要以浙西的衢州和浙南的丽水地区为主。

2 缙云县简介

缙云简称缙,隶属浙江省丽水市,是"革命老区县""中国麻鸭之乡"。位于浙江南部腹地、中南部丘陵山区,丽水东北部。缙云是全国最大的家用缝纫机、环形灯管、金属带锯床生产加工基地。三大行业产量分别占全国的28%,60%,70%强。三大行业产业基础扎实、研发技术力量雄厚、配套生产企业齐全,是全县出口创汇的主要支柱产业。近年来,相继开发了机电一体化缝纫机、全自动数控金属带踞床、纳米环形灯管、光化学生物灯等一批高新技术产品。国民经济快速增长。据初步核算,2008 年全县实现生产总值 83.41 亿元,比上年增长14.6%。其中,第一产业增加值 6.30 亿元,第二产业增加值 49.82 亿元,第三产业增加值 27.29 亿元,分别增长 4.7%,18.7% 和 10.3%。人均生产总值 18766元(以户籍人口计算,按年平均汇率折算为 2702 美元),比上年增长 13.8%。三次产业增加值结构从上年的 8.3∶58.3∶33.4 调整为 7.6∶59.7∶32.7。全年全县实现财政一般预算总收入 9.01 亿元,比上年增长 14.9%,其中地方一般预算收入 4.27 亿元,增长 11.2%。

国民经济和社会发展中存在的主要问题是:受当前波及世界的金融危机的影响,经济发展存在多种制约增长的不确定因素;房地产行业低迷可能引发一系列问题;消费品价格上涨直接影响居民生活;赶超进位的压力较大等。

3　缙云县人才现状

依据地区人才政策是地区人才战略的最大外生变量,地区人才发展主要是地区政府人才政策措施推动结果的原理,本文从人才数量、人才素质、人才效能、人才流动、人才待遇与保障、人才培养的能力等六个方面对缙云县人才现状及实施效果进行调查和评估,以便对缙云县整个人才情况和政策实施效果做一个总体判断。

3.1　人才数量方面的现状

随着人才政策的实施,缙云县专业技术人才数量有较大的增长。到 2011 年底,专业技术人才总量达 87000 人次左右,与 2008 年相比增加了 5 万多人次。专业人口密度也大幅提高。但是与其他县市(以青田县为例)相比差距仍然存在。但增幅大于其他县市,差距呈现缩小趋势。

表 3-4　缙云县与青田县人才情况比较　　　　　　　(单位:人次)

县域	2008 年人才数量	2011 年人才数量	增加数量
缙云县	36600	87600	50000 左右
青田县	64300	96700	30000 左右

以专业技术人才为例,与全国专业技术人才相比还不达标,具体情况如下:

表 3-5　专业技术人才密度情况比较　　　　　　　（单位：人/万人）

年份	全国	缙云县
2008 年	239.38	212.16
2011 年	241.13	227.24

3.2　人才素质方面的现状

高等教育学历占就业人数的比例，在较大程度上反映了缙云县人才素质变化情况。缙云县以注重教育为主，在市内享有教育"第一县美誉"。其人才学历与素质一直处于市内领先地位，且增幅保持基本稳定。近年来因大城市就业压力增大等影响，受高等教育者返县现象突出，如此更提高了缙云县的人才素质总体效应。具体数据如下：

表 3-6　缙云县与青田县受高等教育人数　　　　　　　（单位：人）

县域	2008 年受高等教育人数	2011 年受高等教育人数	增加量
缙云县	25900	53100	3 万左右
青田县	19700	32600	1.5 万左右

以就业人员受教育程度为例，与全国相比较而言，整体教育水平略高，但是高层次人才较少，几乎没有。

表 3-7　2004 年就业人员受教育程度比例变化　　　　　　　（单位：%）

	全国	缙云县
不识字	9.16	7.82
小学	32.38	30.31
初中	39.29	40.31
高中	13.40	11.34
大专及以上	5.77	11.12

说明：资料来源于 2005 年《中国统计年鉴》

3.3　人才效能方面的现状

专业技术人才经济效能是指单位百万 GDP 所需的专业人才数量。对一个地区而言，人才经济效能越低，表示地区的人才利用率越高。随着人才政策的实施，缙云县 2011 年专业技术人才经济效能为 8.75 人/百万元 GDP。比 2008 年的 6.94 人/百万元 GDP 降低了 1.81 个百分点。且近年来缙云县技术市场成交额也大幅增长,2011 年比 2008 年增长近 1 倍。

3.4 人才流动状况方面的现状

政策实施以来,缙云县在人才智力引进方面成绩较为明显,且由于近年来工业等发展,人才流失现象得到一定程度缓解。不过人才流出大于人才流入的现象并未改变,不过趋势可喜。近 3 年人才流动情况见表 3-8:

表 3-8 缙云县近年人才流失统计 （单位:人）

	人才流入	人才流出	流失情况	流失趋势
2008 年	2300	2900	基本没变化	持平
2009 年	1630	1240	大幅减缓	趋势为负
2010 年	1800	1670	情况可喜	流入增加

3.5 人才待遇与保障方面的现状

人才待遇与保障是人才政策措施引导、规范的重要方面,应成为人才政策评估的重要内容。随着工业的重视与发展,缙云县职工平均年工资由 2008 年的 4 万元左右提高到 2011 年的 6 万元左右。加之一些副产业的收入,缙云县人均年收入由 2008 年的 6.5 万元提高到了 2011 年的 8.7 万元。

表 3-9 缙云县人均工资与收入 （单位:元）

	2008 年	2011 年	增加量
人均年工资	4.3 万	5.9 万	1.6 万
人均年收入	6.5 万	8.7 万	2.2 万

而人才保障方面,参加社保人数越来越多。以每 1000 人数计,参加养老保险的为 570 人,比 2008 年增加了 50 人;参加医疗保险的是 520 人,是 2008 年的 28 倍;参加失业保险人数为 550 人,比 2008 年略有减少。

3.6 总体评估

缙云县人才措施、政策已取得初步成效,但在若干方面未取得突破性进展。

(1)在人才政策的作用下,人才开发出现了加快发展的良好势头,与初期相比,其人才数量、人才效能、人才流动情况、人才待遇与保障都有较大程度的提高和改善,为缙云县的进一步发展提供了人才智力支持。

(2)缙云县与其他较发达县市差距仍然存在,但是正快步追赶。

(3)缙云县人才数量、人才效能等方面已经取得突破性成果,出现了差距由扩大到缩小的历史拐点,但是在人才待遇与保障方面仍与其他县市有较大差距,仍需努力。

缙云县人才开发受地理、环境等因素影响较大,在短短几年内能取得如此成绩并不容易。但是由于本身的局限性,任重道远。

4 影响缙云县人才政策实施效果发挥的主要因素

人才资源开发,是一个涉及面广,而且投入产出有一定时间差的系统工程。缙云县的人才政策实施虽取得一定成果,但还不够理想,理由经调查分析主要如下:

4.1 人才政策措施设计有待完善

现行的人才政策实施或多或少存在缺位和错位现象,致使政策功能发挥受到影响。其主要表现在:

1)政策措施的系统性方面存在不足

政策措施是个多层次、多维度的复杂体系,只有各个层次、各个维度相互结合衔接,才能产生政策合力,产生系统效应。就缙云县而言,近年来的人才政策措施逐步扩大,但政策措施的设计思路不是很清晰,存在内容交叉,且相互不配套的情况。一是对体制内人才关注较多,对体制外人才关注较少。尤其是在有关职称评定、培训进修、表彰奖励等方面,体制内与体制外的人存在不同待遇的现象。二是对党政类人才、专业技术类人才、企业管理类人才的开发规范多,对于农村人才和技能人才就相对较少,后者在人才开发过程中处于弱势地位。三是人才开发侧重于"管住"人才,对人才的活力激发不够,导致人才流动偏高,部门和单位常以刚性手段套住人才,为人才的走向人为设置障碍,却在其他方面如人才积极性调动、人才权益保障方面少下功夫。四是某些单项政策存在各自独立甚至相互矛盾,导致政策效力下降。譬如为引进人才,对外地人才的待遇提高,但对于本地同类人才的待遇却未有多大改动。五是人才政策与地区社会发展需求不衔接,部门单位纯粹为了开发人才而进行人才开发,致使多数人才无用武之地,一定程度上构成了人才资源多余浪费的现象。

2)政策措施的时效性与针对性方面存在不足

近年来人才政策虽经过不断的完善与调整,但总体而言仍然不能满足人才发展形势要求。主要表现为人才政策的前瞻性和创新性不强。出台不久便滞后于形势发展,对于吸引人才没有起到大的作用。其次是人才政策雷同现象严重,针对性不够。其人才政策与其他县市相似度高,没有考虑到该地的人才差异性。

3)政策措施的操作性方面存在不足

政策的设计和制定需充分考虑政策的可操作性,避免理想化倾向。但是缙云县的人才政策明显存在操作性不足。一是有些政策措施操作空间狭小,难以形成具有穿透力的人才政策体系,从而导致效果不明显。比如引进人才在操作时由于户口等原因造成的传统性障碍过多,影响其效力发挥。二是指导性意见过多,操作空间过大,具体实施困难。三是个别政策措施与当地经济发展严重脱节,致使政策配套难度大,如高薪吸引留住人才,但兑现时受条件所限,大打折扣。

造成缙云县人才政策措施设计不完善的原因是多方面的,有两个方面比较突出:一是政策制定过程中缺乏深入调查研究和论证,仅仅凭借经验和感觉,致使人才政策制定与实际脱节,不能满足客观现实要求。二是政策制定的理论准备不足。很多政策是被迫制定的,比如吸引和留住人才政策。其创新和严谨都不足,随意性较大。

4.2 人才政策措施执行不够理想

完善的政策对于人才战略制定和人才发展固然重要,而贯彻执行方面也不可忽视。大量事实表明,在众多较好的政策中,有些不是没有执行就是在执行中变味,以致成果不尽如人意。问卷调查显示,67%的党政机关调查对象和53%的企业调查对象都认为,现行的政策执行率较低,其执行力度有待提高。

1)部分政策执行不到位

县内部分乡镇财政困难,对于人力资源开发心有余而力不足。人才开发需要外部因素激发。但是县内情况往往是上面出政策,由地方买单。造成地方对落实政策措施缺乏积极性,执行到位率就上不去了。

2)政策措施执行合力有待提高

人才措施的有效执行,需要各相关部门的密切合作配合,形成有效的政策执行链条,以增强政策执行合力。当前缙云县人才开发体制不顺,条块分割严重,人力资源整合度有限,影响了政策发挥。比如农村实用人才的开发,不仅需要人事、农业部门的大力支持,而且需要教育、科技等多部门的支持与协作。并且许多部门根据自身需要进行的培训活动,由于培训活动缺乏协调,培训对象和内容过于重复,针对性不强,造成了培训资源的浪费。

3)对政策措施执行情况督查急需加强

地方人才政策管理,安排部署多,但是进度落实等不够,缺少对执行情况的督查。就人才培训而言,地区往往只注重培训人数上的增加,而不顾及其效果。缺乏监督现象的产生,有以下三个原因。第一,政策设计往往兼顾多重目标,但是由于部门利益和地方利益的客观存在,部门和地方往往将利益附着在某一指标上,使得兼顾层面被扭曲,这是重要原因。第二,人才政策实施中,过于注重短期轰动效应,将人才政策和其他环节割裂开来,从而造成政策不能持久生效。第三,人才政策没有形成政策的制定、执行、评估、反馈等有机政策链,政策不能有效执行。

5 缙云县人才政策措施

5.1 进一步完善人才政策措施

缙云县人才政策措施的完善,应该在现有的基础上,针对缙云县特点,更加突出重点,使之做到普遍性和针对性并重。充分体现政策措施的前瞻性和科学性,系统性和动态性,逐步建立以社会需求为导向,以开发人的潜能和激发创造力为核心,培养内容科学化机制。

1)完善人才培养的政策措施

可以预见,在相当长的一段时间内,缙云县人才竞争仍处于不利地位,大规模、大范围引进人才为该县所用既不可取也不可能。人才智力支撑,需要靠自己培养,培养人才是人才开发的治本之策。其间完善人才培养政策至关重要。

一是要健全人才培养投入体系。在地区政府财力有限情况下,县政府扮演教育投入主力军角色,其他企业工厂培训机制互助,形成以政府投入为主,用人单位、个人广泛参与的多元化人才培养体系,逐步落实县人才培养基础,稳步提升地区自主人才培养能力。

二是要加大对基础教育的扶持,尤其是山区。创新教育资源分配模式,加大教育资源向中阶段倾斜力度,争取将地区地方教育偏差缩小,提高普通高中的毛入学率,解决高等教育发展的瓶颈。

三是要出台教育补偿政策。加大对缙云县弱势群体接受高等教育的补偿与支持。针对少数的家庭贫困学生,一方面减少其教育投资,另一方面保证贫困家庭享受公平教育,降低辍学率。

四是突出重点,集中力量抓好重点人才和急需人才的培训工程。一方面政府结合县内实际情况,重点发展灯管制造业等重点发展产业,以培训机构为依托,建立一批产业化、个性化人才培养基地。另一方面,实施适度倾斜政策,在国家各类科研项目的立项上加大对地方的支持力度,让更多的机构承担,加快高层次人才培养。

五是加强农村实用人才的开发。缙云县城镇化水平普遍偏低,农村人口庞大。需要加强农村实用人才开发,为农村经济建设提供人才智力支持。加大对突出农村实用人才的宣传和奖励措施,形成农村人才的良好氛围。整合农村实用人才培训资源,充分发挥现有的夜校等机构,开展多专业、多形式的培训活动。

2)完善人才使用的政策措施

改革能解放人才,激活人才,造就人才。完善人才使用政策,努力缩小与发达县市的人事制度方面的差距,是盘活缙云县现有人才资源的关键。人才使用政策的完善,需从深化人事制度改革入手,以构建灵活的用人机制为目的,不断进行政策创新,努力营造有利于优秀人才脱颖而出的用人新局面。

深化人事制度改革,重点是把对各类人才的使用情况,量化在人事考评中,把选拔和任用人才工作好坏和各级领导的任期考评挂钩,从而使合理地选拔任用人才成为各级领导的自觉行为。

在专业技术人才的使用上,一是深化专业人才技术管理制度改革,建立符合各类用人单位特点的新型用人制度,推行聘用制度、岗位管理制度,促进由身份管理向岗位管理转变。二是深化专业人才职称制度改革,完善科学分类、社会评价、单位聘用、政府调控体制,打破专业技术职务终身制。三是推进专业技术职业资格制度,加快有缙云县特点的执业资格制度建设。四是引进竞争机制,推行和完善事业单位专业人才技术面对社会公开招聘制度,确保新进员工素质。五是建立事业单位新进人员的人事代理制度。

在企业经营管理人才的使用上,一是要以职业化为取向,深化国有企业经营管理人才的管理制度改革,逐步完善职业经理人资格认证制度。二是以市场化为取向,以项目聘用、任务聘用、岗位聘用为依托,坚持市场配置、组织选拔和依法管理相结合,实行竞争上岗。三是以契约化为取向,建立符合现代化企业的负责人管理体制和机制,实现对企业负责人的管理由行政管理向出资人管理转变。四是完善反映企业经营业绩的财务指标和反映综合管理能力等的非财务指标相结合的国有企业经营管理人才评价体系,将业绩考核与奖惩联系,加强对企业负责人经营过程的监督约束。五是打破体制壁垒,加强对非公有企业经营管理人才创业创新的支持,促进各种所有制企业经营管理人才的协调发展。

3)完善人才流动的政策措施

人才的合理有序流动,是优化人才资源配置,提高人才效能的重要举措。缙云县人才流动政策的完善,要以强化市场意识为先导,以完善市场机制为方向,以服务地区经济为发展目的,充分发挥市场机制在人力资源配置中的重要作用。

第一,要加强四个机制创新。四个机制分别是引进机制,即通过制定特岗特薪制度引进高级专业人才;晋升机制,即专家队伍、专业技术职务、技术工人按各自系列分别予以考核晋升;考核机制,即建立新的考核标准和正常的考核程序,实行动态管理,打破固定身份和终身制;激励机制,即在荣誉、薪酬待遇上给予一定的鼓励和奖励。

第二,要加强对人才的招聘、培训、评聘、使用、考核、奖罚、待遇等配套政策的研究和建设,实行选人、用人、育人一体化。对各种专家、各类专业技术职务和所聘用的专业岗位,都要明确责、权、利。要建立动态管理模式,对公司评定的各类专家及技师,全部实行任期制,每两年重新进行评定和聘任,建立滚动式的津贴待遇,彻底改变一评定终身的终身制。

第三,要实行竞争上岗和岗位交流,加快人才培养。竞争上岗和岗位交流立足于发掘企业内部人才的优势,从而促进企业的发展。实行竞争上岗,有利于促进企业内部年轻优秀的人才脱颖而出,调动员工长期沉淀的积极性和工作热情,使之看到企业和员工共同发展的前景。在这个过程中,要注意坚持学用一致、学以致用的原则,尽量做到人员的专业对口、专才专用、人尽其才、才尽其用;同时坚持因材施用的原则,根据每个人的专业特长、兴趣爱好,使工作与人才的能力、性格相适应,尽量做到各得其所,使英雄有用武之地。在实行岗位交流上,可以考虑先对领导干部实行岗位交流,取得一定效果后也可以考虑将一些管理人员轮换到其他能够尽其所长的岗位进行锻炼,或者根据一些重要岗位(如财务、供应、销售等)需要定期进行人员轮换任职的情况,建立正常的岗位交流制度。

第四,要坚持科学的考评和分配制度。激励与约束机制是人力资源管理的核心,它通过制定科学的员工绩效考核办法和收入分配制度来实现。现代绩效考核制度采用目标管理的方法,通过计划、沟通、评价和反馈四个阶段,促进工作的改善和员工的成长,在实际工作中必须结合企业的实际情况制定出科学的考核方案。考核的结果,一方面是在员工职业发展系统方面,为表现优良的员工提供晋升、职位轮换、培训等发展机会;另一方面在薪酬系统方面,通过奖励的办法激发员工的工作热情和动力,同时,通过惩罚的办法约束员工的不良表现,促进其改进工作。

4)完善人才分配激励的政策措施

第一,加强政府对人才激励的规制,来弥补政府长期以来在规制上的缺位。制定人才激励的宏观原则政策,各单位制定有效的人才分配政策以及对智力知识成果的保护等政策规范,并视市场运行变化情况,适时进行调整,通过建立合理满足特定时段供需双方需求、严密覆盖人才激励各个环节的基本规范,来调控人才激励走向。建立维护人才价值交换秩序的屏障。要在司法维护的较窄通道之外,建立更为广阔的维护协调机制和维权组织体系。各单位通过司法机构建立人才争议的申诉仲裁机构,并形成地方政府人事部门与政府行业管理机关相连接的上下贯通、多点运行的争议协调解决机构,建立高效快捷的工作机制,来及时调解供需双方矛盾关系,增强维护功能。

第二,对高层重点人才直接进行激励。政府对高层次人才、贡献突出人才进行必要的直接激励,既能提高人才的满足感,又能敦促用人主体珍视人才价值,推动尊重人才环境的形成。各单位积极按照镇政府对人才激励的工作要求,逐步采取由物质激励为主向精神激励与创业扶助激励为主过渡,把物质激励的责任逐渐交给用人主体,尤其要充分发挥掌握政治资源的优势,对人才给予参政议政等政治荣誉或名誉激励。一些生活较困难的重点人才,可以给其特例优惠、特例准批等政策性倾斜,如对其子女上学、家属随迁、户口安置等给予特殊政策。

第三,积极发挥政府外组织作用。把以往政府包揽的人才服务职能交给社会中介组织,在转移过程中,政府侧重制定人才服务的运行规则,初始期,要扶持社会中介组织的建设发展,在组织体系基本健全、竞争格局形成后,逐步转向以规范行为为主,发挥社会多主体的作用。积极组建测定人才价值含量的人才资质鉴定中心,为人才实现价值交换提供服务;建立各类人才专业协会,满足人才信息交流和联谊协作等。

5)实施集中开发战略

全地区经济发展不平衡、财力有限,短期内此种状况不能改变,所以大规模的人才开发模式不太现实。但是局部地区专业人才聚集优势明显,尤其是工业园区周边地区。所以政府应该集中有限财力,投入重点行业或者领域进行人才培养,为人才搭建舞台。

6)加大差别性与特殊性人才政策措施建设力度

近年来普适性政策出台不少。今后则要在差别性和特殊性政策上下足功夫。即针对不同地区的天然资源优势和传统习惯,将缙云县进行人才区域差别划分,实行不同力度的人才优惠政策,避免雷同的一般化。

5.2 进一步加大人才政策措施的执行力度

加大人才政策措施实施的监督检查力度,要求从人才工作的源头上建立人才政策措施执行的组织保证,提成政策管理水平,扩大政策措施的辐射效应,从而提高政策措施的实施效果。

1)健全人才工作机制

完善的人才工作机制,是人才工作得以有效运转,人才政策措施得以贯彻落实,政策实施效果得以提升的重要保障。建立健全人才工作机制,要在组织领导人才的原则下,明确中央到地方各人才工作职能部门的职责,并制定相应的绩效标准,形成相关部门各司其责的责任机构和体系。在各个相关机构内部进行职责分解和界定,建立相应的人才工作流程,形成有明确分工,又能统筹协作的西部人才工作协调机制,推行现代人力资源管理制度,实现由传统人事管理向现代人事管理的转变。

2)加强人才工作队伍建设

人才工作者,既是人才政策措施制定的参与者和执行者,担负日常各项人才管理工作,还应该为各级领导的人才工作决策提供技术支持和服务。缙云县应该尽快提高人才工作队伍的专业化水平和职业化程度。一是实施人才工作者能力提升计划。针对缙云县人才工作者的能力要求,制定专门的培训计划,多渠道、多层次对人才工作者进行培训。扩大人才工作者交流的层次和规模,派遣人才工作者到经济发达地区和人才工作先进地区进行挂职锻炼,使得他们在实际工作中提升能力。合理配置人才工作专业人员,优化人才工作队伍配置结构和能力结构。

二是设立人才工作指导机构。通过吸纳各方面的相关人才、人力资源专家等组建人才工作指导机构,作为人才开发智囊团,为各级机关的人才决策提供咨询等服务。

3)提升人才政策措施的管理水平

政策过程是一个包括制定、执行、评估、监控等环节的动态过程。政策管理起着重要作用。加强政策管理,是提升政策执行效率,进而更好发挥政策效力的有效途径。

一是加强对人才政策措施的梳理与整合。缙云县出台的人才政策,从数量上来讲是可观的,但是大多政策的执行目标等还不够明确,在规范性、系统性方面存在不足。政策大多以部门的通知或者领导讲话形式出现,约束效力、权威性、稳定性等受到影响。同时,这些政策出自多个部门,缺乏相互之间的配合,也给政府的执行增加难度。因此,有必要对现行的人才政策进行全面的梳理和整合,形成系统、规范的更具效力的优惠政策和援助制度,更好发挥政策措施的集聚功能。

二是建立健全人才政策措施执行情况督查制度。提升政策管理水平,首先需要明确人才工作链条中政策措施执行情况检查主题的重要地位,并明确其范围、职权、责任,以及督查的程序方式。其次要研究制定体现科学发展观和正确政绩要求的各级人才政策执行主题的考核评价体系,使督查工作有章可循。

三是加强政策效果的调查与评估,推进人才政策运行过程的科学化、规范化。对于针对性不强,不能解决出现的人才新状况的人才政策,及时进行动态修复和完善,甚至废止。

　　四是扩大人才政策的辐射效应。人才政策规范和调整的对象,并非仅仅是人才群体,涉及社会方方面面。要加大人才政策的宣传力度,通过各种媒体开设专题等多种方式,为人才政策措施造势,使其深入人心。

5.3　进一步优化人才政策实施的经济社会环境

1)树立科学的人才观念

　　由于地理经济条件制约,缙云县山区居多,传统观念根深蒂固,人才观念大幅落后,因此人才开发首先是人才观念的大解放,树立科学人才观念。

　　一是树立人才资本观念。人才是一种资本性资源,人才开发既是开发利用,也是资本营运。人才开发具有经济性,需遵循经济规律,考虑成本与收益问题,进行人才资本经济活动分析。缙云县在培养、引进、使用人才的时候,应该牢固把握人才实用性特点,在人才标准上既注重原则,也注重灵活性,求真务实,切忌在学历职称等问题上好高骛远,避免大材小用等人才浪费现象发生。

　　二是增强本土人才开发。缙云县大规模引进人才可能性不大,而且就其地理和经济因素,引进人才后能长期留住的可能性也不大。因此缙云县应该注重培养本土人才。另一方面,由于缙云县教育水平在全市居领先地位,县政府应该充分发挥这一资源,使教科系统主动与人才市场进行对接,通过诸多形式的培训等方式扩大人才数量,推动人才开发事业发展。

　　三是树立大人才观念。缙云县人才开发需拓展人才视野,不论单位、行业等因素,要最大限度地开发区域内外的人才资源,为县内经济发展提供智力支持。

2)夯实人才政策实施的经济基础

　　缙云县作为宏观与微观、工业和农业、城市与农村的结合地,其经济发展和运行的质量、效益,直接关系到国民经济的发展速度和社会的长治久安。面对21世纪新的机遇与挑战,本县经济的发展应树立新的观念,开拓新的思路。

　　一是树立把工业经济作为经济主体的意识,从以农为主转向工农并重,加速县域经济工业化进程,提升经济的发展水平和综合经济实力。无农不稳,无工不富,无商不活。从某种意义上讲,没有农村的现代化,就没有中国的现代化。稳定和加强农业的基础地位,坚定地走农业产业化的发展道路,依靠科技,这些都是农业增效、农民增收的前提和基础。农业产业化和集约化经营与县域工业化的进程是互为前提、相互促进、相互制约的,无论是从经济发展的流程还是经济发展的实践来看,工业发展了,第三产业才更加繁荣,制约农业发展的资金不足、人多地少、生产方式落后等主要矛盾才能从根本上得到解决,农业的基础地位才能真正地得到加强。

　　二是树立把小城镇作为经济发展极的意识,生产经营活动的组织从以村为主转向以镇为主,加快小城镇建设与发展步伐,提高城镇化水平,带动经济协同发展。在现有条件下,提高经济工业化、城镇化和市场化水平的着力点是小城镇的建设与发展。小城镇作为二、三产业发展的载体,吸纳和转移农村剩余劳动力的基础,接受大中小城市辐射和产业转移,是传播现代工业文明、市场观念和密切城乡关系的"桥头堡",其发展的规模、速度和功能的完善与发挥,直接关系到经济发展的水平和质量。小城镇的建设与发展,要科学规划。抓好规划这个龙头,是充分发挥小城镇集聚、扩散等功能的中心环节,是合理划分二、三产业发展空间,提高土地等资源利用率和城镇吸引力、凝聚力的关键;要遵循总体规划,保证重点,分类指导,分步实施的原则,集中人力、财力和物力,先搞好县域和中心镇的建设与发展,提升、完善其功能,使其发展成为县域经济的发展极,以点带面。把科学管城、开发拓城、实业兴城三者有机结合起来,解决过去重建轻管等问题,按照科学化、规范化、制度化的要求,严格城镇管理,尽快让他们绿起来,洁起来,活起来。此外,要加快户籍制度、土地流转制度等方面改革的步伐,积极引导和鼓励农民进镇。

三是树立经济以民营为主的观念,加快改革和制度创新的步伐,建立和健全现代企业制度,向市场经济全面转轨。解放思想,抓住机遇,在保证国有、集体资产保值、增值的前提下,通过改组、联合、兼并、出租、股份制改造、拍卖等形式,改造和重组国有、集体企业,实行投资主体多元化、民营化改造,大力引进民营机制,建立现代企业制度。加快改革和制度创新的步伐,放量发展民营企业,并鼓励民营企业积极参与国有、集体企业的改革,千方百计地激活社会资金,大力拓宽生财之道。大力培养和造就一大批民营企业家和优秀管理者,使企业更加充满生机与活力。

四是抓住新一轮经济结构调整的机遇,加大产业结构调整力度,做好结构调整与优化这篇大文章,在培养主导产业和发展特色经济上实现新的突破。产业结构的调整要跳出过去一味求全的框框。要在特色上下功夫,只有这样才能使县域经济充满活力,富于竞争力。根据本地的资源和基础条件以及市场的要求,选择好和培养好支柱产业和主导产业,形成主导产业、配套产业和新兴产业互相依存、协调发展的产业群体。大力推进农业和农村经济结构战略性调整。大力发展第三产业。要积极发展建筑业、服务业、运输业等产业,同时,建设和培养一批有辐射力的大宗农产品、工业消费品和生产资料的专业批发市场,鼓励和支持各类民间流通组织的发展,以小城镇为依托,把大工业与乡镇企业、广大农村联结起来,促进生产要素合理流动,优化资源配置,使城镇成为市场的集散地和经济辐射源。

　　五是建立与完善教育、科技、经济紧密结合机制,积极吸纳各类科技人才,实施科技兴县战略,实现经济增长方式的转变。随着知识经济化和经济全球化进程的不断加快,知识和信息转化为现实生产力的过程日益缩短,知识人才、知识产业、知识管理以至知识经济,成为必然趋势,市场竞争实质上是人才、科技的竞争。在新的经济发展浪潮中,县域经济要大有作为,实现跳跃式发展,必须培养和引进大批人才,充分发挥科技是第一生产力的作用。

　　3)改善人居环境

　　良好的人居环境是吸引人才,实现人才可持续发展的重要原因。推进缙云县的人居环境发展,要做到以人为本,坚持人与自然和谐相处,改进人与人之间的相互关系。

　　一是统筹推进城乡环保规划编制,力争环保规划不留缝隙。以重点流域治理规划为带动,对工业园区等重点控制单元内的城镇、乡村污染治理进行统筹规划,加强对点源、面源的综合整治。编制全县重要生态功能保护区规划,划分具有重要生态功能价值的保护地进行重点保护,并与主体功能区划工作进行衔接,大区域、大尺度地维护城乡生态安全。

　　二是统筹推进城乡环境基础设施建设,力争环保建设布局不留空白。可效仿江苏省启动以"六清六建"(即清理垃圾,建立垃圾管理制度;清理粪便,建立人畜粪便管理制度;清理秸秆,建立秸秆综合利用制度;清理河道,建立水面管护制度;清理工业污染源,建立稳定达标排放制度;清理乱搭乱建,建立村容村貌管理制度)为主要内容的农村环境综合整治,统筹推进农村环境整治工作。

　　三是统筹推进城乡生态示范创建,力争环保基本公共服务不留缺失。加快生态县建设步伐,在县域范围内开展城乡生态环保一体化建设。开展生态文明示范区建设,将生态环保作为加快经济发展转型的切入点,持续带动新农村建设,充分扩大环保公共服务的惠及面。

　　四是统筹推进城乡环保政策对接,力争环境管理不留空当。首先,加强地方立法工作。研究推进农业生态保护、土壤污染防治、畜禽污染防治、秸秆综合利用等法规规章制定。其次,加强镇村环保机构队伍建设。落实乡镇环保职责,推广乡镇环保分局、监察所和村环保监督员的设立。再次,加强财政支持引导。同时,各地加大对环境基础设施建设"以奖代补"力度,给予行政事业费减半、税费优惠等政策支持。最后,加强资源整合。针对农村环保涉及面广、资源分散的状况,县财政每年安排财力用于农村环境综合整治示范村建设,带动其他涉农资金有效投入。

附录 A

访谈问卷(党政机关卷)

尊敬的领导:

您好,我们正在进行有关缙云县人才政策情况的调查,烦请根据您的真实认识给予帮助。谢谢。

1.您的行政职务是:

    A.处级   B.科级   C.一般干部

2.您的文化程度:

    A.博士   B.硕士   C.本科   D.大专   E.中专高中及以下

3.您的年龄:

    A.30 岁以下   B.31—40 岁   C.41—50 岁   D.50 岁以上

4.您认为人才政策的完善程度如何:

    A.培养政策   B.选拔任用政策   C.流动政策

    D.引进政策   E.激励政策   F.不清楚

较完善政策: 相对偏弱政策:

5.您认为现行的人才政策涵盖情况如何:

    A.很好地涵盖   B.基本涵盖   C.没有涵盖   D.说不清

6.您认为培训频率最好应该是:

    A.3 个月或以下一次   B.半年一次   C.一年一次

    D.两年或以上一次

7.您认为近年来缙云县人才政策对人才资源的改善情况:

    A.有很大改善   B.有所改善   C.不太明显   D.几乎没有改善

8.您觉得政府人才机构在县内人才作用:

    A.很大   B.较大   C.一般   D.比较小

9.对于人才流失,您认为最重要原因是:

    A.待遇低   B.自然环境差   C.发展平台不足   D.其他

10.您认为缙云县人才政策当务之急是:

    A.提高人才收入水平   B.做好在职培训工作   C.加强领导人建设

    D.政府财力支持   E.处理好人才流动问题,引进优秀人才,留住已有人才

    F.其他(请注明):

附录 B

缙云县人才政策措施调查问卷（企业单位卷）

尊敬的女士/先生：

您好，我们正在进行有关缙云县人才政策情况的调查，烦请根据您的真实认识给予帮助。谢谢。

1.您的单位性质：

    A.学校   B.医疗机构   C.企业   D.其他

2.您的学历：

    A.大专   B.本科   C.硕士及以上   D.其他

3.您属于下列哪类人员：

    A.专业技术人员   B.企业经营管理人员

    C.事业单位人员   D.高级技师

4.您的职务：

    A.公司领导   B.中层干部   C.无

5.您的职称：

    A.高级职称   B.中级职称   C.初级职称   D.无

6.您的年龄：

    A.30岁以下   B.31—40岁   C.41—50岁   D.50岁以上

7.您的平均税前月收入：

    A.1000—2000元   B.2001—3000元   C.3001—4000元

    D.4001—5000元   E.5000元以上

8.您对现行人才政策措施的了解途径：

    A.电视等媒体   B.单位人事部门的工作和宣传   C.网络

    D.其他

9.您对现行人才政策的了解程度：

    A.很了解   B.比较了解

    C.不太了解   D.不了解

10.您认为人才政策的执行程度如何：

    A.培养政策   B.选拔任用政策   C.流动政策

    D.引进政策   E.激励政策   F.不清楚

较满意政策： 欠满意政策：

11. 您觉得现行人才政策对人力资源的改善程度如何：

    A. 有很大改善   B. 有所改善   C. 不太明显   D. 没有改善

12. 在您看来，人才外流层次方面，以下哪项居多：

    A. 高级人才较多   B. 中级人才较多   C. 初级人才较多

13. 在您看来，人才外流年龄方面，以下哪项居多：

    A. 30 岁以下   B. 31—44 岁   C. 45 岁以上

14. 您觉得在该单位参加培训的情况如何：

    A. 经常参加   B. 偶尔参加   C. 几乎没有参加   D. 从来没有参加

◆ 案例思考

1. 缙云县人才战略有什么特点？

2. 制订人才战略要注意哪些问题？

3. 人力资源规划的流程是什么？

第四章　岗位管理

✧　本章基本概念

1. 岗位分析(Job Analysis)　岗位分析又称工作分析,是指对某一特定的工作(岗位)做出工作职责、任务、内容等方面的明确规定,并确定完成这一工作所需的条件和行为的过程。

2. 岗位说明(Job Description)　岗位说明又称工作说明或描述、职位描述等,是指用书面形式对组织中各类岗位的工作性质、工作任务、工作职责与工作环境等所做的统一要求。

3. 岗位规范(Job Specification)　岗位规范又称工作规范或任职资格,是指任职者要胜任该项工作必须具备的资格与条件。

4. 岗位评价(Job Evaluation)　岗位评价又称工作评估、职位评估或岗位测评等,是指在岗位分析的基础上,对各岗位的责任大小、工作强度、工作复杂性、所需资格条件等特性进行评价,以确定岗位相对价值的过程。

5. 工作轮换(Job Rotation)　工作轮换是指定期地将员工从一种工作岗位转换到另一种工作岗位,同时保证工作流程不受损失的一种工作设计方法。

6. 工作扩大化(Job Enlargement)　工作扩大化是指通过增加职务的工作内容,使员工的工作变化增加、要求的知识和技能增多,从而提高员工的工作兴趣的一种工作设计方法。通过工作扩大化可以提高产品质量,降低劳务成本,提高员工的工作满意度,改善整个工作的效率,生产管理也变得更加灵活。

7. 工作丰富化(Job Enrichment)　工作丰富化是一种纵向扩大工作范围的工作设计方法。其主要通过增加职务责任、工作自主权以及自我控制,满足员工心理的多层次需要,从而达到激励目的。

▱【案例 4.1】

员工至上:杭州 HS 公司人力资源管理变革
——从工作分析开始的失败 ≫ ≫ ≫ ≫

摘要:本案描述了杭州 HS 公司工作分析的全部过程,揭示了房地产企业在工作分析过程中的一些共性问题。本案例最终形成的工作说明书是失败的,这些失败的经历在整个房地产企业中具有一定的代表性,对其他房地产企业进行工作分析有一定的借鉴作用。

关键词:工作分析　HS 公司　房地产企业

0 引　言

HS 公司是杭州市一家房地产开发公司。最近几年,随着浙江省经济的快速发展,房产需求旺盛,公司迅速向市场推出了高端住宅、普通住宅两大模块,公司规模不断扩大,到 2006 年已成为杭州市一家中型房地产开发公司。随着公司规模的不断扩大和完善,对员工的需求量也在不断增加,这时,公司内部不同的组织和人力资源管理问题也逐渐凸显出来了。

1 HS 公司职能部门组织结构

HS 公司下设六个部门,主要是以房地产开发的流程主线来进行职能的划分,具体为:人力资源部门、营销中心、商务部门、产品工程部门、产品研发部门、财务部门。其中,人力资源部门主要负责相关的人事管理、行政管理和后勤管理;营销中心包括营销部、策划部和客服部,统一由营销总监进行管理;商务部门主要是对采购过程中的成本进行控制;产品工程部门包括工程项目部和质量安全部,主要是由各部门的相互监督来实现产品的质量和生产保障;产品研发部门包括产品研发中心和招标管理委员会,主要是为产品研发和工程设备服务,由研发总监进行统一管理;财务部门由财务总监负责管理,日常财务管理由财务部来实现,项目资金的筹备等工作都由融资部门来负责实施。具体组织结构如图 4-1 所示。

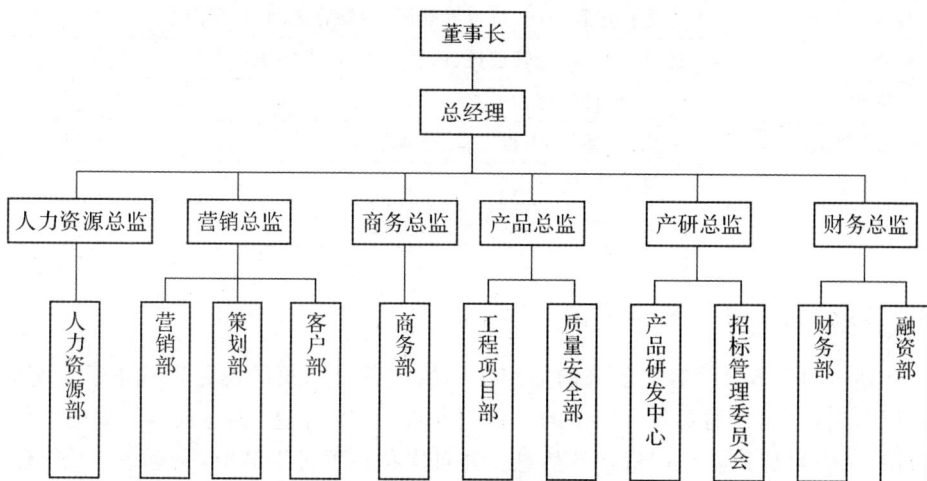

图 4-1　公司组织结构图

2　HS 公司岗位设置现状

HS 公司目前有员工 213 人,其中一线员工 176 人,占公司员工总数的82.6％。公司员工年龄在 20—40 岁的有 110 人,占公司总人数的 52％。其中,25 岁左右的员工就有 76 人,这些员工往往刚大学毕业,或者高中毕业,在公司中也主要从事销售工作,由于目前房地产的竞争激烈,在楼盘销售的淡季时,这些员工为了谋求更好的发展,往往就会跳到更好的房地产开发商那儿去,导致企业员工流动率非常大,岗位人员配置状况越来越紧张。

同时,由于 HS 公司成立以来,没有针对员工的岗位进行系统的分析并编写岗位说明书,能对员工的工作起到指导性作用的就是早期公司制定的员工岗位标准,而这个员工岗位标准中,对工作的分析不到位,仅仅是规定了一些工作职责和岗位任职资格,并且从未进行过相应的调整和修改。随着房地产竞争的越来越激烈,以及 HS 公司内外部环境的变化,员工岗位标准中的许多条款已经不能满足公司目前的发展需要了。各个职能部门之间也由于职责与权限确定的不明确,扯皮和推诿的现象经常发生。有些部门觉得事情太多,人员配备不合理,上级交给的任务不能按时完成。而有些部门人员配备冗余、人浮于事,工作效率低下。目前,公司岗位设置现状如表 4-1 所示。

表 4-1　HS 公司岗位设置现状

部门	主要岗位
人力资源部	人力资源管理岗、行政管理岗、后勤管理岗、秘书岗
营销中心	区域主管、市场管理员、信息采集员、市场销售人员
商务部	部长、项目经理
产品工程部	部长、副部长、工程主管、技术员
产品研发部	研发主管、研发人员
财务部	副部长、出纳、固定资产会计、税务会计、结算员

3　HS 公司工作分析存在的问题

通过对 HS 公司各职能部门的组织结构和各个岗位的设置现状进行分析,可以看出,虽然公司对各个岗位的工作职责有一定的描述,但是没有明确的工作权限、工作目标以及任职资格等信息。并且岗位设置过于简单,完全是一种岗位职责的列举,对该工作内容要达到的标准没有进行分析。这导致了公司在招人方面没有具体的依据,不能把合适的人招到合适的岗位,不能做到能岗匹配,员工的能力没有得到很好的发挥,大大挫伤了员工的工作士气,影响了工作效率。在晋升方面,也没有具体的依据可参考,以往 HS 企业刚成立时,由于各个部门的人员较少,员工的晋升都是由董事长说了算。但现在,公司的规模越来越大,董事长和基层员工之间打交道的时间也越来越少,因此基层员工的晋升很大程度上根据各个部门经理的意见做出。这样一来,在晋升过程中,上级和下级之间的私交成了晋升的决定性因素,工作能力强但是不会搞关系的人往往得不到提升。因此,很多优秀的员工就另谋高就,或者跳到竞争对手的企业中去了。在激励机制方面,由于工作岗位职责的不清晰,对员工的考核也是走形式,考核过程中主观性和随意性占了很大比例,导致员工的最终报酬不能和其所付出很好地匹配,公司的人力资源部门也经常听到大家对考核、薪酬等不满,最终导致了大量的年轻员工外流。

4　HS 公司工作分析的重新设计

面对这样严峻的形势,HS 公司领导痛下决心,要求人力资源部门对人力资源管理进行一次重大变革。变革首先从职位分析开始,要求对企业岗位进行一次彻底的分析和整理,对各个岗位的工作内容、工作权限、工作责任以及任职者的资格条件进行重新的确定,为将来的人员招聘、培训、考核及薪酬福利提供一个科学的基础。

首先,人力资源部门对职位分析工具进行了确定。通过查阅资料,综合分析后,确定为职位问卷分析法,以发放问卷的形式对各个职位进行调查。然后,把职位分析问卷发放到各个职能部门的经理手中,同时,也在企业的内网中发布了相关的通知,要求各个职能部门积极配合人力资源部门的工作。但是,效果并不理想,问卷发放到各个职能部门后,由于经理们都很忙,职位调查问卷一直没有发放到员工手中。人力资源部门得知情况后,就派专人到各个部门去督促,这时,问卷才到达各个员工手中。但是,大家平时工作都很忙,很多人拿到问卷后,并没有仔细阅读,就随便写写交了上去。更有甚者,干脆由其他员工代写交上去。大家普遍反映,不知道人力资源部门为什么要进行调查,以及对问卷中出现的一些术语不是很明白,什么是工作职责,什么是任职资格等了解不深入。也很少有人就这些问题向人力资源部门或者相关人员进行咨询。半个月后,人力资源部对问卷进行了回收,发现问卷填写的效果很不理想,交上来的问卷有一半内容填写不完整,填写完整的问卷,很大程度上都是答非所问,还有一部分问卷就没有收上来。辛辛苦苦设计的问卷,完全没有体现它的价值,人力资源部门经理为此感觉很懊恼。

其次,人力资源部门也派专员对一些职位进行走访调查。在走访了几个职位后,发现效果也不是很理想。由于派下去的都是人力资源部门主管以下的员工,在对各个职能部门进行走访调查时,各个职能部门的经理也不是很配合工作,同时,由于经理们都很忙,双方的时间不能很好地调配,能凑一起进行访谈很不容易。因此,半个月时间过去了,也只是对两个部门的经理进行了访谈,并且访谈的时间都很短暂。人力资源部门的另外一批员工则对经理以下的人员进行访谈,但是,访谈效果也不是很理想,访谈过程中,很大部分时间都是在听员工抱怨,抱怨自己的待遇不公平,抱怨管理存在问题。当访谈人员把访谈问题集中在职位分析上时,被访谈者就说不出来了,要么就顾左右而言他。访谈结束后,对访谈过的职位都还是没有一个清晰的认识。这样半个月过去了,也才访谈了三分之一的职位。人力资源部门的经理认为这样太浪费时间了,决定通过其他渠道来收集关于职位说明书方面的资料。因此,人力资源部门的人员通过网上收集到其他公司关于职位说明的资料后,结合现有的访谈问卷,开始了职位说明书的撰写。

在撰写职位说明书的阶段,人力资源部门还专门针对撰写工作进行了分组,不同的小组负责对不同的部门职位说明书的写作,同时,要求小组人员在半个月内必须完成工作。在职位说明书的撰写过程中,人力资源部门的员工都感觉很费劲,不知道如何下手,一方面是对其他部门不够了解,问卷信息又不够准确,进行问卷分析后得不到所要的结果;另一方面,大家以前从来没有进行过职位说明书的写作,缺乏经验。在规定的时间到了之后,很多人为了完成任务,东拼西凑,或者直接把其他公司相同岗位的工作说明书照搬过来,结合自己的判断再修改,最后整理交了上去。

历时两个多月的调查和职位说明书的撰写工作结束了,最后的职位说明书也出台了。但是,当人力资源部门把编写后的职位说明书发到各个职能部门,要求职能部门按照职位说明书的内容来调整和规范原有的工作范围,并在后期的人员招聘、选拔和录用中以现有的职位说明书作为蓝本时引起了很多部门的强烈反对。很多职能部门的经理直接说人力资源部门编写的职位说明书是一堆废纸,根本就不符合实际情况,没有任何参考价值。于是,人力资源部门专门针对职位说明书这事和各个部门进行沟通,组织各种会议来推动职位说明书的应用。希望通过这次的推广和宣传让各个部门了解和认识职位说明书的重要性,让各个部门都支持这个项目。但是,最终的效果恰恰相反,职位说明书遭到了各部门的一致反对。同时,由于在编写职位说明书的过程中,人力资源部门没有很好地对各部门进行调查、了解,导致其他部门提出的很多问题,人力部门也无法一一解答。最后,人力资源部门不得不重新再编写职位说明书。在后期的修改过程中,由于不能很好地和各部门进行有效的沟通,修改后的职位说明书还是不能令人满意。最后,职位说明书也就无法推广了。

经过这次职位分析说明书编写的失败,人力资源部门对职位分析失去了信心,觉得职位分析工作很难开展,很难对各个岗位的工作进行具体的分析,在实际工作中作用也不是很大,觉得环境变化太快,无法捕捉到很详细的信息。认为职位分析好是好,但是不适合中国的环境,只适合国外管理理念比较先进的大公司。原本牵头针对公司的混乱状况进行职位分析工作的人力资源部门经理也垂头丧气,对这次职位分析失败也一直不能释怀,也不知道到底是哪个环节出现了问题,为什么编写出来的工作说明书就是一堆垃圾呢?那么,职位分析真的有那么难、那么虚吗?该公司的职位分析项目为什么会如此不成功呢?

◆◆◆ 案例思考

1.该公司原有的工作分析存在哪些问题?为什么该公司的变革要从职位分析开始?

2.在新的职位分析调查与撰写过程中,该公司存在哪些具体问题?

3.公司人力资源部门在进行职位分析调查过程中用到了哪些具体的工具和方法?

第五章　招聘管理

✧　本章基本概念

1. 招聘（Recruitment）　招聘是指根据组织发展的需要，通过多种方法吸引大批应聘者，从中挑选适合本组织需要的人员的过程，是组织补充人员的主要途径。其主要包括招聘与筛选两个阶段。

2. 内部招聘（Internal Recruitment）　内部招聘是指从组织内部获取企业所需的各种人才。内部招聘具体可分为提拔晋升、工作调动、工作轮换、人员重聘等方式。

3. 外部招聘（External Recruitment）　当新的企业或部门创立或内部招聘不能满足企业对人力资源的需求时，企业需要从外部挑选合格的员工，这种招募方法即为外部招聘。外部招聘包括校园招聘、招聘会招聘、网络招聘等方式。

4. 校园招聘（Campus Recruitment）　校园招聘是一种特殊的外部招聘途径，指招聘组织直接从学校招聘各类应届毕业生或通过各种方式招聘各类各层次应届毕业生。

5. 能岗匹配原则（Competency-Position Fit）　能岗匹配包含两个方面的含义，一是指某个人的能力完全胜任该岗位的要求，即人得其职；二是指岗位所要求的能力这个人完全具备，即职得其人。能岗匹配原则是指应尽可能使人的能力与岗位要求的能力达成匹配。

6. 筛选（Human Resource Selection）　筛选是指从合格的应聘者中选择能胜任组织工作职位的人员的过程。岗位分析、人力资源规划、招募过程是筛选过程有效进行的前提。

7. 诊断性面试（Diagnostic Interview）　诊断性面试简称面试，它能全方位地考察应聘者的表达能力、判断能力、分析能力和其他综合能力，直观地了解应聘者的各种素质和潜能。

8. 评价中心（Assessment Centers）　评价中心是一种用来测量不同个体与工作环境有关的知识、技能、能力和其他意向上的差异的结构化的、综合性的方法。

📁 【案例 5.1】

挖掘个性的 ZX 银行招聘面试题库设计

≫ ≫ ≫ ≫ ≫

摘要:本案例描述了 ZX 银行杭州分行招聘面试题库设计的基本内容,揭示了该银行招聘面试时主要选择的方法以及评价应聘者能力和素质的主要方面。本案例描述的情况在金融企业招聘中具有一定的普遍性,特别是为完善和提高银行业员工招聘具有一定的参考价值和借鉴意义。

关键词:ZX 银行　招聘面试　题库设计

0 引言

ZX 银行杭州分行成立于 1994 年,是 ZX 银行在长江三角洲南翼经济区设立的一家省级分行,也是最早进驻浙江省的新兴商业银行之一,现已在全省(不含宁波)设有营业机构 60 个,自助银行 130 个。截至 2012 年 1 季度末,分行总资产 2164 亿元,存款余额 2114 亿元,贷款余额 1465 亿元,存款年均递增 38%,高出全省平均增幅 16 个百分点。各项经营指标在浙江省股份制银行中均名列前茅,部分指标超过了国有大型银行。资产质量保持国际先进水平。历年累计创利 171 亿元,累计社会贡献达 236 亿元。分行连续 10 年名列 ZX 银行综合考评榜首,连年被评为"标兵行";自银监会实施监管评级以来,ZX 银行杭州分行是浙江省唯一连续 6 年获评最高等级"1 级"的省级金融机构;在人民银行的综合评价和浙江省外汇管理局的评级中,ZX 银行杭州分行均连续获评最高等级"A"级。

1 ZX银行杭州分行人员招聘录用流程

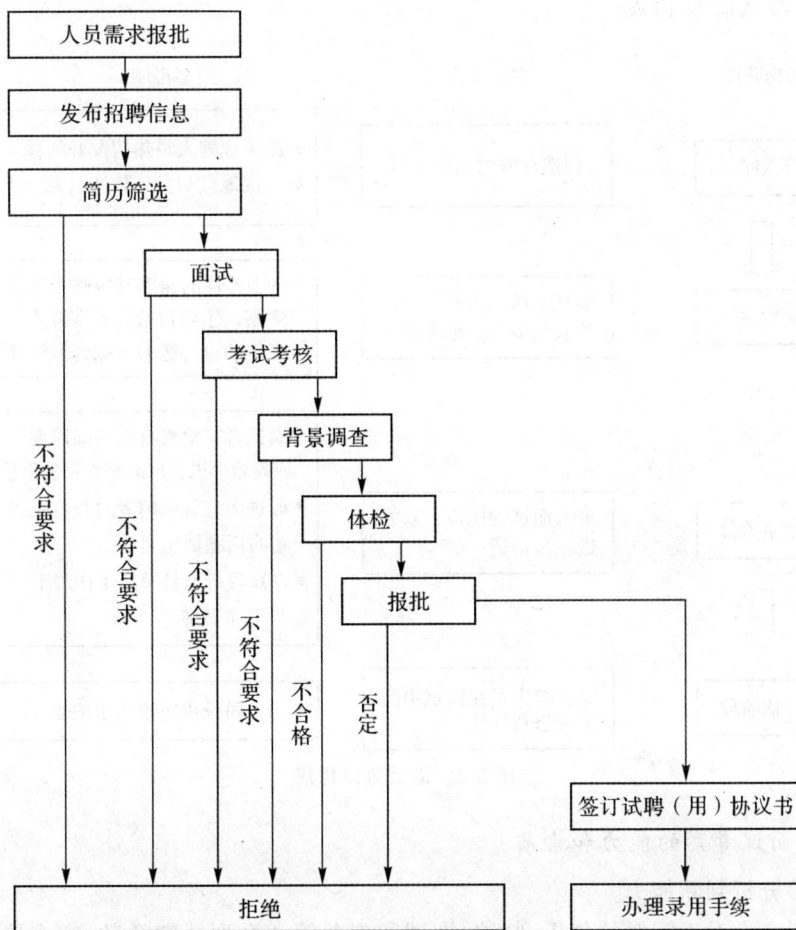

```
人员需求报批
      ↓
发布招聘信息
      ↓
  简历筛选 ──────────→ 不符合要求
      ↓
    面试 ──────────→ 不符合要求
      ↓
  考试考核 ──────────→ 不符合要求
      ↓
  背景调查 ──────────→ 不符合要求
      ↓
    体检 ──────────→ 不合格
      ↓
    报批 ──────────→ 否定
      ↓                    ↓
                  签订试聘（用）协议书
                           ↓
      拒绝            办理录用手续
```

图 5-1　银行招聘录用流程

2 ZX 银行杭州分行招聘面试方法选择

2.1 面试阶段构成

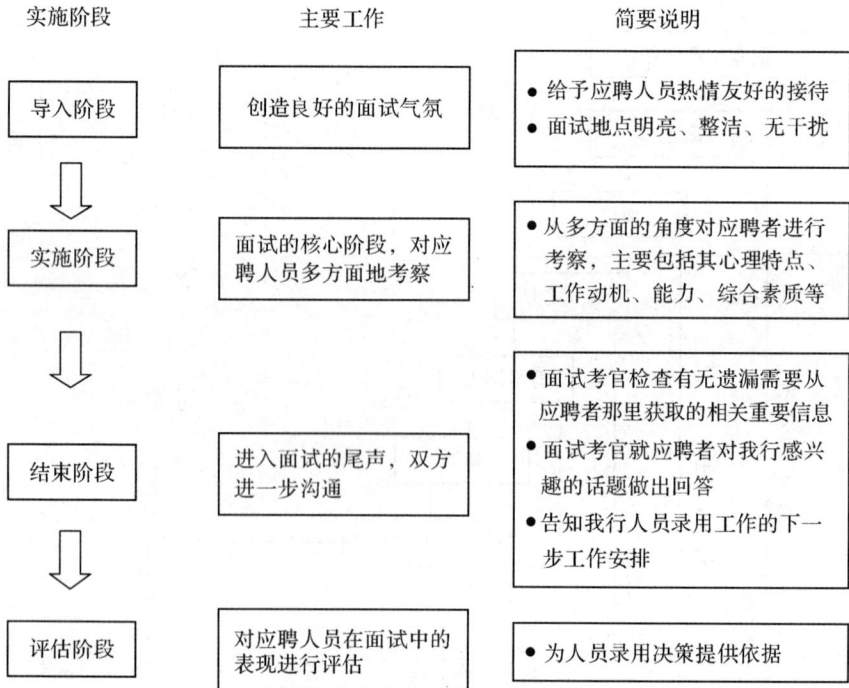

实施阶段	主要工作	简要说明
导入阶段	创造良好的面试气氛	• 给予应聘人员热情友好的接待 • 面试地点明亮、整洁、无干扰
实施阶段	面试的核心阶段,对应聘人员多方面地考察	• 从多方面的角度对应聘者进行考察,主要包括其心理特点、工作动机、能力、综合素质等
结束阶段	进入面试的尾声,双方进一步沟通	• 面试考官检查有无遗漏需要从应聘者那里获取的相关重要信息 • 面试考官就应聘者对我行感兴趣的话题做出回答 • 告知我行人员录用工作的下一步工作安排
评估阶段	对应聘人员在面试中的表现进行评估	• 为人员录用决策提供依据

图 5-2 面试阶段构成

2.2 面试考察的能力和素质

1)分析判断能力

指个人对于问题的分析、归纳、推理和判断等一系列认知活动,它主要包括分析推理和概念思维两方面。

2)成就导向

是指个人具有成功完成任务或在工作中追求卓越的愿望。具有高成就导向的人希望出色地完成他人布置的任务,在工作中极力达到某种标准,愿意承担重要的且具有挑战性的任务。

3)团队合作精神

是指个人愿意作为群体中的一个成员,与群体中的其他人一起协作完成任务,而不是单独地或采取竞争的方式从事工作。

4）学习能力

就是在工作过程中积极地获取与工作有关的信息和知识,并对获取的信息进行加工和理解,从而不断地更新自己的知识结构、提高自己的工作技能。学习能力强的人往往对事物具有较强的好奇心,希望对事物有比较深入的了解,善于利用一切可能的机会获取对工作有帮助的信息。

5）坚韧性

是指能够在非常艰苦或不利的情况下,克服外部和自身的困难,坚持完成所从事的任务。具有强坚韧性的人能够在受到挫折的情况下控制自己的不良情绪,使自己不会采取消极的行动;面对他人的敌意时保持冷静和稳定的情绪状态。

6）主动性

是指个人在工作中不惜投入较多的精力,善于发现和创造新的机会,提前预计到事件发生的可能性,并有计划地采取行动提高工作绩效、避免问题的发生,或创造新的机遇。

2.3　常用的面试方法

1）结构化面试

事前有一个固定的框架或问题清单,对所有的应聘者都问同样的题库。面试官根据框架控制整个面试的进行,按设计好的问题和有关细节逐一发问。获得结构与形式相同的信息,便于分析比较,提高面试效率。

2）非结构化面试

无固定模式,随意发问。面试者只需掌握组织、职位的基本情况。面试中所用的问题是非标准化的问题,对应聘同一岗位的同一位应聘者,不同的面试官会提不同的问题。

3）情境模拟面试

情境化面试题目主要由一系列假设的情境构成,通过评价应聘者在这些情况下的反应情况,对应聘者进行评价。

4）行为描述面试

面试人员问一些与当前工作紧密相关的情境问题,询问应聘者在以往工作中碰到类似的情境采取过什么样的行动,根据事先拟定的评分规则给应聘者打分。

5）全面结构化面试

全面结构化综合了前面几种面试技术,询问应聘者面临工作相关的情境时如何处理（行为描述法）、具备哪些专业知识、在各种模拟的环境中应聘者如何表现(情境模拟技术)。

3 ZX 银行杭州分行招聘面试问题题库设计

根据以上能力要素和评价方法的选择,设计如下面试问题库(见表 5-1)。该面试问题库区分通用招聘、校园招聘及社会招聘三种情况分别设计,并明确各自的评价要点。

表 5-1 面试问题库

		这类问题主要是为了让应聘者根据自己的判断对自己的行为、经历和技能进行分析。这类问题使面试者有机会看出应聘者究竟怎样看待自己。此外,这些问题也能深入了解应聘者的能力素质。
自我评估	通用	◆ 请您自己简单描述一下自己。 ◆ 到目前为止,您认为您哪方面的技能或个人素质是您成功的主要原因? ◆ 当别人讲您的时候,他们首先会提及您哪方面的素质? ◆ 什么东西促使您努力工作? ◆ 如果您被聘用的话,您会带来什么其他人不能带来的优点和长处? ◆ 什么特别的素质使您和他人有所区别? ◆ 您为什么认为您很胜任这个工作?
	校园招聘	◆ 在您的学习和参加社会活动的经历中,您的哪些素质使您成为公司很有价值的员工? ◆ 您组织或参加过哪些社会活动?别人对您的评价如何? ◆ 您最喜欢的课程是什么?为什么? ◆ 您最不喜欢的课程是什么?为什么?
	社会招聘	◆ 您认为您的工作效率怎么样? ◆ 您认为您对工作的最重要的贡献是什么? ◆ 在前任工作中,您的哪些素质使您成为公司很有价值的员工? ◆ 在您的工作经历中,您认为哪些素质对您工作帮助最大?

评价要点:
1. 应聘者的语言表达能力。
2. 应聘者的逻辑思维能力。
3. 应聘者的适应能力。
4. 可以结合其他问题判断应聘者的自信心、诚信等素质。

		自信心是指对自己的能力及解决问题的方式、程序等充满信心。
自信心	通用	◆ 过去三年里,您对自己有了怎样的认识? ◆ 解决冲突的能力会使您在工作中做得更好,在这方面,您有什么经验? ◆ 讲这样一个故事:您做出了一个决定,但事情的发展事与愿违。您怎样弥补这种局面?

自信心	校园招聘	◆ 您认为最难学习的是哪门课程？您在这门课的学习上有什么心得？ ◆ 您认为您掌握最好的是哪门课程？您在这门课的学习上有什么心得？ ◆ 您相信您可以胜任这项工作么？为什么？ ◆ 如果我们让你马上负责这项工作,您认为您可以圆满完成么？
	社会招聘	◆ 请讲一下去年您承担的最具有挑战性的任务之一。您为什么认为那件事很具有挑战性？ ◆ 我想知道,工作中什么环境和事情对您的影响最大？ ◆ 若您和您的老板在某件事上有很大的冲突,您该如何弥补你们之间的分歧？请举实例说明。 ◆ 请说出您和您的老板在工作重点上发生冲突的一次经历,您是怎样解决你们之间的冲突的？

评价要点:
1.应聘者的自信心是否建立在实力的基础上。
2.应聘者对于自信和自傲之间度的把握。
3.应聘者的自信心是否对应聘职位的工作有帮助。

诚信、正直		诚信、正直是人生下来就具有的人格方面的一个重要组成部分,而且这种品格会体现在日常决定和行为中。
	通用	◆ 请讲一个您的正直、诚信受到挑战的经历。 ◆ 请讲一下这样一个经历:尽管其他人反对,但是您还是坚持自己的观点,并把事情继续做下去。 ◆ 在日常生活和工作中,什么行为才能表现出一个人的正直来？
	校园招聘	◆ 请您举一个您的同学不道德的一件事,您为什么认为那种行为不道德？ ◆ 如果您的同学因为找工作,需要借用您的英语或计算机等级证书制作复印件,您会怎么做？ ◆ 您的同学因某些不得已的原因欺骗了他的女朋友,当他的女朋友向您求证时,您会帮同学圆谎么？
	社会招聘	◆ 请您举一个您的同事不道德的一件事,您为什么认为那种行为不道德？ ◆ 请讲一个您曾经遇到的不忠于公司和主要客户利益的人,您是怎样对待他的？ ◆ 请您讲一个这样的经历:您的请假要求本来很合理(如去看医生),但是您的老板却拒绝了。您是怎样办的？ ◆ 假如您的一位工友给您讲了一件十分重要的事情或秘密,您觉得您的老板也应该知道这件事,您该怎么办？ ◆ 讲讲这样一个经历:别人让您给客户撒个谎(比如,说某批货已经发了,其实订单还在办公桌上),您会怎么办？ ◆ 若平时您发现您办公室的人或您的下属偷窃了少量的办公用品,您会制止他们吗？ 如果会的话,您该怎样做？ ◆ 假设公司规定不许在办公楼里赌博,如果您是新来的部门负责人,您发现该部门的老员工总是在办公楼运动室里赌博,他们这种活动已经进行了好几年了,您会怎么办？

续 表

评价要点:
能否始终坚持不突破诚信的底线。

		团队合作是指个人愿意作为群体中的一个成员，与群体中的其他人一起协作完成任务，而不是单独地或采取竞争的方式从事工作。
团队合作	通用	◆ 您认为一个好的团队管理者的最主要特点是什么？为什么？ ◆ 请您讲出您在团队工作背景下遇到的最具有创造性和挑战性的事情。您用什么方法来鼓励他人和您自己来完成这件事的？ ◆ 您认为怎样才算一个好的团队者？ ◆ 请说出您作为团队者所遇到的最困难的事情。您是怎样解决这个困难的？您在解决这个困难中起了什么作用？
	校园招聘	◆ 您喜欢参加体育活动么？比较喜欢参加哪些体育活动？ ◆ 您经常参加社会活动么？都有哪些社会活动？您在其中扮演了什么角色？ ◆ 请告诉我们一个您和同学们一起完成的一项活动。您在其中的地位如何？ ◆ 您与同学关系如何？与初、高中同学还经常保持联系么？同学们对你评价如何？
	社会招聘	◆ 根据您的经验，若某位员工经常迟到、早退、旷工，或不愿意干活的话，会给整个团队带来什么样的问题？这些问题您认为该怎样解决？ ◆ 管理人员能否不做任何说明就让员工去干某项工作？为什么？ ◆ 请讲一下您对团队工作最喜欢和最不喜欢的地方？为什么？ ◆ 请告诉我您在什么情况下工作最有效率？ ◆ 您认为做一个好的员工和当一位好的团队者有什么区别？

评价要点:
1.应聘者是否意识到团队合作的重要性。
2.应聘者是否具备进行有效团队合作的基本技能。
3.应聘者能否采取有效行动确保团队的顺利合作。
4.应聘者能否积极营造团队合作的良好气氛。

		自控能力是指在各种环境中保持稳定情绪和心态的能力。
自控能力	通用	◆ 据说有人能从容避免正面冲突。请讲一下您在这方面的经验和技巧。 ◆ 请您举一个您亲身经历的事例来说明您对困难或挫折有一定的承受力。 ◆ 假如在公众场合中，有一个人有意当众揭您的短处或您的隐私，您怎样去处理？ ◆ 您有没有过在感情上的失败或不顺利经历，它对您那时和现在的生活有什么样的影响？
	校园招聘	◆ 我们的学习与生活历程并不是一帆风顺的，谈谈您在学习或生活经历中出现的挫折或低潮期，您是如何克服的。 ◆ 请举一个您和同学发生争执的例子，并说说您是怎么处理的。 ◆ 如果有同学在课堂上违反了纪律，但老师却误认为是您做的，并且不愿意听您的解释，您该怎么办？ ◆ 您一般是如何准备重大考试的？您有没有过在一次非常重要的考试中发挥失常的经历？当时的情形是怎么样的？

自控能力	社会招聘	◆ 请讲述一个您本来不喜欢,但公司却强加给您的一些改变。 ◆ 讲一个这样的经历:您的老板给您分配了一件与您工作毫不相干的任务,这样,您的本职工作就无法完成了,您是怎样做的? ◆ 有些时候,我们得和我们不喜欢的人在一起共事。说说您曾经克服了性格方面的冲突而取得预期工作效果的经历。 ◆ 我们的工作与生活历程并不是一帆风顺的,谈谈您的工作或生活或求学经历中出现的挫折或低潮期,您是如何克服的。 ◆ 假如您的上司是一个非常严厉、领导手腕强硬,时常给您巨大压力的人,您觉得这种领导方式对您有何利、弊? ◆ 您有没有过失业或暂时待业经历,谈谈那时的生活态度和心情状态。 ◆ 谈谈您以往职业生涯中最有压力的一两件事,并说说是如何克服的。

评价要点:应聘者是否具备自我控制的能力,能否保持稳定的情绪、心态。

成就导向		成就导向是指个人具有成功完成任务或在工作中追求卓越的愿望。
	通用	◆ 过去 12 个月里,您都给自己定了哪些个人目标? 您为什么要定这样的目标? ◆ 讲讲您主动承担分外工作的经历,您为什么要主动承担那些分外工作? 对那些分外工作您做得怎么样? ◆ 如果您有很多钱可以使用,您也想让自己仍然很忙的话,您会怎么做? ◆ 在这个公司,您个人希望取得什么样的成绩?
	校园招聘	◆ 您在学校时想做些什么? ◆ 谈谈您以往求学生涯中令您有成就感的一两件事,并说说它给您的启示。 ◆ 您想要参加研究生考试么? 为什么? ◆ 您是怎么评价那些参加研究生考试的同学的? ◆ 您在班里、系里或是学校都担任过什么职务? 您是怎样看待这些工作的?
	社会招聘	◆ 若您自己来写您的职位描述的话,您会写些什么? ◆ 若让您自己满意的话,工作中应该包括些什么? ◆ 您是怎样获得您现在老板对您工作目标的支持的? ◆ 请告诉我,您曾经从事的最好的工作是什么? 您为什么认为那是最好的工作? 您开始是怎样获得那份工作的? ◆ 请讲一个您十分喜欢的工作。 ◆ 谈谈您以往职业生涯中令您有成就感的一两件事,并说说它给您的启示。

评价要点:
1.应聘者是否积极主动要求上进。
2.应聘者是否合理利用所能得到的资源,采取了有效的行动。
3.应聘者能否帮助其他人一起成长,而不是采取对立的态度。

程序关注度		程序关注度是指对解决和处理问题的步骤、顺序、流程的敏感和关注程度。
	通用	◆ 您行动之前喜欢制定计划么? 请描述一下您一天或一周的工作计划。 ◆ 您认为过马路时一定要遵守交通规则么? ◆ 您买火车票时插队么? 如果您是售票员,春运高峰时,您的一个好朋友急需买一张车票但没有排队,您将怎么做? ◆ 您印象最深的一次违反规定是什么时候? 您为什么要违反规定?

续　表

程序关注度	校园招聘	◆ 请描述一下您早晨起床后至上课前的过程。您为什么会这么做？这些步骤可以进行调整么？应该如何调整才好呢？ ◆ 有很多学校的宿舍管理都实行出入登记制度,在保障了安全的同时也给出入的人增添了麻烦,您是怎么看待这个问题的？ ◆ 在办理离校手续时,我们需要到各个部门签字盖章,您是怎么看待现有的毕业生离校流程的？有哪些地方可以改善？
	社会招聘	◆ 您能给我们详细描述一下您以前工作的工作流程么？这个流程是怎么形成的？您对这个流程进行过调整么？为什么要调整？调整后效果如何？ ◆ 请描述一下您早晨起床后至上班前的过程。您为什么会这么做？这些步骤可以进行调整么？应该如何调整才好呢？ ◆ 您有没有遇到过这样或类似的情形:和您打交道的一位客户要求解决问题的方法和公司的制度规定发生冲突。您是怎样解决这个矛盾的？ ◆ 在日常中,公司的政策和规定起着什么样的作用？

评价要点:
1.能否主动遵守已制定的各项规章制度。
2.能否坚持按照规定流程行事。
3.能否对制度、流程的本质、意义进行把握。
4.是否具备在一定的框架内对流程进行科学调整,提高效率的能力。

责任心		责任心是指在实际工作中,做事尽职尽责,有始有终,精益求精,一丝不苟,对于承诺的目标,竭尽全力去完成。遇到问题时,敢于承担责任。
	通用	◆ 请举一个您答应过别人但因客观原因而未能实现的例子。您是怎么样看待这件事的？ ◆ 在您曾经犯过的错误中,哪一次是让您印象最深的？您为什么会犯错误？结果怎么样？ ◆ 当您所在的集体处于竞争劣势时,您有什么想法和行动？ ◆ 往往在跨组织的任务中,由于涉及过多成员,最后易形成"责任者缺位"现象,您如果身处其境,会是什么心态？ ◆ 您喜欢将工作带到家中么？您对工作和生活的关系是如何处理的？
	校园招聘	◆ 同学们有事都喜欢找您帮忙么？为什么呢？ ◆ 在下班时间上您比较倾向于遵守公司制度准点下班还是一定要完成任务后再下班？ ◆ 如果老师指定您担任劳动委员,但其实您并不想担任这个职务,为了避免下一次的连任,您会怎么做？
	社会招聘	◆ 您的下属未按期完成您所布置给他的任务,如果您的上司责怪下来,您认为这是谁的责任,为什么？ ◆ 在下班时间上您比较倾向于遵守公司制度准点下班还是一定要完成任务后再下班？ ◆ 您为何要离开前一家公司？您认为您在前一家公司的工作表现如何？能否举一个例子？ ◆ 如果上司交给您一项您很不喜欢的工作,您将如何去做？能否举个例子？ ◆ 您每一次离职时有没有过失落感？您跟过去就职过的公司的一两个上司或同事还有联系吗？并说说他们目前的处境。

评价要点：
1. 能否尽职尽责、积极主动完成自己承诺的工作。
2. 是否勇于承认错误、承担责任。

主动性		主动性是指个人在工作中不惜投入较多的精力，善于发现和创造新的机会，提前预计到事件发生的可能性，并有计划地采取行动提高工作绩效、避免问题的发生，或创造新的机遇。
	通用	◆ 讲讲这样的一次经历：在解决某一难题时，您独辟蹊径。 ◆ 说一个您曾经干了一些分外工作的经历。您为什么要承担那么多的分外工作？ ◆ 请讲这样一个经历：您获得了很难得到的一些资源，这些资源对您完成目标特别重要。 ◆ 哪些经历对您的成长最有用？您怎样确保在这儿也会有同样的经历？ ◆ 您最后一次违反规定是什么时候？
	校园招聘	◆ 学习过程中使您最满意的地方是什么？或者说您的学习心得有哪些？ ◆ 您是怎么看待"各人自扫门前雪，休管他人瓦上霜"这句话的？ ◆ 上课的时候您喜欢坐在前排还是后排位置？为什么？ ◆ 当您在学习的过程中，遇到一个难题很难攻克，您会怎么做？
	社会招聘	◆ 为了做好您工作分外之事，您该怎样获得他人的支持和帮助？ ◆ 过去六个月中，您有多少次是跨越了自己专业、权力和责任来做您的分外工作的？为什么？您是怎样完成这些工作的？ ◆ 未来十年里，这个行业面临的最主要的问题是什么？您自己准备如何应对未来的变化？ ◆ 您认为工作中有哪些应该被视为是危险的情况？ ◆ 工作中使您最满意的地方是什么？ ◆ 在您前任工作中，因为您的努力而使公司或部门发生了什么样的变化？ ◆ 在您前任工作中，都干了哪些有助于您提高工作效果的事情？ ◆ 在您前任工作中，您曾经试图解决了哪些与您工作责任无关的公司问题？

评价要点：
1. 能否积极主动地去达成自己或上级设定的目标。
2. 能否积极思考，抓住关键点，采取有效措施达成目标。

坚韧性		坚韧性是指能够在非常艰苦或不利的情况下，克服外部和自身的困难，坚持完成所从事的任务。
	通用	◆ 您是怎样看待"事在人为"和"谋事在人，成事在天"这两句话的？ ◆ 谈谈您以往经历中最有压力的一两件事，并说说是如何克服的。 ◆ 您有没有过在感情上的失败或不顺利经历，能谈谈它对您那时和现在的生活有什么样的影响吗？ ◆ 您经常坚持体育锻炼么？

续　表

坚韧性	校园招聘	◆ 如果您三次参加高考都失败了,您还会继续参加高考么? ◆ 我们的生活历程并不是一帆风顺的,谈谈您生活或求学经历中出现的挫折或低潮期,您是如何克服的。 ◆ 如果您很喜欢一个女孩,但想尽各种办法都未能博得女孩的好感,您将会怎么做? 为什么?
	社会招聘	◆ 我们的工作与生活历程并不是一帆风顺的,谈谈您的工作或生活中出现的挫折或低潮期,您是如何克服的。 ◆ 假设您的上司交给您一项任务,需要客户和同事的支持,但他们对这项任务都持反对态度,虽然您从多方面进行了解释,但仍然没有改观,您将如何应对? 能否举一个您工作中曾经遇到的这样的例子? ◆ 您有没有过失业或暂时待业经历,谈谈那时的生活态度和心情状态。

评价要点:
1.是否会因为困难、阻力而半途而废。
2.能否保持良好的心态,以积极的态度面对困难。
3.能否合理利用资源,采取有效措施化解困难,达成目标。

创新力		创新力是指积极主动、勇于探索、勇于挑战困难,不墨守成规,能找到崭新的不同寻常的有效解决问题的方法。
	通用	◆ 您认为按部就班、循序渐进才是解决问题的最好方法么? ◆ 请举一个您所进行的印象较为深刻的创新活动或事例。 ◆ 什么事会抹杀一个人的创造性和积极性? ◆ 您怎样来判断某人是否具有创造性呢? ◆ 您喜欢刨根问底,总喜欢问为什么? ◆ 您是否认为自己具有强烈的好奇心? 能举一个例子证明么?
	校园招聘	◆ 谈谈您的学习心得,您有没有一些独创性质的学习小窍门? ◆ 您喜欢在班上同学面前发表自己的意见么? 为什么? ◆ 您喜欢玩游戏么? 比较喜欢经典游戏还是最新、最流行的游戏? ◆ 请尽可能多地说出曲别针的用途。
	社会招聘	◆ 如果您干这个工作,您该怎样判断这个工作是否需要一些变革呢? ◆ 我想知道您是怎样奖励那些成果不怎么样的冒险者的,又是怎么奖励那些很成功的冒险者的。 ◆ 您是怎样推行重大变革的? 我想听您举些具体例子加以说明。 ◆ 请您说说鼓励员工创造性的最有用的方法和技巧。 ◆ 讲讲过去一段时间里,您的部门曾经发生了一些变化。为什么会有这些变化? 您是如何应对这些变化的? ◆ 您怎样鼓励您的员工更加具有创造性呢?

评价要点：
1.是否安于现状、墨守成规。
2.能否积极主动进行创新活动。
3.能否利用各种资源进行有效的创新活动。
4.能否营造出鼓励创新的良好氛围。

学习能力		学习能力就是在工作过程中积极地获取与工作有关的信息和知识,并对获取的信息进行加工和理解,从而不断地更新自己的知识结构、提高自己的工作技能。
	通用	◆ 我想知道,是什么时候或环境导致您决定学习一些全新的东西。 ◆ 过去三年里,您为自我发展订立了什么目标? 为什么要订立那样的目标? ◆ 请讲讲您从某个项目或任务中学到了什么? ◆ 讲一个这样的经历:发生一件对您来说很糟糕的事情,但后来证明,您从这个糟糕的事件中学到了很多。 ◆ 过去 12 个月里,您投入多少钱和时间用于自我发展,您为什么要这样做?
	校园招聘	◆ 您近来接受的哪些教育经历有助于您干好这个工作? ◆ 您认为在大学学到的知识足以让您完成今后的工作么? 如果还有不足您又是怎样进行弥补的? ◆ 对于从来没有接触过的东西你认为是需要有个慢慢熟悉的过程还是觉得很快就可以掌握? 能否举一个具体的事例?
	社会招聘	◆ 您认为这个行业未来十年面临的最主要的问题是什么? 您准备怎样应对未来的变化? ◆ 为了提升您的工作效率,近来您都做了些什么? ◆ 告诉我,您是怎样有意识地提高自己的工作技能、知识和能力的? 您用什么办法来达到这一目的? ◆ 为了干这个工作,您都做了哪些准备? ◆ 假如您的老板就您的工作和技能做出一些评价,但这些评价与实际不符,您该怎样办? ◆ 您用什么方法告诉您(目前的)老板您想接受更多的发展(或挑战)的机会的?

评价要点：
1.是否满足于现状,是否愿意不断充实自己。
2.是否善于学习,能否创造出持续学习的良好氛围。

影响力		影响力是指通过运用资料、具体范例、数据事实与演示图表等,甚至在需要时适当调整自己陈述的内容与风格,以适合他人的期望与兴趣等多种方式,说服他人,寻求并获得他人对自己观点的认同与支持。
	通用	◆ 请说一下您是否想出过某种能够解决您所遇到问题的主意? 您是怎样把您的想法推销给您周围的人的? ◆ 讲一下您曾经提出并实施的一个不受欢迎的变化的经历。您是采取什么措施来降低这种变化对别人的影响的? ◆ 请您举一例说明您曾经使某人做他并不喜欢做的事情。 ◆ 请描述一个经历:您使别人参与、支持您的工作,并最终达到了预期目的。

续 表

影响力	校园招聘	◆ 在学校里您担任过什么职务？喜欢么？为什么？ ◆ 假设您发现您的一位同学做了不道德的事情,您会采取什么样的方法来使这位同学改正他的不道德行为？ ◆ 您有没有组织过同学们参加一些活动？如有的话能否举一个例子？ ◆ 您的意见或想法通常都能获得同学们的认可么？如果有同学反对,您是怎么应对的？
	社会招聘	◆ 假设您发现您的一位同事做了不道德的事情,您会采取什么样的方法来使这位工友改正他的不道德行为？ ◆ 假如管理层要对工作程序进行调整,这会对您的工作造成危害。您会采取什么办法来说服管理层不要这样做？ ◆ 假设您的一位老板总是在最后一刻才给您布置工作任务。您将会采取什么办法来改变老板的这种工作方法？ ◆ 我想知道您是怎样使某位雇员来承担更多的责任,或承担他本人认为很难的工作的？ ◆ 我想知道您是否遇到过这样的情形:部门的某位员工不愿意干自己的工作。您是采取什么措施来改变这种情况的？ ◆ 讲讲这样的一个经历:您向员工推出了一个很不受欢迎的想法,您采用什么办法来减少员工对这一想法的反感？ ◆ 描述一下这样一种经历:您手下有一位表现平平的员工。您采用了什么办法来提高他的工作效率？

评价要点:
1.能否清楚地表达自己的观点。
2.是否愿意成为众人的焦点,希望去影响别人。
3.能否对形势进行准确把握,寻求别人对自己的认同。
4.能否准确把握他人思维,利用各种资源,寻求别人对自己的支持。

计划与组织		计划与组织是指在完成特定工作前对可能出现的环节进行预测、安排,并采取适当方式对所需的资源进行使用,从而确保工作的顺利完成。
	通用	◆ 您觉得自己的个性适合井然有序的工作环境还是灵活自如的工作环境？或者是其他任何形式的？ ◆ 讲一下您曾经提出并实施的一个不受欢迎的变革的经历。您是采取什么措施来改变别人对此的态度的？ ◆ 您来面试的过程中有没有想过整个过程？说说您先前是如何打算应对这场面试的,包括各个阶段。 ◆ 举个例子来说明一下您曾经做过的一个成功计划及实施过程。 ◆ 假如您今天晚上有一场重要的约会,比如第一次去见您女朋友的父母,说说您打算怎么去应对。
	校园招聘	◆ 您对自己今后的发展有什么打算？您认为我们公司是实现您目标的第一选择么？ ◆ 您有没有组织过同学们参加一些活动？如有的话能否举一个例子？ ◆ 如果让您来组织一次校园篮球赛,您将会从哪些方面着手以使得活动能取得圆满成功？

计划与组织	社会招聘	◆ 说说您在给下属布置任务时是如何要求的？能不能举一个例子？ ◆ 工作中您发现自己的实施结果与事先计划出现较大的偏差,您将如何去行动？ ◆ 您用什么办法来确保每位员工知道如何制定自己的工作目标(也就是那些既富有挑战性,又具有可实现、可衡量、可控制又相互兼容的目标)？ ◆ 您怎样确保公司的目标、任务和目的能反映到部门以及个人订立的目标中去？

评价要点:
1. 是否习惯于制定计划,工作、生活是否都具有计划性。
2. 能否采用有效措施,对计划进行调整并保证计划得以顺利实施。
3. 能否合理组织利用各种资源,确保计划、目标的顺利达成。

人际理解力		人际理解力是指对他人的态度、兴趣或情感的某种认知和把握程度,并能采取适当的方式和渠道与他人进行有效沟通。
	通用	◆ 我想知道您曾经遇到的最有挑战性的沟通方面的问题。您为什么认为那次经历对您最富有挑战性,您是怎样应对的？ ◆ 您认为最困难的沟通的问题是什么？为什么？ ◆ 您认为良好沟通的关键是什么？ ◆ 在长途旅行的火车或飞机上,您不认识周围的人,大家都在沉默,您是如何去适应这种陌生环境的？ ◆ 能否举这样一个例子:某人说话不清,但是您还必须听他的话,您当时是怎样回答他的问题的？ ◆ 一个好的沟通者应该具备哪些条件？ ◆ 请说一下别人是怎样看您的。 ◆ 您是否记得您父母的生日？他们最喜欢吃的东西是什么？
	校园招聘	◆ 您有没有和您的同学或家人发生过矛盾？当时您是怎么处理的？ ◆ 请您讲一下和一个有非常糟糕习惯的同学在一起共处的经历。您当时是怎样应对的？ ◆ 在公共汽车上,您看到一位男青年坐在座位上而并没有给旁边的一位孕妇让座,您会怎么办？ ◆ 您是否经常能在同学身上发现他的不足之处？如果发现您将会怎么做？
	社会招聘	◆ 假如您的两个同事的冲突已经影响到整个团队,让您去调解冲突,并使冲突双方能够自己解决问题,您会怎样做？ ◆ 您有没有和您的同事或家人发生过矛盾？当时您是怎么处理的？ ◆ 请您讲一下和一个有非常糟糕习惯的人在一起工作的经历。您当时是怎样应对的？

评价要点:
1. 是否过于以自我为中心,是否愿意去了解他人,同他人沟通。
2. 能否合理通过各种方式了解他人,并与他人进行良好沟通,从而达成预定目标。

续　表

培养人才	培养人才是指不仅关注个人发展,而且有帮助、指导他人成长为能完成特定工作人才的意识和能力。
	◆ 说说您曾经鼓励并奖励员工积极主动的一些做法。您是怎样鼓励员工的,有时是怎样奖励他们的?
	◆ 就工作表现而言,您不得不向员工反馈的最困难的信息是什么?
	◆ 您采取什么办法来鼓励您的下属培养他们的能力?
	◆ 您是怎样决定工作中的分工负责情况的?
	◆ 您是用什么方法来监督您负责项目的工作进程的?
	◆ 您是怎样评估您的每位下属的工作发展需要的?
	◆ 请描述某位员工有工作表现问题的情形。您给他提供了什么样的帮助?
	◆ 在评估您的员工的工作表现时,您怎样才能确保评估的客观公正?
	◆ 请讲一个您不得不鼓励员工做出决定的情形。您究竟是怎样做的?
	◆ 管理者多长时间、在什么情况下该让员工参加培训?
	◆ 如果您的某位职员对所有的发展努力都不感兴趣,您该采取什么措施或办法来改变他的态度?

评价要点:
1.是否愿意培养人才,希望下属能尽快成长。
2.能否主动帮助下属成长。
3.能否充分利用各种渠道、方式帮助下属快速成长。
4.能否营造出帮助下属成长的良好氛围。

决策力	决策力是指对环境做准确分析,发现问题所在,能够并勇于做出正确的、有效的决策。
	◆ 您觉得您在解决问题时凭逻辑推理还是仅凭感觉? 请根据您以前的工作经历来谈谈您的体会。
	◆ 举一个过去的例子说明,在做出决定时,必须进行认真分析、周密考虑。请说说您做决定的过程。
	◆ 如果我们让您干这个职位的话,您怎样决定是否接受这个工作呢?
	◆ 您为什么干这一行,而不干其他行当呢?
	◆ 您一生中做出的最有意义的决定是什么? 那个决定为什么有意义? 那个决定是怎样做出来的?
	◆ 当您要决定是否试做全新的事情时,您对成功的把握性有多大?
	◆ 在您的前任工作中,您根据什么标准决定是否做些不属于您工作任务的任务项目?
	◆ 您为什么在事业的这个阶段决定寻找新的机会?
	◆ 假设您想要给自己找一位助手,有两位候选人,您怎样决定聘用哪一个呢?
	◆ 假如另一部门的某位员工经常来打扰您部门员工的工作,您有哪些办法可以解决这个问题? 您会选择哪个办法? 为什么?

评价要点:
1.是否愿意决策、敢于决策、敢于承担责任。
2.是否具备进行科学决策的能力。
3.能否进行有效的决策。
4.能否采取有效措施、方案确保决策得以顺利实施。

◆ 案例思考

1. 结构化面试题目设计有哪些要求？
2. 招聘的流程是什么？
3. 如何招聘到适合的人才？

有活力的 A 大型连锁超市校园招聘行为

>>>> >

摘要:本案例通过文献分析法、统计分析法和访谈法研究 A 大型连锁超市校园招聘的现状以及存在的问题,并进行相应的对策分析,希望 A 大型连锁超市招募到更适合的人才。

关键词:竞争 校园招聘 A 大型连锁超市

0 公司简介

A 大型连锁超市是一家由联华超市股份有限公司、杭州市商贸旅游集团有限公司和宁波联合集团股份有限公司参股的有限责任公司。公司注册资本金 1.205 亿元,现有员工 1.8 万余人。

公司主要从事零售连锁业的经营,经营商品包括百货、食品、生鲜 3 大部类,34 个大类,10 万余种商品。业态包括大卖场、综合超市、标准超市等。超市根据业态及经营规模,分别冠以"世纪联华""联华""CITYLIFE"等名称。公司以大中型超市为业态定位,"以顾客第一,唯一的第一"为经营理念,不断推出适合不同消费群体的商品和服务,逐步树立了"丰富优质的商品、平实可信的价格"的企业形象,已为浙江省内广大消费者认可和喜爱。在社会各界的关心和支持下企业得到了快速发展。到 2012 年末,公司共有门店 212 家,遍布浙江省内(除舟山外)10 个地区。2012 年实现含税销售 143.44 亿元,利税总额 12.10 亿元。而且公司每年都以 20 家网点的拓展速度,15%以上销售增长率快速发展,已连续 13 年位居浙江省内连锁行业第一。

面对国际化竞争的新挑战,公司将继续坚持为消费者服务的宗旨,以科学发展观为指导，内抓科学管理，外抓又好又快发展，争取为浙江经济的发展做出更大的贡献。

公司的快速发展，意味着其对人才的需求也在相应地大量增加，尤其是针对近几年来愈发热门的校园招聘，A 大型连锁超市更是积极应战，赢取应届毕业生的人才争夺战。

1 A 大型连锁超市校园招聘现状

校园招聘（Campus Recruitment）是一种特殊的外部招聘途径。狭义是指招聘组织（企业等）直接从学校招聘各类各层次应届毕业生。广义是指招聘组织（企业等）通过各种方式招聘各类各层次的应届毕业生。校园招聘主要集中于第二次世界大战以后，随着各国经济的复苏，企业发展处于一个黄金阶段，为了满足企业对人才的需求，越来越多的企业开始采用校园招聘的方式，以积极主动的态度和饱满的热情进入高校参加招聘活动。

近几年来，校园招聘的形式主要包括各学校自身举办的招聘会；各个招聘机构、人才交流机构等组织的毕业生招聘会；企业进校开展宣讲会从而吸引应届毕业生；企业委托各大高校培养（定向班）；校企合作提供实习岗位并选拔留用；企业在学校设立奖学金并在享受者中选拔录用；通过校园招聘专业网站、企业的职库平台和各大招聘网站的招聘信息选拔录用等。越来越多的企业开始意识到应届毕业生这块人力资源，校园招聘成了很多企业人才争夺的重要渠道。

A 大型连锁超市自 2004 年开始校园招聘，截至 2013 年，已有 10 年校园招聘历程，在这 10 年里，A 大型连锁超市在校园招聘方面不断积累经验，不断吸取教训，取得了很大的进步。一是招聘方式的改变，从最初单纯参加校园招聘，到中期组建宣讲团队、举行专场招聘会，发展到现在的校园活动与宣传双管齐下建设雇主品牌；二是合作院校的拓展，从在省内各大高校和各人才市场的普遍撒网到针对性建立定向合作院校的重点打捞（现有浙江经贸职业技术学院和四川烹饪专修学院 2 所），最后和院校深入合作，目前已在 3 所院校设立奖学金；三是合作方式的改变，从单打独斗四处寻找招聘资源到服务外包（和中华英才网建立合作关系），借力专业的招聘平台。这就是 A 大型连锁超市校园招聘的历程，一点点地在进步，而我们也可以看出其招聘亮点、招聘方式的指向性，散打式和重拳式相结合，定向班合作从 2004 年第一所到现在合作过 14 所，招聘甄选环节的专业性不断增强，每位大学生都要经过三轮面试，初面、无领导小组讨论到招聘主任的终面，在校园招聘的同时建立良好的雇主品牌形象，安排合作院校学生假期实习，参观企业以及参与校园活动。图 5-3 是 2004 年至 2013 年 A 大型连锁超市历年校园招聘的人数,合计共招聘应届大学生人数为 1515 人。

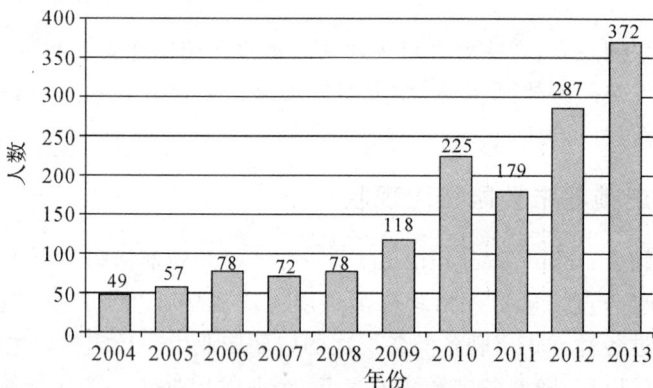

图 5-3　A 大型连锁超市历年校园招聘人数

从图 5-3 中,我们可以明显看出,A 大型连锁超市这 10 年来在校园招聘中取得的巨大进步,从 2004 年共计招聘应届毕业生 49 人,到 2013 年共计招聘应届毕业生 372 人,足足 7.59 倍的增长,尤其是 2009 年至 2010 年,同比增幅达到 190.68%,这个数据是对 A 大型连锁超市校园招聘的最大鼓励和激励。

A 大型连锁超市校园招聘的岗位需求是根据各个业态门店的人员配备公式、离职率和新开门店的比例进行综合考虑从而确定需求人数的。以 2013 年校园招聘为例,公司共发布校招职位 372 个,其中职能部门 12 个,卖场 360 个,截至 2013 年 4 月底,各岗位招聘面试详情可见表 5-2。从表 5-2 各列数据中,我们可以显而易见地看出,A 大型连锁超市对于人才的需求量是非常大的,尤其是营运类工作,其招聘人数占总人数的 40.32%。另外,从对校园招聘负责人的采访中,我们发现 A 大型连锁超市在招聘这些基层管理人员时,除了人力资源管理储备、企划储备、财务管理储备和市场战略研究专员要求为本科以上外,其他都是专科以上即可,除了财务要求是财务类专业以外,其他岗位一律专业不限,这也在一定程度上吸引了更多专业较为冷门的应届毕业生,为人才的筛选提供了更多的可能性,同时也对招聘专员的要求更为严格。

表 5-2　2013 年 A 大型连锁超市校园招聘汇总表

序号	岗位分类	需求人数	网上简历总投递量	总面试人数	一面通过人数	终轮通过人数	OFFER发放	待录用率	签约人数	解约人数	实际差额
1	营运管理储备	150	390	422	244	190	188	126.67%	78	1	—76
2	生鲜管理储备	30	92	34	24	21	20	70.00%	13	0	—11

序号	岗位分类	需求人数	网上简历总投递量	总面试人数	一面通过人数	终轮通过人数	OFFER发放	待录用率	签约人数	解约人数	实际差额
3	信息处理储备	30	171	128	83	46	46	153.33%	31	0	-28
4	客服管理储备	30	179	55	37	31	31	103.33%	17	0	-13
5	人力资源管理储备	30	1191	324	141	79	77	263.33%	36	0	-31
6	美工储备	20	86	50	25	18	18	90.00%	12	0	-6
7	企划储备	20	343	129	69	49	48	245.00%	24	0	-17
8	招商管理储备	20	396	80	44	35	33	175.00%	11	0	-3
9	品质管理储备	10	167	58	29	17	16	170.00%	5	0	4
10	财务管理储备	10	1055	271	80	11	10	110.00%	8	1	3
11	市场战略研究专员	2	273	60	20	2	2	100.00%	2	0	9
12	物流管理储备	20	381	14	10	9	8	40.00%	3	0	9
	汇总	372	4724	1625	806	508	497	137.22%	240	2	-160

图 5-3 是历年校招总人数的一个比较，下面我们将 2013 年和 2012 年的同期数据进行对比，详见表 5-3：

表 5-3　2013 年校园招聘与 2012 年校园招聘同期数据对比情况

项目	2012 年	2013 年	同比增幅
网上简历总投递量	3924	4724	21.41%
总简历数量（网络和现场）	8247	6654	-19.32%
通知面试人数	4323	2390	-44.71%
总面试人数	1574	1627	3.37%
一面通过人数	875	807	-7.77%
一面通过率	55.59%	49.60%	-10.78%
二面通过人数	555	508	-8.47%
二面通过率	63.43%	62.95%	-0.76%
总通过率	35.26%	31.22%	-11.45%
发放 OFFER 人数	403	497	23.33%
OFFER 发放率	72.61%	97.83%	34.74%

续　表

项目	2012 年	2013 年	同比增幅
签订就业协议人数	153	240	56.86%
就业协议签订率	37.97%	48.29%	27.19%
解约人数	4	2	−50.00%
解约率	2.61%	0.83%	−68.13%

相比 2012 年,2013 年总简历数量降低了 19.32%,但是 OFFER 的发放率同比高达 34.74%,就业协议的签订人数更是比 2012 年高 56.86%,从另一方面来说,招聘的有效率提高了。

从以上 A 大型连锁超市 2013 年校园招聘现状、历年校园招聘的人数以及与 2012 年同期对比的综合情况来看,A 大型连锁超市校园招聘的成效还是很显著的。

2　A 大型连锁超市人才招聘渠道对比分析

根据 A 大型连锁超市人力资源部招聘开发组副主任方先生的采访,我们得知,A 大型连锁超市现在的人才招聘渠道主要分为校园招聘和社会招聘。相对于校园招聘来说,社会招聘有着招聘对象更加丰富、招聘渠道更为丰富、人员数量更为可观等不可忽视的优势,那么,自 2004 年新增校园招聘这一招聘渠道之后,A 大型连锁超市历年的招聘发生了怎样的变化呢? 图 5-4 为 2004 年至 2012年历年社会招聘的人数。

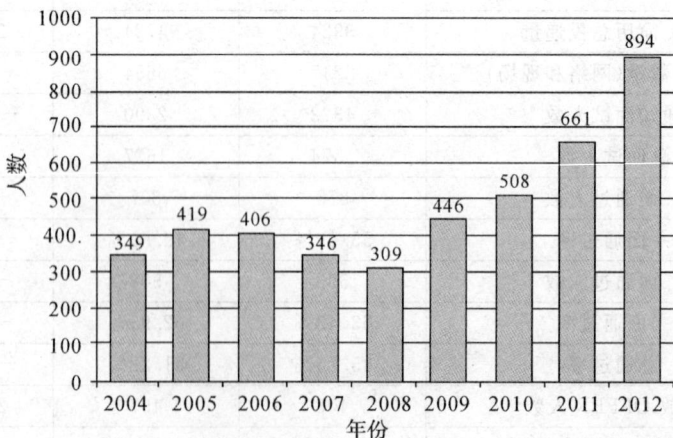

图 5-4　A 大型连锁超市历年社会招聘人数表

在这 9 年里，A 大型连锁超市共计招聘社会人员 4338 人，其间虽然存在小幅波动的现象，但是总体看来，A 大型连锁超市的社会招聘呈现出一种不断向上的趋势，尤其是 2008 年开始，每年的社会招聘总人数都在大幅度地上升，2012 年达到 894 人，是 2004 年社会招聘人数的 2.56 倍。

A 大型连锁超市校园招聘自 2004 年开始，截至 2010 年，校园招聘的占比一直处于不停上升的趋势，尤其是 2009 年至 2010 年，校园招聘的占比更是增加了 10%，虽然 2011 年有所下降，但是不可否认，从最初 2004 年的校园招聘占比为 12% 到 2012 年达到 24%，校园招聘占比足足增长了 1 倍，历年占比详见图 5-5：

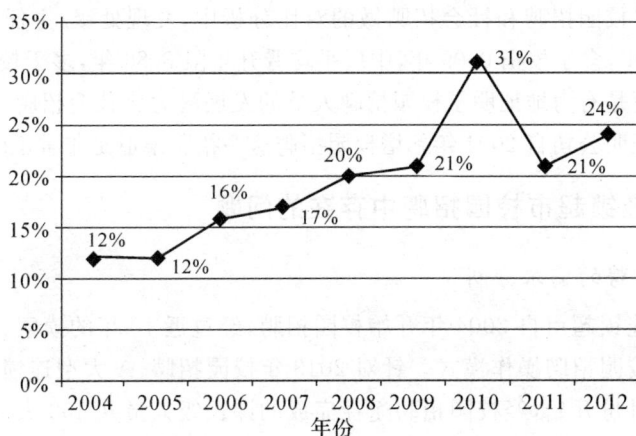

图 5-5　A 大型连锁超市历年校园招聘占比

9 年时间，说长不长，说短不短，但足以让一个青年退去青涩步入中年人的行列，很多的校招人员已经从当初刚从学校毕业出来什么都不懂的小储备晋升为公司的管理层人员，下面让我们来看看当前 A 大型连锁超市各管理层来源占比，详见图 5-6、表 5-4：

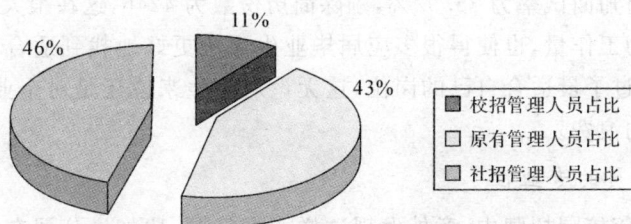

图 5-6　当前管理人员各来源占比图

表 5-4　当前管理人员来源占比

来源	招聘人数	处级/主任人数	中层人数	处级/主任占比	中层占比
社招招聘人数	4338	172	23	3.96%	13.37%
校招招聘人数	1143	84	16	7.35%	19.05%
合计	5481	晋升占比差额		3.39 个百分点	5.68 个百分点

从图 5-6、表 5-4 当前管理人员来源占比中,我们可以看出校招人员的发展潜力比社招人员更大,另外我们从对校园招聘负责人的访谈中知道一组数据,在人力资源部对校园招聘和社会招聘做的对比分析中,发现处级/主任级平均晋升年限为 3.28 年,多于校招 0.09 年,中层平均晋升年限 3.86 年,多于校招 1.62 年,这一组数据更是有力地证明了校园招聘人员的发展潜力比社会招聘人员更大,也再次用事实证明公司自 2004 年新增校园招聘这一招聘渠道是非常正确的选择。

3　A 大型连锁超市校园招聘中存在的问题

3.1　校园招聘的需求分析

A 大型连锁超市自 2004 年开始校园招聘,经过近 10 年的摸索,现已有一套较为完善的校园招聘操作模式。针对 2013 年校园招聘,A 大型连锁超市的需求分析是从 9 月份开始,经校园招聘途径完成的课长级人员共 400 人,通过他们自身课长级人员确定需求分析。但是在实施的过程中,发现相关部门先后多次提交校招人员需求,这对于校园招聘信息网上岗位发布、招聘进度的把控都造成一定影响。

另一方面,由于 A 大型连锁超市校园招聘总人数比较多,除了财务管理储备要求是财务类相关专业,其他校招岗位都不限专业,这就致使很多大学生盲目投递简历,2013 年总简历数量包括网络和现场共计收到 6654 份,通知面试人数为 2390 人,通知面试率为 35.92%,剔除简历份数为 4246,这在很大程度上增加了招聘人员的工作量,也使得很多应届毕业生无法更好地找到适合自己的工作岗位,从而错过了最适合自己的岗位,这无论对学生来说还是对企业而言,都是时间和精力的浪费。

3.2　招聘人员的专业性

在 2013 年校园招聘中,意外发现这样一个问题,比如说公司在浙江理工大学举行专场招聘会的时候,有学生过来面试,但是在一轮面试或者二轮面试的时候,由于其自身特征与所应聘岗位不符合未能被录用。然后当公司改天去浙江工商大学参加校园招聘的时候,这位之前未能录用的同学又再次过来参加面试,而这次她被招聘人员录用了(由于 A 大型连锁超市要举行 30 多场招聘会,所以会在不同时间段不同学校安排不同的招聘人员参加)。在后期的校园招聘中,我们发现这样的事例还发生了数次,同样的面试者数次参加 A 大型连锁超市的招聘会,面对不同的招聘人员,他就有可能被录用,这样就做不到招聘口径的一致性,让招聘人员判断应聘者是否合适的客观性变弱,更多的是主观性。

还有一个问题是面试方式过于单一,不同的岗位采用统一模式进行面试,特别是无领导小组讨论这个面试流程。在面试过程中,主要是卖场岗位全部混合。由于不同的岗位需要不同能力的人才,在有限的时间里无法更准确地判断其岗位需要的能力,有可能会致使公司错过真正适合该岗位的应聘者。

3.3 校园招聘笔试/面试环节设置

A 大型连锁超市 2012 年的校园招聘面试流程是无领导小组讨论、二轮面试;在 2013 年的校园招聘面试流程中,根据各岗位的特性设计了不同的面试流程,信息处理储备不需参加无领导小组讨论环节,直接采用笔试、二轮面试的方式。财务管理储备、市场战略研究专员分别采用两套试卷,根据不同素质要求设计不同测试题目,笔试通过后再参加无领导小组讨论环节、职能部门面试人员面试,最后通过相应部门经理的终面。

在 2013 年校园招聘中,共计举办 30 余场招聘会,其中所有的各类笔试都只有一套题目,由于招聘会举办时间跨度较长,前后来参加面试的应届毕业生很多彼此都是同学朋友,试题泄露的可能性非常高,这对于较早参加 A 大型连锁超市校园招聘的同学,显得较为不公平,同样对于公司来说,显得招聘工作不够严谨和专业。另一方面来说,虽然对于专业性较强的岗位实施笔试,但是对于笔试的重视度却不够。A 大型连锁超市校园招聘对职能部门设置笔试环节,其笔试内容均由人力资源部招聘专员和各职能部门经理共同审核通过,但是其笔试现场秩序较松散,无固定的监考人员,导致参加笔试的应聘者暗自上网查资料、询问同时参加笔试的其他同学等现象皆有发生,同时有些部门经理对于笔试结果并不在意,只是把笔试作为一条空白的流水线。

而对于无领导小组讨论环节,其试题和评价表(评价表见附录)的针对性不强,同时面试官的能力较弱。目前 A 大型连锁超市无领导小组讨论已经被广泛地运用到了公司课长级人员的初步筛选中,但是现在公司所有岗位都在使用同一套无领导讨论的题目和评价表。可是不同岗位是存在差异的,不同岗位对于人员的要求,包括表达能力、性格因素等都是不同的,使用同一套题目和评价表来甄选人才在精确度上会存在一定模糊性。无领导小组讨论环节需要高判断力、高分析力、高观察力的面试官进行第一轮人才筛选,从而来保障人员的优良筛选,但是 A 大型连锁超市校园招聘的无领导小组讨论面试官大部分从事人力资源岗位时间较短或者对岗位不是很熟悉,故在面试中无法体现其专业能力。而对于无领导小组讨论的试题,其题库总共是 10 题,都是一些经典的思辨类的问题,尤其是对于经管类专业的应届毕业生,几乎都有在课堂上提及过,甚至是讨论过或者辩论过,这对于学理工科的同学来说,就相对成了短板,在无领导小组讨论中,处于弱势地位。

4 A 大型连锁超市校园招聘的对策分析

4.1 校园招聘的需求分析

一方面校园招聘的需求分析是经校园招聘途径完成的 400 位课长级人员,通过他们自身课长级人员分析确定需求,这能更加真实地反映出校园招聘的需求分析,但是在实施的过程中,相关部门先后多次提交校招人员需求,虽然相关部门不按照流程上报人员需求,在校园招聘开始后又提出人员需求的事情每年都会发生,但是这对校园招聘网上岗位发布、招聘进度的把控都造成一定影响。针对这一问题,首先应取得人力资源部相关领导的支持,对相关部门上报需求统一口径,加强对非人事部门的人力资源管理知识培训,准时上报需求,及时做好反馈工作并告知相关部门,这样一来有利于人力资源部和相关部门合作愉快,二来容易安排好招聘进度。

另一方面要加大岗位的匹配程度,更符合人职匹配理论。在岗位设置中,企业只有一个大框架的要求,而具体的岗位说明书和职责并未出台,故在后期的校园招聘中要有具体的岗位说明书,而招聘人员则根据其岗位说明书进行合理的人员招聘。加强储备人员定编定制的因素分析,合理设置人员配置制度。目前 A 大型连锁超市对于储备人员的定编定制制度尚未完善,从而导致储备人员冗员或者空缺现象出现,故要尽量完善定编定制制度。

4.2 招聘人员的专业性

A 大型连锁超市校园招聘组主要责任人有 3 位,而参与到校园招聘中的招聘人员却多达 50 余人(包括总部人力资源部成员和各地区门店人事管理员),这其中也包括负责社会招聘的人员,因此整个校园招聘队伍的水平难免会有差别,最终导致在筛选应聘者的时候出现一定程度的偏差。

因此,一方面要制定清晰的校招岗位任职资格,以便于各招聘人员一目了然,另一方面考虑到人事的变动和校园招聘要求的一致性,建议事先安排好每月的招聘计划,具体到地点和人物,在开始当月校园招聘时,校园招聘组成员将具体的招聘要求和校园招聘注意事项对当月参与校园招聘的人员进行一个培训,尽可能地将校园招聘的要求统一化。

4.3 校园招聘笔试/面试环节设置

虽然经过不断的总结得出的面试流程较合理,但是对于今年的不足依旧要不断完善,这不仅为企业人才的把关,更是对企业自身文化的体现。

通过访谈得知,笔试中存在虚假等现象,从正面可以看出这一制度的不完善,各招聘人员不仅仅要完善招聘的各个步骤,而且要踏实做好每个环节;从侧面看出企业领导对于笔试这一环节并不重视,笔试虽然涉及的都是专业性的岗位,但是由于领导不重视,很多人在笔试这一环节即使未合格依旧给予通过资格。故若要实行笔试环节必须完善制度同时领导要加大重视。随着时代的发展,人才筛选方式不断的科学化、专业化,招聘人员需要找寻适合企业的筛选方式。作为零售业的一员,不管是哪个岗位,每天都需要面对很多消费者,对日常生活琐事的应急能力、对消费者的耐心等各方面生活化的细节相当地重要,根据访谈,本文认为人才筛选的模式在允许的范围内可以采用新方式——网上测评代替笔试,可将专业性岗位的笔试放置于网站上,若初试通过可以通过短信通知其去对应网站进行测评,为防止作弊要求在固定时间内做好相应的题目并且一个账号只可以做一次,而题目则由相应的招聘专员更新。这样既可以避免笔试的不足,同时也可以有效地通过笔试考察大家的真实水平,真正地实现筛选功能。

对于无领导小组讨论环节,针对前期的数据统计和访谈得知其存在的问题,此环节需要完善的措施有:①按照岗位进行分组然后进行无领导小组讨论。这可以根据同一岗位不同人员表示出来的能力更好地判断谁适合谁不适合,而之前的混合式面试模型不仅加大了面试官的考评难度,更是导致了不同岗位的应聘者对于同一题目以不同的思维发表意见会误导和现场讨论的偏离。②完善无领导小组讨论题目和面试评价表。丰富现有的无领导小组讨论试题,扩大题目的选择范围,尽量避免耳熟能详的试题,另一方面根据各岗位的性质和需要的能力来设定其题目,这不仅是对应聘者的能力开发,更是对企业人才选拔的把关。③加强无领导小组讨论面试官的培训。无领导小组讨论面试官在人才筛选中起到了至关重要的作用,人才的挑选会严重影响其后期人才的录用质量,故必须加强无领导小组讨论面试官的培训,增加其专业能力和工作经验。此外,除了无领导小组讨论这种形式,我们也可以采用新的环节——情境模拟环节。即将到岗的应聘者面对的是不同的消费者,而这些情境需要的是应聘者的应急能力和危机处理能力,在人才筛选的过程中,可以通过情境模拟环节来考察应聘者的相关能力。

附录

无领导小组面试评价表

阶段	序号	考察项	面试人员编号									
			1	2	3	4	5	6	7	8	9	10
自我介绍	1	整体形象干净、整洁										
	2	口齿清晰,易辨识										
	3	表述流畅、简明扼要										
	4	自我介绍符合要求(时间、内容)										
		介绍环节综合表现										
表达思维	1	小组讨论中发言3次(含)以上										
	2	表达思路清晰,有条理										
	3	思路新颖、有创意										
人际协调及领导能力	1	能有效总结其他成员发言(提炼、整合能力)										
	2	能够化解冲突,求同存异(沟通、协调能力)										
	3	能够把握讨论进程、有效组织小组成员进行讨论组织、领导能力										
是 否 通 过												
备 注												

	说 明:
1	自我介绍环节考察项为岗位基本标准,应聘者需全部合格。请面试官在应聘者满足项上打√。
2	"介绍环节综合表现"是面试官对应聘者自我介绍环节的综合评价(如口才、风度、亲和力等),非常好A,很好B,较好C。
3	面试人员是否通过请按照考察项及面试人员综合表现情况决定。
	原则上在满足自我介绍环节4项的情况下需满足个人特点中任意2项且满足能力体现中任意一项可进入二轮面试。
4	小组发言代表请在相应的人员编号处标记△。
5	通过人员请在是否通过一项中表示"√",不通过人员请表示"✕"。
6	备注请填写面试者表现出的其他能力,或对于此面试者需要特别注明的内容。
7	组别填写为面试时间+场次(例:20111024001),如当天同时有两个不同的地点进行面试的,场次后标注地点

面试时间:		组别:	地点:

◆ 案例思考

1. 校园招聘有哪些优点、不足？
2. 对比几种招聘方式的适用对象。

第六章 培训管理

◇ 本章基本概念

1. 培训(Training) 培训是指根据企业的实际工作需要,为提高劳动者素质和能力而对其实施的培养和训练活动。通过有目的、有计划的培训,使受训人员不断补充更新新知识,掌握新的工作技能及提高工作效率,更能胜任现职工作或为将来担任更重要的工作做准备。

2. 人力资源开发(Human Resources Development) 人力资源开发是依据员工需求与组织发展目标,运用各种直接或间接的方法对员工的潜能进行开发,促进员工的全面发展,完成员工职业生涯规划,实现员工职业生涯发展目标。

3. 培训需求分析(Training Needs Analysis) 培训需求分析是分析和确定培训内容和培训对象的一种活动或过程。培训需求分析是集中从不同来源得到的大量数据和信息,对员工出现的绩效问题进行系统的思考,以便更加准确地进行决策。

4. 培训计划(Training Plan) 培训计划是根据企业发展战略和企业文化,结合人力资源规划及企业的实际情况,对年度、季度或月度的培训工作进行规划,制订出培训时间、培训地点、培训讲师、培训参与者,并进行培训经费预算的一系列工作。

5. 培训效果评估(Training Evaluation) 培训效果评估是通过一系列的信息、资料、数据,对培训效果进行定性和定量的评价,以提高培训质量的过程。对培训效果进行不同时段的跟踪评估,可使培训工作的质量呈螺旋式上升。

📁 【案例 6.1】

因材施教:杭州 DC 集团销售人员培训体系分析 ≫ ≫ ≫　≫

　　摘要:本案例对杭州 DC 集团销售人员培训体系进行了分析,同时,把销售人员原有培训体系和现有培训体系进行了对比分析。本案例描述的销售人员培训体系对汽车行业培训体系也有一定的借鉴意义。但仍然存在一些需要进一步完善的地方。

　　关键词:销售人员　培训体系　DC 集团

1　杭州 DC 集团公司基本背景

　　DC 杭州发动机有限公司(以下简称 DC 公司)系中国重汽集团全资子公司,始建于 1958 年,为我国最早专业生产重型高速柴油机的大型骨干企业和国家高新技术企业。2008 年 5 月,DC 公司进行了搬迁,从杭州市区搬迁至杭州萧山国家经济技术开发区,总投资 20 亿元,占地 700 亩,新厂区的生产能力进一步地提升,形成了年产 12 万台以上柴油机生产能力。

　　DC 公司秉承中国重汽以"用人品打造精品,用精品奉献社会"的企业价值观,坚持科学发展,坚持管理创效,在中国重汽集团强有力的领导下,依托集团公司大发展平台,通过企业搬迁和流程再造,DC 公司在产能扩大、产品升级、技术创新和设备改善等方面实现了新一轮的发展。2009 年,DC 公司克服金融危机带来的不利影响,实现产销发动机 67800 多台,同比增长 11％以上。2007 年 11月,公司随中国重汽(香港)有限公司在香港联交所上市,成为中国制造业首只在香港上市的红筹股。

　　DC 公司注重产品升级和技术创新,不断推进企业可持续发展。1964 年,自行研制开发成功我国第一台 6120 型高速车用柴油机,填补了国内重型车用柴油机生产的空白;1983 年,DC 公司自行研制开发成功的 X6130 系列柴油机获得国家科技进步二等奖;1984 年引进的奥地利斯太尔公司的 WD615 系列柴油机,经过多年的消化、吸收、改进、提升,目前已成为国内批量生产的同类产品中质量最优、性价比最高的柴油机;2006 年,DC 公司率先在国内推出满足欧Ⅲ排放标准的中国重汽牌发动机;同年 8 月,推出动力更强、油耗更低的新一代节能Ⅱ号发动机;2008 年,拥有核心技术和自主知识产权,集合中国重汽整体智慧,满足国Ⅲ排放要求的 EGR 发动机批量投放市场;为实现产品功率向上拓展,DC 公司新研发的新一代动力更强、燃油更省、排放更好的大马力 12 升发动机已批量上市。2009 年,中国重汽与德国曼公司进行战略合作,由此获得国际重卡企业的长期技术支持,为提升公司发动机制造水平带来质的飞跃。

DC 公司坚持"以科技为先导,以质量为中心,预防为主,持续改进,向用户提供满意的产品和服务"的质量方针,以"干就干精品,争就争第一"激励员工,不断提升产品质量和工作质量。经过 50 多年的发展和积淀,公司正站在新的历史起点,着力于不断创新,不断改善,向着建设国内一流发动机制造基地的目标迈进。

现在,DC 公司已经具备了技术、品牌、成本、价格、人才和网络等诸多方面优势,集科研、开发、生产、销售、服务于一体,是中国重型汽车生产的骨干企业。DC 公司已有了一批深受中外消费者欢迎的名牌产品。

2 DC 公司销售人员概况

由于销售模式发生了很大的改变,由原来传统的自销转变为代销商销售,因此,公司的销售队伍也发生了变化,比原来扩大了好几倍。目前,DC 公司在全国范围内形成了分布合理的营销网络格局,其中包括 700 多家经销改装单位、101 个营销分支机构,这样就能及时地把握市场动态,能根据总部开发的市场策略,实现各个网络的联动效应。但是,由于销售网络如此庞大,因此,销售人员的层次差别和来源也是千差万别的。

2.1 DC 公司销售人员年龄结构

DC 公司经过退休和内退等形式,公司整体员工已经更新换代,目前,公司的销售人员平均年龄处于 30—40 岁之间,整体趋于年轻化。虽然不能确切地对网络单位的销售人员年龄进行准确的统计,并且营销网络单位的销售人员变化比较频繁,但是整体年龄水平也处于 25—45 岁之间。图 6-1 为 DC 公司销售人员年龄层次分布图。

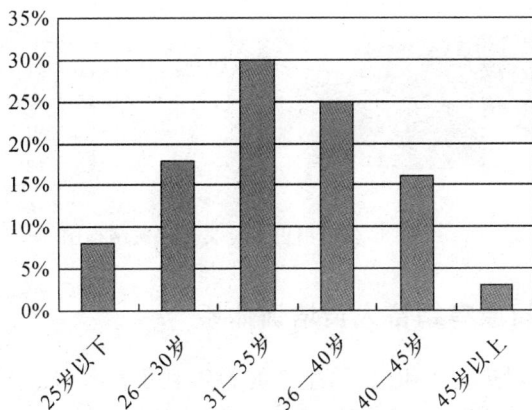

图 6-1　DC 公司销售人员年龄结构图

2.2　员工文化层次

　　DC 公司作为一个大型国企,很多大学生毕业后都希望能够进入 DC 公司工作,每年的招工也比较火热,另外,企业在进行重组之后,其效益也不断地增加,在此发展过程中,企业的形象也进一步得到了提高,公众也不断认可公司的发展,因此,公司的销售人员在文化层次方面也在不断地提高。虽然销售人员中大多数人的专业是机械专业,对营销专业的知识了解不多,一些营销方面的基本理论知道得也比较少,更别说营销方面的技巧了,但是由于他们的文化基础比较好,对销售方面知识的接受能力比较强。在营销网络单位中,由于文化层次的不同,以及区域差异的影响,年龄稍微大一些的销售人员,对所销售的产品比较了解,工作经验也比较丰富,但是营销专业知识水平比较薄弱;年轻的销售人员,有一些在大学学的是营销专业,对营销方面的理论有比较全面的了解,但是由于刚参加工作,工作经验和社会经验相对来说比较缺乏,对企业的产品以及企业的背景了解比较少;还有一部分销售人员各方面的知识都比较匮乏,他们主要是高中毕业或者是初中毕业的销售人员,主要从事一线的销售工作和售后服务工作。由此可见,DC 公司销售人员的专业知识和文化素质都有待进一步的提升。图6-2 是 DC 公司销售人员文化层次结构图。

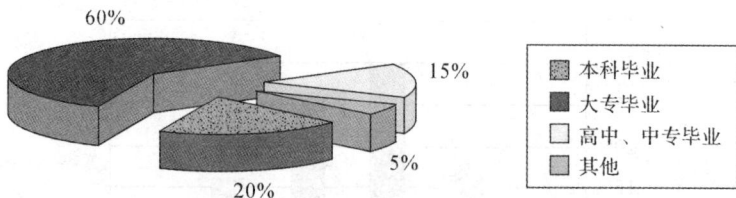

图 6-2　DC公司销售人员文化层次结构图

3　杭州DC公司原有销售人员培训体系

　　DC公司在公司进行重组之后,生产能力得到了恢复,随着国家基本建设的增加,以及改革开发的进一步发展,重型车在市场中的需求进一步扩大,DC公司的销售任务也越来越重,但是公司并没有重视对销售人员的培训,对销售人员的培训力度不够。当时,DC公司人力资源培训中心的重点放在对职工的继续教育上,而忽略了对销售人员的培训,销售人员的培训主要是由销售部门自己组织进行。但是由于销售部门的销售工作任务繁重,往往只对新进的职工进行岗位培训,投入最多的是进行产品维修技术方面的培训。其中采取的形式主要是由有工作经验的工程师进行集中授课,或者是公司技术中心的工程师到各个分公司解决产品质量方面的问题。主要针对两方面的内容进行培训:第一,新产品打入市场时的介绍;第二,市场对产品质量问题的反馈。由于没有进行系统的计划,有了问题才进行培训,因此,培训的内容也不够完善,对销售人员的素质、营销知识、销售技巧等方面的内容涉及得比较少。

　　后来,由于面临激烈的竞争环境及快速发展的市场,DC公司越来越意识到销售人员对公司的重要性,对销售人员的培训工作也开始重视了。2005年,由DC公司人力资源部门组织的讲师团,开始在全国的分公司对销售人员进行授课,授课内容包括营销产品的基本知识、营销的理念、产品的特征、产品的优势和劣势以及商务政策等。这次针对销售人员的授课引起了很大的反响,各个地方的销售人员和服务人员都表示很久没有接受过这样正规的培训了。当时,国内市场的重卡销售情况比较混乱,同一系列产品的性能千差万别,但是由于处于一线的销售人员对公司产品的优势和劣势了解不够全面,在销售过程中,对客户提出的问题不能很好地给予回答,很大程度上影响了销售业绩。在这种情况下,DC讲师团的成立是非常必要的,在不同程度上弥补了以前对销售人员培训方面的缺陷,使公司的销售业绩有了很大程度的提高。但随着DC公司发展的不断壮大,到2010年,公司产品销售量已经达到15余万辆。由于销售量的不断增加,公司销售人员队伍面临着巨大的压力和挑战,同时,售后服务工作的压力也不断增加,对各地分公司销售人员的培训以及对大客户销售人员的培训也迫在眉睫。同时,由于 DC 公司的强大稳定的市场吸引力,吸引了许多代销商,各个地方也建起了 DC 公司的 4S 店,这样的话,只有通过系统的培训来提高整个公司销售网络中销售人员的整体素质和业务技能,从而使他们与 DC 公司的企业文化和企业战略发展目标保持一致。而 DC 公司目前采用的方式主要是讲师团的巡回授课,很显然不能满足市场和企业发展需要了,所以公司于 2010 年底开发了一套新的对销售人员的培训体系。

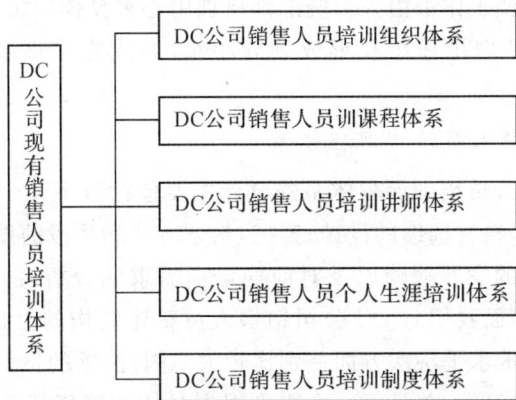

图 6-3　DC 公司现有销售人员培训体系

4　杭州 DC 公司现有销售人员培训体系

4.1　DC 公司销售人员培训组织体系

企业获取市场份额的关键主要是靠规模化经营和企业品牌知名度,虽然 DC 公司所处的行业属于总体市场快速上升阶段,但是,随着市场竞争越来越激励,许多企业也纷纷进入了这个市场。因此,DC 公司为了维持品牌竞争优势,就必须提高服务质量和快速响应客户需求,而要提高服务质量和快速响应客户需求,则必须提高销售人员的整体素质。随着企业外部环境的变化以及企业规模的进一步扩大,DC 公司今后发展的重点主要是提高对客户端的快速反映能力和管理体系的协调运作能力。与此同时,培训的组织设计要与企业的整体发展战略相一致。因此,人力资源战略的制定必须考虑到企业的整体组织结构。

DC 公司销售人员培训组织体系充分考虑到了资源整合和管理提升的需

求,充分利用企业内部现有的人力资源,形成了一个有效的学习组织,在此基础上,能更有效地促进信息资源的流动与共享,形成了一个主动学习和团队学习的良好氛围。2011年,DC公司销售形势一片大好,产品的市场占有率迅速提高,因此,对产品售后服务的需求越来越大,特别是对产品发生故障时的诊断、分析和解决故障的能力要求越来越高,故需要加大对售后服务人员的培训。在2012年DC公司的新产品打入市场之前,对销售人员的培训有不同程度的改进和创新,脱离了原有的仅仅依靠课题讲授的方式,在新的培训组织体系中,成立了分别由销售部副总经理、人力资源部培训会、市场部部长等组成的营销委员会。每次培训的组织、协调工作都由人力资源部培训中心来具体实施,由DC公司各个职能部门的副总经理担任组长形成领导小组,并成立培训基地,来实施培训任务。

4.2 DC公司销售人员培训课程体系

DC公司销售人员培训课程体系的设计主要包括以下几个方面:第一,课程内容的设计;第二,教材选编的设计;第三,教学方式和手段的设计。

DC公司整体的发展战略以及对前期培训需求的分析,都是我们制定课程内容的依据。从前面我们对DC公司销售人员整体结构的分析中可以看出,销售人员在文化、技术水平层次方面差别比较大。因此,新的培训体系将销售人员培训分为三级资格培训,并且每一个级别根据具体的销售任务和销售人员的实际情况制定培训的具体内容。在培训考核合格后可以获得相应的培训资格证书,并且,销售人员每通过一级培训考核后,合格者都可以在"营销服务人员培训合格证书"上登记。

在教材的选择上,采取的方式是自编为主,同时,可以借鉴一些营销方面的教材为辅的方式进行。在教学方式的设计方面,新的培训体系也发生了很大的改变,由原来的被动学习,发展为"我要学"的主动学习形式,很好地调动培训人员的主观能动性。在授课过程中,充分利用讨论法、案例分析法、探索式等教学方法,充分调动培训人员的积极性。同时,还采取实际模拟的方式,加大实践课程的比例。

4.3 DC公司销售人员培训讲师体系

DC公司也建立了自己的培训讲师体系,销售人员培训讲师有的来自于企业内部,也有的来自于企业外部。企业内部的培训讲师,主要是公司的销售骨干和销售经理来担任,他们都具有丰富的销售经验和技巧。企业外部的培训讲师,主要是由拥有营销方面专业知识的专家和学者组成,他们一般学有专长,能对营销方面的理论及心态做很好的分析。

什么时候采用企业内部的培训讲师,什么时候聘请外部的培训讲师,DC公司都做了具体的安排和分析。比如说,涉及企业文化、价值观念,以及突发事件方面的培训,则可以采取以企业自己的培训讲师为主的方式进行培训,因为,企业内部的培训师清楚企业目前的销售状况,清楚目前的销售环节出现了哪些问题,并且,企业内部的培训师,对企业的文化、管理风格以及价值观念都比较清楚,可以很好地根据具体情况制定培训内容,并且这些内容都是紧紧围绕企业目前存在的问题展开的,在授课过程中还可以进行有及时的调整和后期的跟踪。同时,DC公司也会定期聘请外部的培训师来给销售人员培训,这些培训师主要是各大高校、研究所或者职业学校的老师,他们拥有专业扎实的知识功底,授课经验也很丰富。由于DC公司销售人员的文化水平参差不齐,对营销方面的一些基本原理和内容了解不是很全面,这样,由这些具有专业理论知识的老师来给员工进行培训,能很好地给销售人员带来理论上的收获,让员工更好地投入后期的工作。

4.4 DC公司销售人员个人生涯培训体系

DC公司销售人员的职业生涯规划指导工作主要由各个销售区域的培训专员来指导实施。他们不仅拥有比较专业的人力资源方面的知识,而且对公司的一线销售人员比较熟悉。在DC公司销售人员新的培训体系中,区域培训专员给每个销售员工都制定了个性化的培训计划,为每个人量身定做了个性化的发展空间,并且为所有的销售人员提供了充分的培训机会,同时,推行培训与上岗资格相结合的方式。DC公司销售人员个性化人生职业生涯培训体系主要体现在以下几个方面:

第一,"哪里来哪里去",是DC公司培训的一大特色。DC公司在进行销售人员招聘的时候,会重点考虑销售人员的籍贯,如果销售人员的祖籍是山东的,则会把该员工放在山东这个片区去开发市场。主要是考虑到了适应环境的速度,以及现有人脉关系的扩展。不过,去还是不去,是要争得员工的同意的。

第二,"海豚式升迁",是DC公司培训的又一大特色。海豚下水潜得越深,那么它上跳得就越高,并且,海豚是海洋中最聪明的动物。如果一个销售员工进来后在某个区域干得比较好的话,他可能会从一个销售专员干到销售主管。到销售主管后,可能主要负责的就是对销售人员的管理,如果这个员工不能胜任销售主任的工作,对员工管理不到位,不能很好地分配和协调工作,那么他就会被免职。免职后,他就必须到另外一个销售区域从头做起,从一个普通的销售人员再一步一步往上做,同时,也要学习和积累管理和培训方面的知识,为后期的晋升做好准备。

4.5　DC 公司销售人员培训制度体系

　　培训制度指的是能够对培训系统和相关活动产生影响的相关法律、法规和政策的集合。其内容包括了法律和规章、具体制度和政策这样两个大的方面。到目前为止,DC 公司已经依据自身公司的各种经验和情况,从不断的培训活动中总结了一套培训制度,主要包括培训服务制度、激励制度、奖励和惩罚制度以及风险管理等方面。另外,DC 公司还依据自身发展的需要,制订了实施管理、档案管理、信息管理、人员管理和资金管理等方面的方案,力求建立一个 360 度全方位的培训体系。

◆◆ 案例思考

　　1. 目前,杭州 DC 公司对销售人员的培训是从哪几个方面进行的?

　　2. 杭州 DC 公司原有销售人员培训体系和现有销售人员培训体系有什么区别?

　　3. 杭州 DC 公司销售人员培训体系对我国汽车行业有何借鉴?

🗂 【案例 6.2】

实现企业使命的摩托罗拉公司员工培训

≫ ≫ ≫　≫

摘要:摩托罗拉公司非常重视员工培训工作以及员工培训系统的建立,并视培训为企业发展战略的重要组成部分。该公司在培训理念、培训流程、培训效果评估方面都有一套行之有效的管理办法。

关键词:摩托罗拉公司　培训管理　培训评估

0　公司简介

摩托罗拉非常重视员工培训工作以及员工培训系统的建立,并视培训为企业发展战略的重要组成部分。摩托罗拉的管理者一直认为,人是企业最宝贵的资源,只有向员工提供各种培训机会并给予其充分发展的空间,才能最大程度地释放员工的能量,从而培养出一支优秀的员工队伍,以满足公司在全球范围内日益增长的业务需求。为此摩托罗拉每年为员工培训投入了大量的人力、物力和财力,并规定每年每位员工至少要接受 40 小时与工作有关的学习。学习内容主要包括新员工导向培训、企业文化培训、专业技能培训、管理技能培训、语言培训及海外培训等。摩托罗拉还积极在员工中推广在线学习(e-learning)。

摩托罗拉大学(MU-Motorola University)是一所摩托罗拉内部专门设置的,为摩托罗拉各事业部、客户、员工及合作伙伴提供培训的教育机构。基于公司的发展要求,摩托罗拉大学提出了为公司发展和员工成长提供"及时而准确的知识"的学习方案,通过长期实践和探索,公司建立了一套完整的、先进的员工培训与培养系统。摩托罗拉的员工培训系统主要由四部分组成,即培训需求分析、培训设计与采购、实施培训和培训评估四部分。摩托罗拉大学设置了四个职能部门:客户代表部、课程设计部、培训信息中心及课程运作管理部。这四个部门承担着员工培训与培养系统的运行任务,不断地为公司各事业部提供一流的培训课程。

1 培训需求分析

摩托罗拉的培训工作是以客户为导向的,摩托罗拉大学客户代表部的主要职责是与各事业部的人力资源组织发展部门紧密合作,分析组织现状与组织目标之间的差距,判断这些差距中哪些是可以通过培训解决的,并以此确定组织的培训需求,并提供组织发展的咨询和培训方案。之后,他们将与各事业部的各级领导合作,制定被培训者的培训规划。培训需求分析经常采用的模型是:通过该模型,我们能够找出事业部真正想要解决的实际问题,即找出这个"差距"。再通过对"差距"的进一步分析,确定哪些"差距"是能够通过培训来解决的,哪些"差距"是培训难以解决的。

摩托罗拉大学客户代表部还根据事业部的发展目标和任务,分别对其事业部的各部门/专业乃至员工个人的培训需求做出分析,并依据找出的"差距",分别制定相应的培训方案与培训课程。

根据对员工个人工作及职业发展的需求分析,员工在组织发展部的协助下,制定出个人职业发展计划和个人培训规划。因此,培训需求分析是整个培训系统的基础,也是最为关键的环节。没有准确的需求分析,就没有让"顾客完全满意"的培训方案与课程。培训需求分析结束之后,客户代表部基于培训需求分析的结果为各事业部做出一年的培训规划。

2 培训采购与分析

摩托罗拉大学客户代表部从各事业部获取了第一手客户培训需求后,会提出一整套培训咨询和方案。在这些培训方案中,有些现有的课程即可满足事业部的要求,但是有些现有的课程尚不能够或不能够完全满足客户培训的需求。在这种情况下,课程设计部就会通过采购、设计、开发、改编及翻译培训课程来满足公司及事业部发展的实际需求。

例如,摩托罗拉天津地区事业部的业务以生产制造为主,加之业务及自身发展迅速,对一线生产主管提出了更高的要求。但由于劳动力市场等的限制,许多一线管理者均是刚刚大学毕业的本科生,如何提高生产一线管理者的管理水平成为公司的当务之急。计划、组织、领导与控制是一线管理者的主要职责,但他们不仅要管理产品、质量与费用,而且要负责提升员工士气,探究工作方法,提供必要的培训,并保证生产安全。大量一线管理者成功的经验表明,一线管理者所应具备的基本管理知识与技术主要有与生产相关的专业知识,如生产知识、生产管理知识、相关政策与法规及生产计划能力、组织能力、沟通能力、激励员工的能力、解决实际问题的能力等。由于没有现成的相应培训项目,在借鉴有关培训项目的基础上,摩托罗拉在1999年设计和开发了深受被培训者及各事业部欢迎的管理者导向培训项目(Supervisor Orientation Program,SOP)。

摩托罗拉的课程设计部应用ISD(Instructional System Design)模型设计课程或培训项目,涵盖的培训领域包括管理、质量、工程、技术、文化、语言等方面。例如,为了支持领导发展战略和组织变革的需要,他们设计出了许多优秀的课程项目,这其中包括外界熟悉的明星客户学院课程。

课程的设计还对课程的学习方法、学习效果的评估等做出规定或建议以保证培训课程的有效实施。为了保证课程设计的有效性,在课程设计完成之后,该课程不是直接进入实际培训阶段,而是课程设计部要对该课程进行试运行。届时相关领域的专家、项目设计人、被培训者代表、相关管理者等将对课程提出各自的建议,并据此对课程进行必要的修改,以保证课程的设计达到培训的需求。

3 培训的实施

课程运作部负责授课教师的认证与管理、教学材料的打印、教室及教学设备的安排与管理等工作。对于摩托罗拉大学所开设的课程,课程运作管理部负责认证授课教师。只有经过认证的教师才有资格执掌培训课程的教鞭。

培训信息管理中心则负责培训信息的发布与登记、课程的安排、被培训者培训记录及培训评估结果的分析与管理等。

4 培训评估

摩托罗拉的培训评估分为四个层次。第一个层次评价被培训者对培训课程的反应,其目的是评价被培训者对培训课程的满意度。例如,在摩托罗拉,每个员工参加培训后都要填写一份课程评估表,其中的问题包括被培训者对教师、教材、时间安排等各项问题进行评估,并给予建议。这些都将成为课程设计部改进课程的重要依据。

第二个层次评价被培训者对课程内容的掌握情况。摩托罗拉采取许多灵活、有趣的方式对被培训者学习情况做出评估。

第三个层次评价被培训者是否在学习过程中培养了相应的能力。由知识转化为能力需要时间,因此对能力的评估需要一个较为先进的评估方法。例如,为了配合摩托罗拉在华四大业务方针之一的加速管理者本土化进程,MU设计发展了"中国加速管理项目(CAMP＝China Accelerated Management Program)"。被培训者在即将接受培训前,要接受多项评估以确定其培训前的能力水平;接受培训后3至6个月,再次接受能力评估。摩托罗拉通过两次评估结果的对比分析,来判断培训对被培训者能力发展所带来的影响和作用。

第四个层次评价培训的投资回报率,即评价培训投资为各事业部及员工个人所带来的效益。例如,摩托罗拉公司于1992年推出"6西格玛黑带"项目计划,其目的是培训一批具有丰富经验的专业技术人才,在其领域内推广、应用解决问题的技能和改进质量系统,从而使产品的设计、制造、服务等各方面不断进步。经过不断发展和完善,黑带计划已显示出巨大的功效。对黑带项目第四层次评估结果表明,黑带专业人才通过带领团队解决公司内部产品的质量问题,为摩托拉带来了丰硕的成果和回报率。

通过培训评估体系,摩托罗拉一方面能够判断培训的结果是否达到了各事业部及员工个人的培训期望,另一方面,也为客户培训需求分析、课程设计、实施与管理提供了有科学价值的反馈信息,为改进培训系统与效果提供了可靠的依据。

摩托罗拉大学目前正致力于成为摩托罗拉全球培训教育服务的供应商。与事业部经营原则一样,客户是第一位的。长期以来,摩托罗拉大学一直不断地完善员工培训与培养系统,并根据公司各事业部的业务发展战略方针,不断加强与各事业部的伙伴合作关系,并努力致力于更好地解决公司各事业部业务及培训发展的需要,努力成为摩托罗拉所需人才培养的热土。

◆ 案例思考

1. 摩托罗拉公司在员工培训方面有哪些值得内资公司借鉴的经验?

2. 举例说明摩托罗拉大学如何设计培训课程以满足公司及各事业部发展的实际需求?

3. 摩托罗拉如何进行员工的培训评估?

📁 【案例 6.3】

"接地气的"A 公司销售培训课程体系

》》》》　》

摘要:员工培训是很多企业比较注重的人力资源管理工作之一。本案例对 A 公司销售员工培训的课程体系进行了全面的介绍。其富有自己特色的培训课程可以为其他企业提供有参考价值的借鉴。

关键词:销售员工　培训课程体系　A 公司

0　公司介绍

A 公司成立于 1792 年,属于全球财富 500 强企业,是世界领先的大型工业公司,也是世界最大的装饰漆公司之一。据数据调查显示,A 公司至今连续 12 年取得世界涂料行业销售量第一的好成绩,其产品创新和概念方面一直引领着行业的走向。尽管如此,如何对企业员工尤其是销售人员进行更加行之有效的培训,使他们能够跟上行业、公司的发展以及应对越来越激烈的市场竞争,仍是企业管理中的重要课题。

A 公司总部设在荷兰的阿姆斯特丹,由世界著名的瑞典科学家科弗莱德·诺贝尔,也就是世人熟知的诺贝尔奖的创立者创立。经过整合、重组、收购并购,经过 200 多年的历史演变,现在它是以强大的市场动力、雄厚的技术基础,向全世界广大用户提供油漆、涂料和专业化学品,早在 10 年前销售额就达到 140 亿欧元,成为世界上最大的涂料公司,在全球涂料领域拥有几十个知名品牌。不仅如此,公司每年都要投入 4000 多万欧元研究开发新产品,在全球聘用了 680 名研究人员开发和研究油漆产品及涂料。如今,在各种能用到涂料和油漆的产品和场所都可以看到 A 公司研发出来的化工涂料。其品牌和产品的品质得到了世界各地、各行各业的业主认可,其中包括很多著名的工程案例,例如:北京 2008 年奥运会主赛场鸟巢、水立方、上海浦东国际机场、上海金贸大厦、西气东输工程等。

A 公司是道·琼斯可持续发展化工业的领先者,制定的"安全、健康及环保纲领"是公司关怀员工健康和保护环境的崇高责任感的坚实基础。它务求为全球的油漆用户提供高技术、高质量、安全环保的产品及一流的技术服务,也是世界上第一家做到所有油漆产品中不添加铅、汞等有害物质的公司。公司有强烈的责任感和使命感,每年在环保方面的投资在 1.7 亿欧元以上,在产品的配方、原材料采集和生产过程中全程不添加对人体和环境有害的物质,并在销售、储存、运输及最终处理各个阶段,投入 50% 的经费用于减少产品潜在的不利于安全、健康及环保的各种因素。

A 公司油漆产品业务中国区域组织管理架构:公司将整个中国油漆市场划分为四个大区,通过建立区域销售办事处实现集中统一的管理和运作。这四个大区具体介绍如下:

东区:主要负责上海、江苏、安徽、浙江、山东的市场开拓及营销渠道管理工作;

北区:主要负责北京、天津、河北、辽宁、吉林、黑龙江、山西、内蒙古的市场开拓及营销渠道管理工作。

西区:主要负责陕西、新疆、甘肃、青海、宁夏、四川、重庆、贵州、河南、湖北、西藏的市场开拓及营销渠道管理工作;

华南大区:主要负责福建、广东、广西、云南、江西、湖南、海南的市场开拓及营销渠道管理工作;

四个大区各设区域经理一名,全权负责各自区域的市场开拓及营销渠道管理工作,同时向销售部销售总监负责,接受销售总监的直线管理。各大区销售经理的具体职责是:销售团队的组织和管理、销售团队及客户发展的培训计划、营销渠道的开发及管理、营销渠道策略的不断创新和发展,直接承担销量不断提升及市场份额不断扩大的责任。

其他各职能部门的具体职责如下:

供应链部:负责原材料采购、产品生产及计划、产品仓储及物流服务、产品质量及物流服务质量的严格控制,直接面向销售办事处提供产品仓储及物流服务;

财务部:负责公司经营和管理业务的各项成本、费用、销售收入的会计性工作及销售信贷管理工作,直接面向销售办事处提供销售费用及管理费用的申请和报销服务的流程控制及销售信贷政策支持;

市场部:负责全国市场的新产品和新服务概念的开发、广告投入计划的制定和实施、品牌建设、宣传物料供应及管理、终端店面形象的提升及标准化符理、促销活动的计划及评估,直接面向销售办事处提供宣传物料供应及管理、终端店而形象的提升及标准化管理、促销活动的计划及评估等;

HR（人力资源 Human Resource）部:人员的招聘、培训计划、员工晋升及发展计划、员工福利计划、目标管理及激励计划的制定和监督实施;

技术部:负责新产品技术的创新、产品配方的改进、技术培训、技术服务能力的提升等;

IT（信息技术 Information Technical）部:负责公司信息化建设、提升管理效率的管理软件的开发及引进、IT 硬件资源的配置及维护、IT 知识的培训、客户服务信息化平台建设等;

SHE（安全 Safety、健康 Health、环保 Environment）部:负责公司的所有经营和管理业务都是以安全、健康和环保的方式进行,具体到公司运营各个环节的安全、健康和环保措施的管理和监督。

需要解释说明的是,为了保证管理的统一性和高效性,A 公司油漆业务在中国的两个公司实体 A（上海）有限公司和 A（中国）有限公司虽然在财务上实行独立核算,但其在组织机构设置及具体的业务管理上都是接受 A 公司油漆业务中国区域总部的直接管理。

1　A 公司的销售培训组织架构

负责 A 公司的销售培训业务的是销售部的二线部门,该部门为销售培训部,由销售培训经理负责,下设四个区域培训经理和若干培训顾问。全国有四个业务大区,每个大区设有一名区域培训经理,每个区域培训经理下有几个培训顾问负责更具体的区域,人员隶属于销售大区,业务汇报给区域培训经理。销售培训部的销售培训组织架构如图 6-4 所示。

销售培训部承担的销售人员培训业务,包括销售代表的入职培训、销售代表的在职培训、销售代表的实地工作协访、销售代表的技能评估等。

由于公司业务的快速扩张,A 公司销售代表的数量也随之迅速增加,从 1984 年的 20 人到 1998 年的 110 人,再到 2011 年的 1074 人,覆盖了全国 481 个城市。因此,对销售代表进行培训,尤其是对新销售代表的培训,能够使他们在较短的时间内达到公司的要求,这对销售培训部门来说是个非常重大的挑战。由于每个区域培训经理既负责一个全国的培训项目,又要带领一个区域的团队,所以根据部门的责任和销售渠道的不同进行了明确的分工。目前公司的销售渠道的划分如图 6-5 所示。

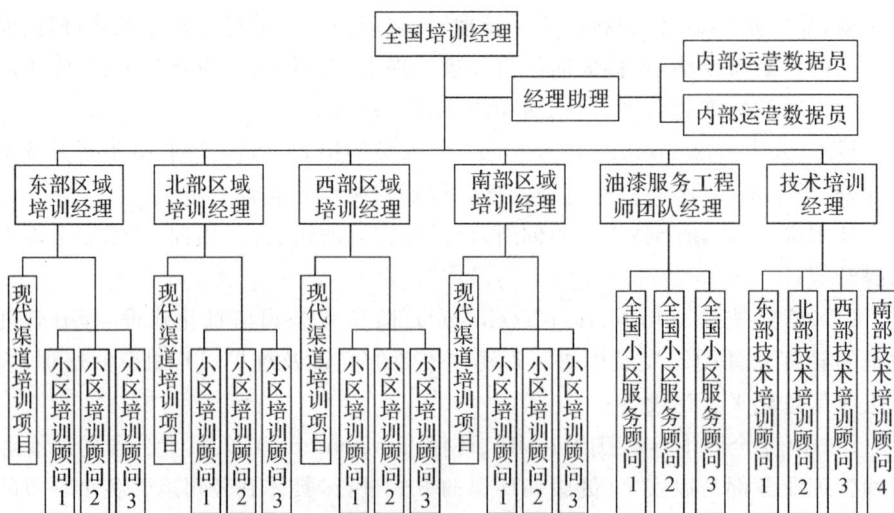

图 6-4 销售培训组织架构

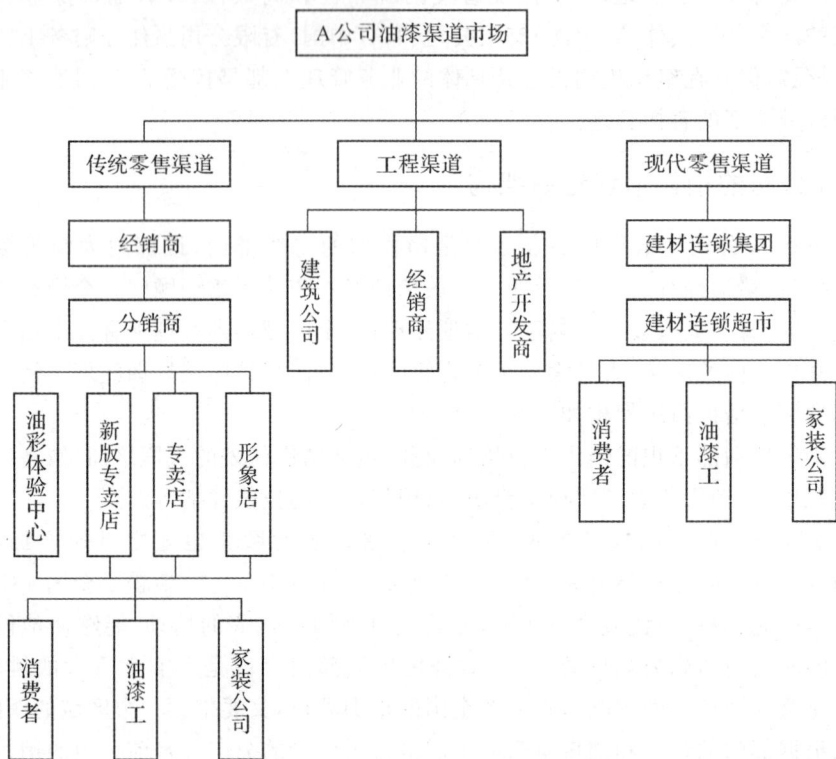

图 6-5 A公司销售渠道划分图

结合图 6-4 和图 6-5 不难看出,销售培训部经理下设的六个子团队中,每个子团队的负责人,即区域培训经理不仅负责一个全国的业务渠道项目的开展和推进,还在本区域中领导 3 个培训顾问,以便将培训推动到更加小的省区内进行覆盖和传递。培训顾问直接向区域培训经理汇报。另外,除了四个大区的区域培训经理负责不同的渠道外,还有工程师服务经理和技术培训经理,这两个子团队面向全部的业务渠道。

2　A 公司的培训课程体系及本土化课程设置

2.1　公司的课程体系

A 公司秉承"以人为本"和"学习发展"的眼光着手建立销售培训体系,公司自下而上深知培训、学习、分享、发展对职业发展的重要性和必要性。所以,针对不同渠道、不同岗位的销售人员,都由销售培训部设计适合不同培训对象的课程,A 公司培训课程体系的设定也是在不同业务渠道划分的层面上进行设计的,如图 6-6 所示。

从内部的销售人员到外部的经销商,从销售代表到销售管理人员,从零售渠道到工程销售,从内部销售人员技术培训到外部施工人员技术培训,每个环节、每个团队,都有不同课程搭配。简言之,只要是和公司的销售业务发生关系的组织都会得到相应的培训和学习的机会。对于销售人员的培训目标是在对公司和产品有信心的前提下,在了解自我和企业的基础上,提高销售人员的整体素质和销售技能,激发销售人员的潜力,从而提高销售额和市场份额,达到企业在市场上的业务绩效目标。

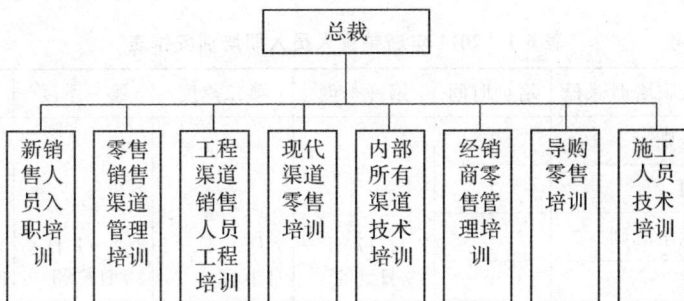

图 6-6　A 公司培训课程体系

2.2　本土化课程设置

在前面公司的介绍中提到,A 公司是一家欧洲的跨国公司,那是否会出现公司总部的课程为中国区公司所用时"水土不服"的情况呢?答案是肯定的。所以,从课程的设计到编辑,都完全按照中国的管理模式、销售渠道和国内销售人员的特点进行编排。这样,课程就是自下而上产生的,而不是单一的移花接木或者完全按照领导的想法进行确定。所以,销售培训部就将培训的另一层面的作用发挥开来,即每个培训经理和培训顾问每年都有开发课程的责任,通常是一个培训经理带领 2—3 个培训顾问,在开发课程之前选择一个提前进行培训需求调查过的课题进行(课题是由培训需求调查而来,也就是销售人员有意愿学习和体验的内容),然后由定好的课题引申出若干问题去和销售人员面谈,去了解他们对这个课题的期望和想学习了解的内容有哪些。再由这个课题出发,培训师从自身角度分析这个培训能带给销售人员什么,有什么内容点可以满足销售人员。所以,销售人员的学习需求和培训讲师的讲解需求进行对比和融合,把相同的部分选出来,就是这个培训课题初步应该讲解的内容。这里的销售人员也就是这个课题今后的培训对象。

以上就是培训课题定下来之后,如何确定培训内容的过程,做到不空不大,使得销售人员在学习的正是他们想去学习的知识,这也正是课程本土化的过程。

2.2.1 销售人员的入职培训课程设置

前面提到,公司由开始在华设立办事处至今,从规模和人数上有了迅猛的发展,那么成功地培训新入职的销售人员就显得尤为重要,从而使他们能在较短的时间内达到公司的要求。因此销售培训部门把新销售人员的培训列为整个培训体系中最为重要的课程。以 2011 年新销售人员的入职培训安排为例,如表 6-1 所示,入职培训一年分成四次,分别安排在每个季度。这样,每个季度的集中培训,不仅可以使得销售人员尽快掌握销售方面的业务知识,也降低了培训和差旅成本。

表 6-1 2011 年新销售人员入职培训安排表

销售人员入职培训课程	培训时间	第一季度	第二季度	第三季度	第四季度
销售人员准则	1	2 月 17 日—19 日北京	5 月 6 日—8 日上海	8 月 21 日—23 日广州	11 月 1 日—3 日成都
反贿赂准则	1				
反不正当竞争准则	1				
陈列规则	1				
产品知识	1				
公司近年业务回顾	1				

资料来源:A 公司销售培训部资料

对新销售人员的培训,销售培训部有一个严格的流程。培训方式采取的是集中培训,把全国各地的新销售人员都集中在一个城市,集中安排,全日制培训,具体流程如图 6-7 所示。

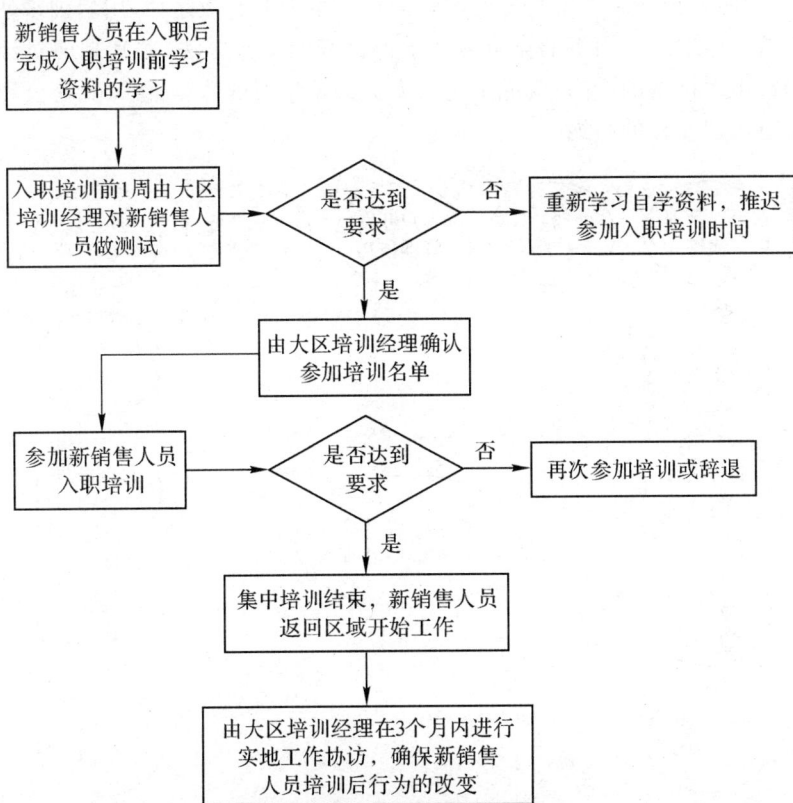

```
┌─────────────────┐
│ 新销售人员在入职后 │
│ 完成入职培训前学习 │
│    资料的学习    │
└─────────────────┘
         │
         ▼
┌─────────────────┐        ┌─────────┐   否   ┌─────────────────┐
│ 入职培训前1周由大区 │        │ 是否达到  │ ───────▶│ 重新学习自学资料,推迟 │
│ 培训经理对新销售人 │ ──────▶│   要求   │        │  参加入职培训时间   │
│   员做测试      │        └─────────┘        └─────────────────┘
└─────────────────┘             │
                              是 │
                                ▼
                    ┌─────────────────┐
                    │ 由大区培训经理确认  │
                    │   参加培训名单    │
                    └─────────────────┘
         ┌──────────────┘
         ▼
┌─────────────────┐        ┌─────────┐   否   ┌─────────────────┐
│ 参加新销售人员   │        │ 是否达到  │ ───────▶│  再次参加培训或辞退  │
│   入职培训     │ ──────▶│   要求   │        └─────────────────┘
└─────────────────┘        └─────────┘
                              │
                            是 │
                              ▼
                   ┌─────────────────┐
                   │ 集中培训结束,新销售人员 │
                   │   返回区域开始工作   │
                   └─────────────────┘
                              │
                              ▼
                   ┌─────────────────┐
                   │ 由大区培训经理在3个月内进行 │
                   │ 实地工作协访,确保新销售 │
                   │  人员培训后行为的改变  │
                   └─────────────────┘
```

图 6-7　新销售人员入职培训流程

2.2.2　内部销售人员的培训课程设置

1)传统零售渠道培训课程设置

A 公司处在传统的工业行业,在产品的销售模式和渠道中最重要也是占比最大的是传统的零售渠道。在每个业务范围内,零售渠道的销售人员占到了所有销售人员总比例的 70%。

由于零售渠道具有以下特点,企业获取持续竞争优势变得越来越困难。首先,从长远来看,为了建立和保持平稳和有效的零售渠道,企业和销售人员需要长期不懈的努力;其次,它需要组织和人来执行,需要大量的人力投入,也需要较大的财力投资;再次,企业之间的关系复杂以及企业之间人员互动频繁,零售渠道系统顺利和有效地运行需要所有的渠道参与者密切合作。正是因为这些特点,公司一旦能通过零售渠道获得竞争优势,其他公司将很难在短期内模仿。因此,它比产品、价格和促销活动及其他元素更有可能提供可持续的竞争优势。不难发现,销售人员的培训就是提升零售渠道竞争力的有效途径,用培训来使这些销售人员不停地适应当下的竞争力和学习良好的工作方法,尤其是面对经销商如何销售出大批量的产品,就成了销售人员必须学习的课程,图 6-8 是公司针对零售渠道培训课程的归纳。

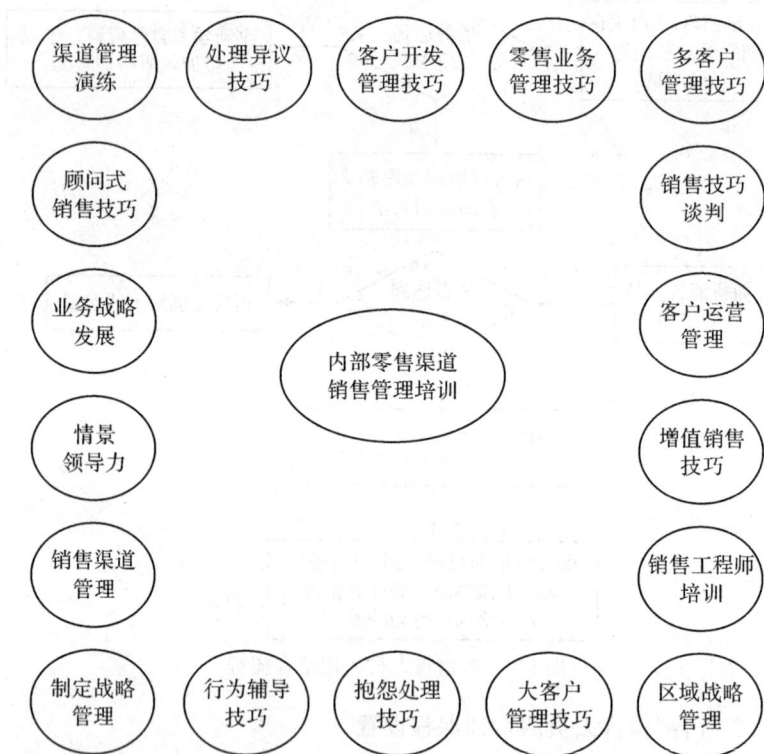

渠道管理演练　处理异议技巧　客户开发管理技巧　零售业务管理技巧　多客户管理技巧

顾问式销售技巧　　　　　　　　　　　　　　　销售技巧谈判

业务战略发展　　　　内部零售渠道销售管理培训　　　客户运营管理

情景领导力　　　　　　　　　　　　　　　增值销售技巧

销售渠道管理　　　　　　　　　　　　　　销售工程师培训

制定战略管理　行为辅导技巧　抱怨处理技巧　大客户管理技巧　区域战略管理

图 6-8　A 公司零售渠道销售培训课程设置

值得一提的是,图 6-8 的课程设置犹如"培训护照"一样,一个销售人员如果得到晋升或者是加薪,抑或是被委任了更加重要的任务,前提是在相应的职位需要接受不同课程的培训,只有学习了相应的课程才能进行职位上的变动。

2)工程渠道培训课程设置

除了零售渠道之外,公司还有一个很重要的渠道,即工程渠道。如同前面介绍公司的业务领域之一是涂料行业。涂料表面意思是涂在物体表面上的材料，不仅消费者需要购买装修自己的房子，同时，很多楼宇和建筑都需要涂料进行表面的涂布，它具有装饰、防腐、防潮、防锈等多方面的功能。现今社会高楼鳞次栉比，这也就需要一个专业的工程销售团队进行产品销售。工程项目和零售店铺有很大的不同，往往他们的销售对象是建筑公司或地产开发商等等。所以，在工程渠道销售人员的课程设置上，有其自身的特点，这也是针对销售人员的工作对象进行设置和开发的，如图6-9所示。

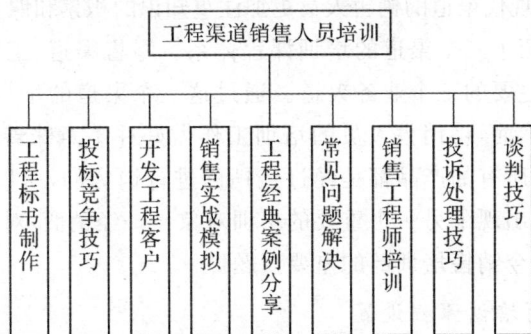

图6-9 工程渠道销售人员课程设置

3）现代渠道培训课程设置

如果把传统渠道看作是个体店铺，那么现代渠道就是大卖场和超市。设置现代渠道进行销售是因为零售商发生了变化，从而导致消费品供应链的渠道也发生相应的变化。负责现代渠道的销售人员不能用普通的零售渠道的方法去进行操作，从产品组合、定价、促销政策、陈列等方面都不同于前面介绍的传统渠道。图6-10是现代渠道销售人员的培训课程体系。

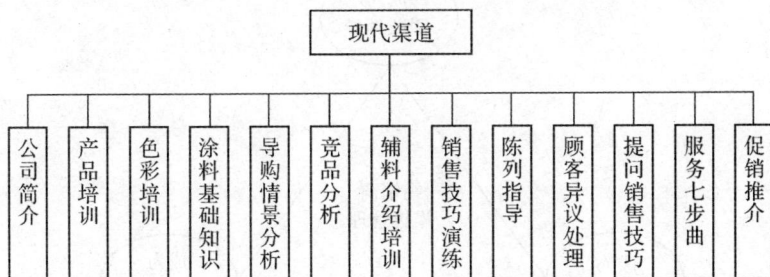

图6-10 现代渠道培训课程设置

通过这一系列课程的培训,现代渠道的销售人员能很快地进入角色、开展工作,其中,"竞品分析"课程很受欢迎。原因归结于传统渠道和现代渠道的店面区别,传统渠道销售终端的店铺里只有自营的品牌,全部按照公司的标准化陈列进行销售和服务,进店的消费者看到的全都是经销商经营公司的产品,只要终端销售人员能有礼有节地满足消费者的需求就可以顺利地销售出去。而现代渠道就不同了,所有同类产品都在一个区域,各个品牌的货架陈列都非常相似,销售人员的竞争压力非常大,所以必须要具备丰富和扎实的业务知识,才有可能把消费者留在自己的货架前,现代渠道的销售人员更加注重知识的积累和课堂上的模拟演练。

以上分别介绍了三个渠道的培训课程体系。零售渠道、工程渠道和现代渠道是公司现在最主要的三个业务渠道。通过这三个渠道的培训,销售人员能更好地胜任工作。然而,将销售人员的培训工作做好并不意味着结束,因为 A 公司没有直营店面,所有的产品都是经过经销商进行销售的,所以,除了内部销售人员培训之外,就出现了另一个重要的培训对象——经销商,对外部经销商培训是公司 2008 年至今销售培训部的重要议题。

2.3 外部经销商培训课程设置

从 2002 年到 2010 年,中国涂料市场以平均每年 20% 以上的惊人速度不断增长,据权威数据显示,未来全球涂料增长的 70% 左右将在亚洲,而中国涂料市场无疑会成为最活跃、发展最快的地区之一。经常有经销商抱怨,为什么我的门店客流少?生意额不高?员工人浮于事?公司的支持很到位,但是经销商的生意却并没有他们想的那么兴隆,从而导致经销商从公司的进货量越来越少,最终销售额难以提高。所以,销售培训部门从零售管理学院抽出一个团队专注于研发针对经销商的课程。图 6-11 是销售培训部研发出的经销商培训课程体系。

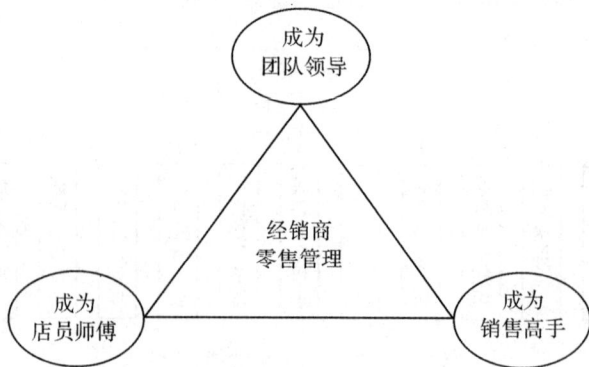

图 6-11　A 公司经销商培训课程设置

　　该课程体系从三个方面逐步深入地对经销商进行培训,先引导经销商了解自己的产品体系、管理好自己的业务,再深入培训如何管理自己的员工,最后成为团队的领导,成功地管理团队。

　　除了帮助经销商提升经营理念和运作能力,A公司还针对经销商的导购人员,即终端销售人员进行培训。店内的导购人员直接面对消费者,所以,给他们培训成为外部培训中的一项重要工作。如何进行课程设置呢?销售培训部进行了全国范围内的调研和访谈,在短时间内再由各地的培训顾问编排,制作出了一套针对本土购买行为习惯消费者的销售技巧和服务课程,具体课程设置见图6-12所示。

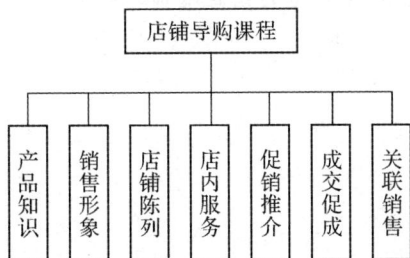

图6-12　终端销售人员培训课程设置

　　值得一提的是,根据终端销售人员具有的年轻化、流动性高的特点,针对他们的培训周期不能过长,并且主要以实际操作演练为主,多练习多实践的方法最适合这类销售人员。

3　A公司销售培训取得的成果

　　A公司的销售培训部门在销售培训和发展方面取得了显著的成绩,为公司的高速发展提供了有力的支持。2010年销售培训部配合人力资源部、销售大区进行了2次高级销售代表晋升的技能评估。其中评估的一项内容就是新销售代表是否完成了所有课程的学习,培训后的考试成绩是否达到85分以上,由他们的直线经理和当地的培训顾问一起对销售代表进行了实地工作随访,并将随访报告反馈给销售代表及其上级经理。三个渠道的销售人员的培训体系也取得了很好的成果,从年底的销售业绩达成会议上可以看出,参加过销售培训的销售人员98%都完成了当年的业务指标,并且有35%的销售人员得到了提升。另外,从2008年开始对全国经销商招生,由经销商自愿报名学习,至今全国有超过200人参与了学习,占全国经销商的45%,参加学习的经销商成为了朋友。更重要的是,他们将学到的知识带回到驻地,将课程的理论运用到了实际的工作中。由培训顾问负责的终端销售人员的培训,由原来的一个月一次到现在的一个月三次,这也是经销商和终端销售人员的迫切期望,他们认为通过这样的培训能很好地矫正他们错误的工作习惯,能有效地引导消费者做出购买决定,大大地提升了销售量和利润率。

◆ **案例思考**

1.你认为 A 公司的销售培训具有哪些优势?

2.你如何看待 A 公司的销售培训课程中存在的问题?

3.你认为该如何完善 A 公司的销售培训课程?

第七章 绩效管理

✧ 本章基本概念

1. 绩效管理(Performance Management) 绩效管理是指各级管理者和员工为了达到组织目标而共同参与的绩效计划制定、绩效辅导沟通、绩效考核评价、绩效结果应用、绩效目标提升的持续循环过程,目的是持续提升个人、部门、组织的绩效。

2. 绩效评估(The Performance Evaluation) 绩效评估也称业绩评估或业绩评价等,是指对被评估者完成岗位(或某项)工作的结果进行考量与评价。

3. 绩效考核(Performance Appraisal) 绩效考核是通过对员工的工作成果进行定性和定量的评价,对绩效进行区分性鉴别的过程。进行考核是进行管理的一个中心环节,员工绩效的评定结果是提升员工绩效的主要依据,同时也是对员工的反馈和激励。

4. 素质测评(Quality Evaluation) 素质测评是指对被测评者能力和潜能的考量与评价。

5. 行为锚定法(Behavior Anchor Method) 行为锚定法全称为行为锚定等级评估法,该法是以具体描述的特定工作行为是否确实被成功地完成来确定员工绩效的一种评估方法。

6. 关键事件法(Critical Incident Method) 关键事件法是指通过对员工在工作中极为成功或极为失败的事件的观察和分析,来判定该员工在类似事件或在介于关键事件与非关键事件之间可能的行为和表现。

7. 目标管理法(Management by Objectives) 目标管理法要求管理人员与每一位员工共同制定一套可衡量的具体工作目标,然后定期讨论完成这些目标的后续过程。

8. 晕轮效应(The Halo Effect) 晕轮效应是指对下属在某个绩效因素(例如"与别人相处")方面的评价影响了在其他绩效因素方面对他的评价。

📁 【案例7.1】

勇于担责的民营企业集团绩效目标管理方案探讨 ≫ ≫ ≫　≫

　　摘要：本案例描述了浙江民营企业集团组织绩效目标管理的整个流程,也揭示了民营企业集团组织绩效目标管理过程中的一些共性问题。本案例描述的情况在浙江民营企业集团乃至全国的民营企业集团中都具有一定的代表性,这类企业在创新内部管理,提高组织绩效方面做了有益的探索,但仍然存在一些需要进一步完善的地方。

　　关键词：民营企业　组织绩效　目标管理　方案探讨

0 引　言

　　创建于 1986 年 10 月的浙江 CH 集团,是中国知名的多产业民营企业集团之一,主要经营的事业领域包括化工、农业、物流和投资。经过 20 年的不懈努力,早在 2005 年,CH 集团全年营业额收入就达 57 亿元,总资产达 48 亿元,品牌价值达到 50.73 亿元。CH 集团有多家企业成为国家级、省级高新技术企业或是国家行业示范基地,多项技术和产品被列为国家火炬项目或国家重点新产品。CH 集团先后荣获"全国五一劳动奖状""全国优秀民营企业""全国光彩之星"等荣誉称号;"CH"商标被认定为"中国驰名商标",CH 集团产品获"中国名牌产品"称号。为了体现集团公司作为战略控股管理型企业的特点,该集团公司作为独立的企业实体参与考核,建立了符合其行业特点的年度绩效目标管理体系。该管理体系包括三个层次:公司、部门及岗位。为了分析的针对性,这里只对集团公司和控股子公司(下文用企业代替)制定的相应绩效目标管理和评价体系进行归纳和整理。

1 绩效目标评价体系的建立

1.1 评价指标设计的基本要求

（1）战略导向，通过评价指标设计有效分解战略。

（2）结合"平衡计分卡"原理，关注财务、客户、内部流程、学习与创新等指标。

（3）体现企业的年度重点工作。

（4）关注企业的经营健康，从"总量"和"结构"两个维度来设计指标。

（5）发挥评价指标设计的导向作用，鼓励和激励企业在相关领域做出突出贡献。

（6）运用定量分析与定性分析相结合、横向对比与纵向对比互为补充的方法，综合参照行业标准、竞争对手分析、公司历史数据分析以及未来的战略目标四个方面制定年度目标值和评价标准，综合评价企业经营绩效和努力程度。

1.2 评价指标设计的内容

（1）集团公司的绩效目标评价体系由经济指标、发展指标和管理指标三个部分构成；企业的绩效目标评价体系由经营性指标、发展指标、管理指标和重大事项的加分与减分（除安全工作外，下同）四个部分构成。

（2）集团公司的绩效指标根据集团公司的发展模式、战略目标和该年度需要展开和推进的各项重点工作，选取关键绩效指标设定。

（3）企业（控股子公司）评价指标的设计。

①经营性指标主要从经济指标、关键绩效目标两方面来设定。

经济指标主要从盈利能力、资产质量、偿债能力和经营增长四个维度来综合体现经营的效率和效果，进行定量对比分析与评判；

关键绩效目标突出影响企业可持续发展的关键因素，包括科技创新目标、市场与客户目标、员工学习与成长目标等。

②发展指标设定结合企业战略和年度工作重点，关注企业可持续发展所需要开展的重要工作，包括重点项目的展开与推进、资本保障等内容。

③管理指标重点关注集团对企业要求的共性管理问题和各企业在经营发展过程中需要提高的管理环节。

④重大事项加分指标主要关注企业为集团整体工作的开展、提升做出突出贡献的事项和行为，减分指标主要关注企业对集团整体利益、形象产生了重大毁损的事项和行为。

（4）安全指标作为特定独立条款由集团安全保卫部门按照控股子公司的特

性进行针对性制定,不在本办法中统一规定。

(5)企业考核指标的选取,因控股子公司的战略目标、行业特点、管理现状和发展阶段的不同而有所区别。

①经营性指标值的确定标准。

时间序列标准:集团和企业历史数据的纵向分析、对比;

预算标准:集团和企业根据战略发展目标和年度工作计划所做的财务预算;

同业标准:行业信息、行业平均水平、竞争对手情况分析等数据。

②指标权重系数的确立。

考虑不同企业所处的发展阶段;

结合不同企业本年度的工作重点;

结合投资者对企业的战略定位和规划要求。

2 绩效目标管理体系的组织机构和工作流程

集团管委会是集团绩效目标管理工作的领导小组,负责绩效管理制度和办法、绩效目标的设定和调整、绩效评价结果的审定;集团管理部是集团绩效目标管理工作的常设执行机构,负责绩效管理制度和办法的起草和修订,组织制定集团、企业年度绩效指标,对运营绩效指标的完成情况进行监控,组织针对集团、企业运营绩效指标的考核与评价等;集团财务部负责经济指标值的计算、设定和核准。绩效目标管理体系确定、过程管理与评价的主要流程和组织机构如图 7-1 所示。

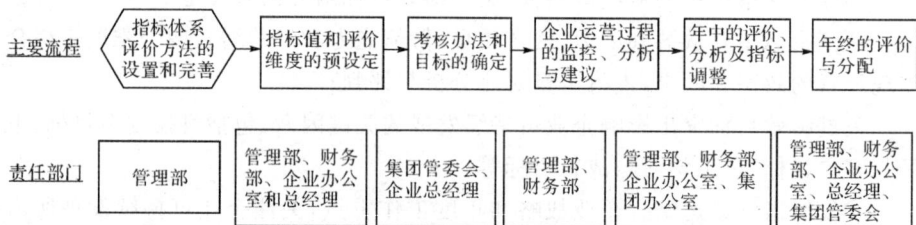

主要流程	指标体系评价方法的设置和完善	指标值和评价维度的预设定	考核办法和目标的确定	企业运营过程的监控、分析与建议	年中的评价、分析及指标调整	年终的评价与分配
责任部门	管理部	管理部、财务部、企业办公室和总经理	集团管委会、企业总经理	管理部、财务部	管理部、财务部、企业办公室、集团办公室	管理部、财务部、企业办公室、总经理、集团管委会

图 7-1 绩效目标管理体系确定、过程管理与评价的主要流程和组织机构

各项指标的评价、确定、审批流程和组织机构如图 7-2 所示。

经营性指标	发展指标	管理指标	重大加分与扣分事项
财务部提供各企业经营性指标完成情况的数据，运营管理部核算分值	1. 企业自评 2. 管理部组织对企业进行评价 3. 与企业对接	1. 企业自评 2. 管理部组织对企业进行评价 3. 与企业对接	集团相关职能部门和总监提出企业的重大贡献加分事项和重大毁损扣分事项，初步评分并提出依据

管理部与企业对接并确认经济指标和关键绩效指标得分的计算依据和结果

管理部汇总评分结果提交至集团办公会谈论确定

集团办公会初步讨论，确定集团公司和各企业各项指标的得分及重大事项的加分与扣分值

管理部汇集初评结果，提交至管委会审议确定

管理部汇集管委会审议结果，提交至集团董事长审批

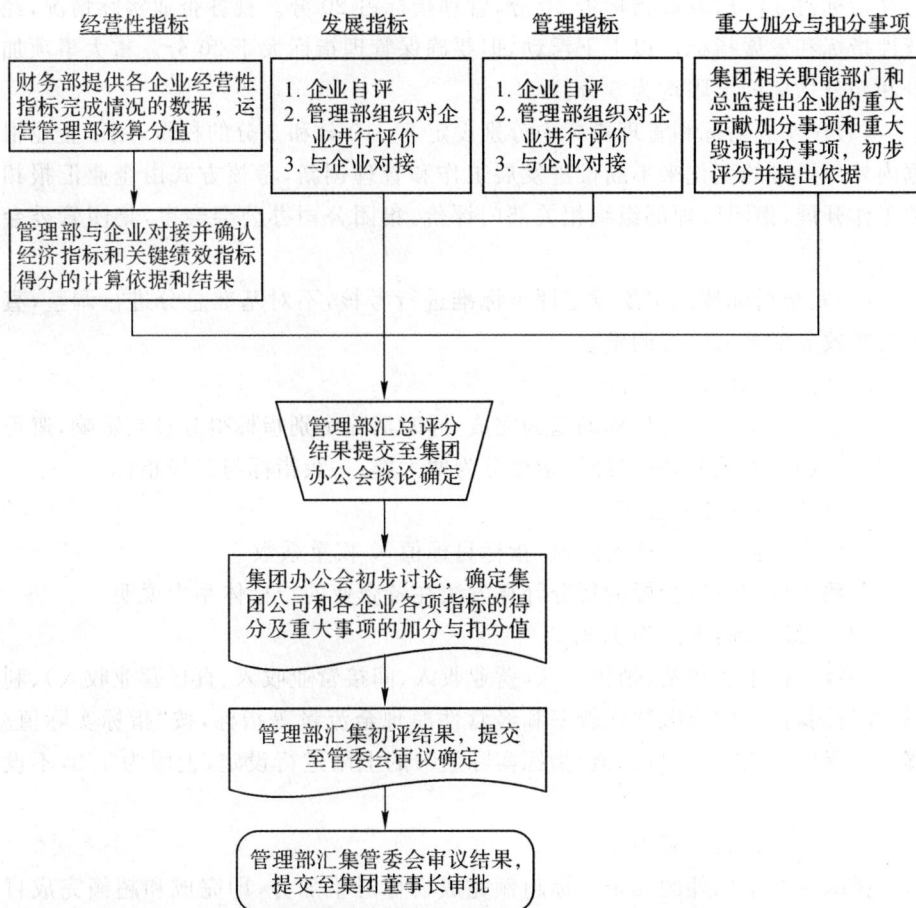

图 7-2　各项指标的评价、确定、审批流程和组织机构

3　绩效评价及其结果确定

3.1　计分办法

1）基准总分的构成

（1）集团公司目标绩效评价基准总分为 100 分±5 分。其中，经济指标占 25 分，发展指标占 40 分，管理指标占 35 分；重大事项加分和扣分指标的上限均为 5 分。

（2）企业目标绩效评价基准总分为：100±5 分。100 分的构成中，原则上经

营性指标占 50 分,发展指标占 30 分,管理指标占 20 分。视各企业实际情况,经营性指标和发展指标可以上下浮动,但要确保管理指标大于 20 分。重大事项加分和扣分指标的上限均为 5 分。

(3)在发展指标和管理指标中分别设定 5—10 分和 3 分的权重,用于企业根据内外部形势的变化来不断推进发展工作和管理创新,考核方式由企业汇报相关工作开展,集团管理部组织相关部门评价,集团公司办公会会审,集团管委会审定。

(4)安全指标按照集团设定评价标准进行考核,不对基准总分进行调整,直接对绩效分配结果进行调整。

2)经济指标的计分方法

为了鼓励企业经济目标的超额完成,同时消除个别指标得分过高影响,避免出现重复加分的现象,特将经济指标分为两大类:一级指标与二级指标。

(1)单项指标计分公式:

单项指标得分＝指标实际值/指标目标值× 权重系数

负数指标和特殊指标的得分计算方法在各企业的指标体系中说明。

(2)一级指标:上限为 1.3。

一级指标主要包括:销售收入(营业收入、间接营业收入、直接营业收入)、利润、存货周转率、应收账款周转率和经营性净现金流量等指标,按"指标实际值/指标目标值"(或"指标目标值/指标实际值")的上限进行设定,上限为 1.3,不设下限。

(3)二级指标:上限为 1。

排除一级指标外的其余指标超额完成目标时不加分,即完成和超额完成目标的均得满分,未完成目标按计分公式进行计算。

(4)销售与利润贡献加分。

考虑到各控股子公司销售收入(营业收入)、利润指标的基数大小和增长率,在确定最终得分后,对各企业进行加分,具体方法如下:

①利润加分。

a.加分基数的标准:

A 类控股子公司的计算公式为:(2008 年实际利润－2007 年实际利润)÷100 万;

B 类控股子公司的计算公式为:(2008 年实际利润－2007 年实际利润)÷50 万。

b.加分阶梯和加分系数如表 7-1:

表 7-1　加分阶梯和加分系数

加分阶梯	10％以内的增长部分（包括10％）	10％—20％内的增长部分（包括20％）	20％—30％内的增长部分（包括30％）	30％—35％内的增长部分（包括35％）	35％以上的增长部分
加分系数	0.35	0.5	0.65	0.75	0.85

②销售收入加分。

a.加分基数的确定：

各控股子公司对照目标销售利润率，以上一年度实际利润为基数，计算出合理超额销售收入，将实际的超出部分与合理的超出部分进行比较，确定加分的基数（即达到目标销售利润率范围内的销售收入予以加分，没有达到的部分不予加分），具体为：

目标销售利润率＝目标利润/目标销售收入

合理超额销售收入＝（该年度实际利润－上一年度实际利润）÷该年度目标销售利润率

当实际的超额销售收入≥合理的超额销售收入，以合理的超额销售收入为基数给予加分；当实际的超额销售收入≤合理的超额销售收入，以实际的超额销售收入为基数给予加分。

b.加分基数的标准：

A 类企业（控股子公司）的计算公式为：超额销售收入÷1000 万

B 类企业（控股子公司）的计算公式为：超额销售收入÷500 万

c.加分阶梯和加分系数如表 7-2：

表 7-2　加分阶梯和加分系数

加分阶梯	10％以内的增长部分（包括10％）	10％—20％内的增长部分（包括20％）	20％—30％内的增长部分（包括30％）	30％—35％内的增长部分（包括35％）	35％以上的增长部分
加分系数	0.35	0.5	0.65	0.75	0.85

集团公司不享受销售收入加分，但享受利润加分，以（该年度实际利润－上一年度实际利润）÷500 万。

（5）集团公司和控股子公司的发展指标分值按实际完成情况进行评价，指标分值上限为权重×1.3，不设下限。

（6）集团公司和企业的管理指标按年初设定的考核指标进行定性分析和综合评判，采取扣分的形式，指标分值上限为权重×1(不加分)，由集团管理部组织开展。

　　(7)企业的重大贡献加分和重大毁损扣分事项的评价,由集团管理部组织评价,加分和扣分的上限均为5分。加分事项如重大科技创新,企业承担国家重大科技攻关项目并取得突破,申报国家级荣誉对集团品牌有突出贡献,发展要素取得重大突破等。

　　(8)集团公司的评价总分为经济指标、发展指标、管理指标、利润贡献加分得分、重大贡献加分与重大毁损扣分之和。

　　(9)控股子公司的评价总分为经营性指标、发展指标、管理指标、销售与利润贡献加分、重大贡献加分与重大毁损扣分的得分之和。

3.2　评价结果与分配激励

　　1)评价进行时间

　　原则上进行年中和年终两次评价,年中评价在于跟踪和了解工作开展进度,同时根据实际情况,必要时调整年初制定的目标,年终绩效奖金系数只与年终评价结果挂钩。

　　2)集团公司总分与绩效系数挂钩的确定

　　集团公司单独考核,不参与控股子公司的绩效排队,按指标的评价总分确定绩效系数,绩效系数上限设为2.0,下限设为0.8。具体参照控股子公司分数进行虚拟排名处理,按对应的绩效系数确定。

　　3)控股子公司评价总分与绩效系数挂钩的确定

　　按照绩效管理办法,分别对控股的8个子公司进行评价,并按分值进行排队如表7-3。

表 7-3　按照绩效管理办法对公司进行评价排队

绩效得分排名	绩效系数(P)
第1名	2.0
第2名	1.8
第3名	1.6
第4名	1.4
第5名	1.3
第6名	1.2
第7名	1.1
第8名	1

4　绩效目标中期调整

4.1　调整原则

原则上绩效目标确定后不予调整，只有在经集团办公会确认的控股子公司的战略调整下和发生了不可预期的不可抗力事件影响下，可以对关键工作目标根据实际情况予以调整，但经济指标一般不予调整。若企业由于投资并购、新建项目等没有在年度预算中体现的，可在项目运作成功后修订经济指标。

4.2　调整流程

集团公司绩效目标的年中调整建议由集团管理部提出，由集团办公会讨论决定，调整后绩效目标由集团总裁确认生效；企业绩效目标的年中调整由其自身提出，集团管理部审核，集团办公会讨论决定，调整后绩效目标由集团总裁确认生效。

5　年终效益奖的规定

为了鼓励企业多创造利润，该集团还建立相应的激励体系，激励体系主要包括"年终效益奖金"制度。其具体做法如下：

5.1　企业年终效益奖的规定

1) 年终效益奖的计算方法

为鼓励企业持续提升效益，采取"超额累进递增"的方法计算年终效益奖，以增长额（该年度结算利润－上一年度结算利润）为奖励基数，以增长率为标尺划分奖励阶梯，综合增长额和增长率确定每个阶梯的奖励系数，具体如下：

表 7-4　每个阶梯的奖励系数

奖励阶梯	10%以内的增长部分（包括10%）	10%—15%内的增长部分（包括15%）	15%—20%内的增长部分（包括20%）	20%—25%内的增长部分（包括25%）	25%以上的增长部分
奖励系数	10%	10.5%	11.5%	12.5%	14%

其内部奖励分配方案由企业制定，报集团人力资源部审核后，企业董事长批准实施。

2) 结算利润的计算方法

（1）为鼓励企业对技术创新进行实质性的有效投入，将年度新增科技投入资金计入结算利润。科技投入的具体计算方法参见附件。

（2）效益奖计算中，当年结算利润超出上年结算利润的，利用区域政策优势减免的所得税和科技投入增长部分按本企业最高阶梯对应的系数计算。

（3）在集团所属的企业中，其中物流业，已经运行基地的结算利润适用该办法，筹建基地按照项目建设的进度和工程质量控制、建设成本节约、公司招商和筹建工作等方面来考核，原则上建设成本节约金额的不低于7％计为效益奖。考虑到物流业目前所处的阶段特点，发展公司承担新建项目的利息以及产生相关费用（影响当期利润的部分，同时按三个基地平摊后，扣除基地分摊的部分）计入结算利润，具体办法另行制定。

（4）农业，按照年初制定的绩效目标的完成情况给予奖励，具体办法另行制定。

5.2 集团公司年终效益奖的规定

集团公司年终效益奖的计算方法按照集团激励体系方案中的"集团公司效益奖分配办法"的规定执行。

6 利润、销售收入加分和年终效益奖基数的调整规定

为了鼓励企业增强预算的准确性，对预算目标值外的增长额，按分段计算，减去各对应阶梯增长部分的50％。利用区域政策优势减免的所得税和科技投入增长部分结算利润不计算在内。

7 绩效考核体系中有关名词的解释

（1）销售收入：指企业销售产品的销售收入净额和提供劳务等主要经营业务取得的收入总额；各公司（除大地）在计算销售收入时，均需剔除内销数；由于大地的内部销售是其他公司的消费，其销售收入可以直接累加。

（2）营业收入：指在集团管理范围内的所有企业在销售商品、提供劳务等日常活动中所产生的收入，包括在物流基地内营业的物流经营户所产生的收入。

（3）间接营业收入：纳入物流基地管理范围的物流经营户所产生的营业收入。

（4）直接营业收入：物流基地本部在销售商品、提供劳务等活动中所产生的营业收入。

（5）利润（利润总额），反映企业经营成果的实际结算利润，计算公式：实际结算利润＝企业报表利润总额＋集团内部结算利润调增数－集团内部结算利润调减数；效益奖以结算利润为依据，计算公式：结算利润＝实际结算利润＋利用区域政策优势减免的所得税＋当年科技投入新增金额。

(6)净资产收益率＝净利润/平均净资产×100％。

(7)总资产报酬率＝(利润总额＋利息支出)/平均资产总额×100％。

(8)销售毛利率＝［(销售收入－销售成本)/ 销售收入］×100％。

(9)存货周转率＝销售成本/平均存货×100％。

(10)平均存货＝(年初存货余额/2＋1 月份存货余额＋2 月份存货余额＋……＋11 月份存货余额＋12 月份存货余额/2)/12。

(11)应收账款周转率＝销售收入净额/平均应收账款余额×100％。

(12)平均应收账款＝(年初应收账款余额/2＋1 月份应收账款余额＋2 月份应收账款余额＋……＋12 月份应收账款余额/2)/12。

(13)经营性现金净流量:经营性现金净流量衡量企业经营活动产生现金的能力。

(14)资产负债率＝(负债总额÷资产总额)×100％。

(15)新产品销售贡献率＝(新产品实现的销售收入÷销售收入总额)×100％。

(16)货款回收率＝(当年收款总额÷当年发货总额)×100％。

(17)人均销售收入＝(当年销售收入总额÷当年在册员工总人数)×100％。

①其中,当年在册员工总人数＝(年初员工总人数＋年末员工总人数)/2。

②物流公司的当年销售收入指直接营业收入。

8 其他相关规定

(1)关于公司经营性现金流量的年中调整:由于承兑汇票是一些公司正常经营的必要手段,因此不要求其为完成经营性现金流量指标而突击进行承兑汇票的兑现,在 2008 年中时,根据承兑汇票对经营性现金净流量指标的影响,对公司年初制定的经营性现金净流量的数值进行调整。

(2)企业政策实行备案文件管理制:集团关于各企业与绩效考核相关政策(包括长期待摊费用、待处理财产损失、固定资产折旧的计提方法、估价入账等)需形成书面文件,由企业董事长和相关人员签字,并报集团财务部和管理部备案。

(3)考虑到时间关系,集团审计部将在年后对企业绩效完成情况进行审计,若发现失职、渎职和违纪违规等行为,视实际情况对有关领导和当事人进行严肃处理,同时审计后的数据将进行追溯,并在下一年度的绩效考核中予以体现。集团整体、系统地考虑有关税务安排问题。

总之,该集团的考核体系是比较完善的,但对考核结果的使用仍然不到位,因为尽管建立了相应的激励体系,但激励主要考虑的是集团及其所属企业的效益或者说利润,没有很好地利用绩效考核的结果进行全面的激励;因此严格来讲,其绩效管理体系是不完善的。其实,就目前我国民营企业绩效管理的现状,绩效管理还没有完全贯穿于企业管理全过程,绩效考核和绩效结果的使用还存在一定程度上的脱节,最终导致绩效管理效果还不太明显。

◆ 案例思考

1.该绩效管理体系主要存在哪些缺陷,能否真正反映民营企业集团特点?

2.目标管理强调企业内部上下的沟通,那么该绩效目标管理如何实现内部的沟通?

3."以人为本"是当前企业管理的基本要求,该企业集团又是如何在绩效管理中体现出来的?

4.该绩效管理体系与"平衡计分法"存在怎样的关系?

附　企业（控股子公司）2008 年绩效指标

分类	考核指标		单位	2005 年实际值	2006 年实际值	2007 年实际值	2008 年	
							目标值	权重
经营性指标	一级指标	销售收入	万元					
		利润	万元					
		经营性现金净流量	万元					
		存货周转率	次					
		应收账款周转率	次					
	二级指标	净资产收益率	%					
		销售毛利率	%					
		新产品销售贡献率	%					
		人均销售收入	万元					
合计								50
发展指标								
合计								30
管理指标								
合计								20
企业的重大贡献加分和重大毁损扣分事项（安全工作除外）	由集团各相关部门提出对子公司的加分事项或扣分事项及其依据,集团公司办公会初步评定加分或扣分值,管委会审议确定。加分和扣分的上限均为 5 分。							5

【案例7.2】

富有激情的斯特拉迪瓦里的工作绩效
≫ ≫ ≫　　≫

　　摘要:斯特拉迪瓦里作为意大利提琴制作师,是迄今为止最伟大的小提琴制作家。他制作的小提琴至今仍在被小提琴家使用,为著名小提琴家津津乐道。而且其传世之作在文物与拍卖市场上价格高企。

　　关键词:斯特拉迪瓦里　小提琴　工作绩效

　　19世纪20年代的一个夜晚,德国诗人亨利希·海涅(Heinrich Heine,1797—1856)在漫游途中,有幸听到意大利小提琴家尼科洛·帕格尼尼(Niccolò Paganini,1782—1840)炉火纯青的演奏。这次演奏给诗人留下的印象如此深刻,以至于诗人改变了习惯的诗歌创作,而写了短篇小说《佛罗伦萨之夜》。海涅在小说中以富有诗意的文字,赞美这位艺术天才在汉堡的一次演奏展现出来的精湛技艺。

　　帕格尼尼无与伦比的小提琴演奏,不但使之当之无愧地被誉为“小提琴之王”,更有音乐史家、音乐理论家和传记作家在孜孜以求地探讨他达到如此精湛的演奏技艺的“帕格尼尼之谜”。

　　不过,任何一种艺术,总离不开其媒介物,小提琴演奏也不例外。帕格尼尼深知这个道理,一有机会,便不惜以高昂的价格设法购置音质最美的乐器。帕格尼尼去世之后,人们发现他共拥有22把极有价值的乐器,其中包括斯特拉迪瓦里制作的7把小提琴、2把中提琴、2把大提琴。

　　斯特拉迪瓦里(Antonio Stradivari,1644—1737)是意大利提琴制作师,是迄今为止最伟大的小提琴制作家。

　　16世纪的意大利克里莫纳(Cremona)是小提琴的诞生地。出生于1510年的阿玛蒂被认为是现代小提琴的鼻祖。他的孙子尼古拉·阿玛蒂（Nicolo Amati,1596—1684)改进了祖父的小提琴设计。斯特拉迪瓦里 12 岁开始在阿马蒂作坊学艺,最初跟随尼古拉·阿玛蒂学习设计制作的是竖琴、诗琴、曼陀林、吉他等,而不是小提琴。大概在 1666 年或 1667 年,斯特拉迪瓦里才有资格开始在自己制作的小提琴上贴出他的拉丁文标签 Antonius Stradivarius Cremonensis Faciebat Anno。标签中的 Antonio Stradivari 是制作者的名字,Cremona 是地址,Faciebat Anno(date)是制琴日期,提琴上的日期有的是印刷的,有的则为手写。

图 7-3　斯特拉迪瓦里小提琴

斯特拉迪瓦里是一个技艺非凡、充满感性和洞察力的艺术家。起初,斯特拉迪瓦里依照师傅设计的琴的样式制琴。小提琴体型较小,十分结实,上一层厚厚的黄漆。后来,斯特拉迪瓦里开始尝试自己的制作风格,并于 1684 年制造出体型更大、清漆颜色更深的小提琴模型。新的小提琴模型的比例和清漆的配方都很有创意。

斯特拉迪瓦里设计和制作的小提琴型号比以前的大,漆是较深的桔红色,音质也酣畅有力。从 1690 年起,他制作"长"型号小提琴,对琴身的比例进行了彻底的革新;1700 年又根据原有的式样予以加宽,其他方面也相应有所改进。与此同时,斯特拉迪瓦里还设计、创造出了琴马。这样,斯特拉迪瓦里制作的小提琴,具有极强的穿透力,正如小提琴家伊萨克·斯特恩(Isaac Stern,1920—　　)

所言:"这种琴的不凡之处,在于其声音极其悦耳动听,而且无论在多么宽广的空间都能如此。琴声悠扬柔和,而琴似乎用坚定有力而威严的声音在对你说:'我容许你使用我,但你一定要学会怎样用我奏出美妙的乐韵。'"

多数研究者认为,斯特拉迪瓦里小提琴绝妙音色的秘密不仅仅在于清漆,还包括工艺以及最重要的因素——合适的木材。纹理横顺之间的弹性、木材的潮湿特征以及声音穿透木材的密度和速度等因素都会影响小提琴对琴弦振动的反应。田纳西大学树木年轮学家亨利·格里西诺·迈尔和哥伦比亚大学气候学家劳埃德·伯克,共同研究了斯特拉迪瓦里小提琴的制作方法,其研究结论发表在《树木年代学》上。他们认为是小冰期气温骤降才造就出那种能制作出备受推崇的小提琴的木材。

斯特拉迪瓦里每天从早到晚工作,先挑选上好的枫木、云杉木和其他合适的木料,然后把木料切削打磨成块,再以非常复杂的工序加以黏合、拼拢、涂色、上漆,之后挂到屋顶的平台上慢慢晾干,然后制作出一把把完整的乐器。他的工作效率极高,工作量极大,堪称献身于艺术。斯特拉迪瓦里一个月至少可以完成2把小提琴或1把大提琴,平均一年制作25把小提琴或10把大提琴,有时甚至更多。1715年,斯特拉迪瓦里已经71岁,波兰国王在他那儿定制了12把小提琴,还让自己的宫廷乐队指挥亲自到克里莫纳等待成品,结果斯特拉迪瓦里用了三个月就完工,国王成功验收12把小提琴。

随着年龄的增长,斯特拉迪瓦里的产量年年递增,同时他的小提琴板面渐宽,看起来越发结实,漆涂料颜色也愈来愈深。直到生命的最后几年,斯特拉迪瓦里的琴才开始显现出造琴者的衰老。音洞的雕刻有点颤动,不规则的镶边表明他的手开始颤抖。一把1737年制作的提琴f洞的位置比他92岁时制造的一把提琴高出1/16英寸,这说明他的视力正在衰退。另一把1736年制作的提琴上则有明显的的磨砂纸痕迹。对于斯特拉迪瓦里来说,每一把小提琴都是一次实验的机会。尽管有的只有很小的差别,斯特拉迪瓦里制作的琴桥下的弧度和琴背上的弧度几乎没有一次相同;f洞旋涡的厚度也在改变,还有C弦、把位、琴边和琴转角位的形状也都在改变。对于斯特拉迪瓦里来说,一旦全部大约78件零件组合在一起,就成为一把拥有独一无二音质的小提琴、中提琴或大提琴。

斯特拉迪瓦里的商业成就被认为是同时期的人中最好的,因为斯特拉迪瓦里从不缺客户。1682年,一位威尼斯银行家向斯特拉迪瓦里定做了一整套乐器,献给英国国王詹姆斯二世;西班牙国王查尔斯三世在斯特拉迪瓦里那里为自己的管弦乐队订做了6把小提琴、2把中提琴和1把大提琴。无数的贵族和高级教会成员定做斯特拉迪瓦里琴,一些极富有的主顾愿意用最好的filippo(一种当时流通于意大利 Lombardy 的银币)来交换斯特拉迪瓦里制作的乐器。

据保守估计,斯特拉迪瓦里从 21 岁(1665 年)直到 92 或 93 岁去世这一光辉的职业生涯中,共制造了约 1116 件不同的弦乐器。其中流传至今的约有 650 件左右。

斯特拉迪瓦里乐器在他去世 2 个半世纪之后,其价值不减反增,其品质一直处于至高无上的地位,除了它们显而易见的优雅和精密之外,其力量感更是取胜关键。斯特拉迪瓦里之前最好的制琴师,以及大多数与之同时代的人制造的小提琴体积较小,琴背弧度很高,奏出的音色虽然美,但很薄,只适合教堂使用或被小型室内乐团使用。斯特拉迪瓦里拥有惊人的预见性,他认识到提琴迟早要有更大的体积和响度。经过无数次的实验,他创造了"属于未来的小提琴",这种小提琴能够奏出微妙、甜美而且拥有足够力度感、犹如钻石般闪亮的音色,其响度和清晰度足以应付今天的管弦乐队。正是因为斯特拉迪瓦里的改革,小提琴才能立于"乐器皇后"的不败之地。卡尔里斯(Carlyss)说:"斯特拉迪瓦里一个人完成了乐器在外形上的改革,在他之前从未有人进行过改变,在他之后也没有,因为他已经完成了。一把好的斯特拉迪瓦里琴能够给予演奏者无穷的表现力,能够让演奏者自由地表达出所需的音乐语言。演奏者可以随心所欲地在琴上表现出其对色彩、声音和感情等方面的细微处理。好的斯特拉迪瓦里琴可以完美地诠释演奏家的情感。同时它的声音也很能够抓住听者的心。"

斯特拉迪瓦里琴虽然经过 2 个多世纪的风雨却没有苍老的痕迹。这就是成就斯特拉迪瓦里乐器杰出的、独一无二的音质的原因,因为这种来自古老远方的声音让人感觉仿佛一群带有光环的天使就在斯特拉迪瓦里琴上被惊醒。

斯特拉迪瓦里琴在现代被小提琴家尊崇的程度是惊人的。帕尔曼、梅纽因、马友友、慕特、美岛莉(Midori)和富克斯(Joseph Fuchs)等世界著名的专业演奏提琴家用的都是斯特拉迪瓦里琴。

不仅如此,从经济收益方面说,一把制作于 1727 年的斯特拉迪瓦里小提琴于 1998 年在克里斯蒂拍卖行拍出 160 万美元。另有一把曾经属于布伦特夫人的斯特拉迪瓦里小提琴(Lady Blint Stradivari),1971 年在索斯比拍卖行以 8400 英镑的高价卖出,创当年乐器拍卖的最高世界纪录。还有一把斯特拉迪瓦里于 1682 制作的小提琴,以 38.5 万英镑的卖出价格,创 1920—1921 年伦敦乐器拍卖的最高纪录。美国辛辛那提大学的研究人员研究了美国国债、股票和古小提琴这三种投资品的增值率,得出这样的数据:以 1960 年投资 5000 元计算,那么 36 年之后,国债的增值是 4.7 万美元,股票的增值是 5.2 万美元,而小提琴的增值则高达 24.2 万美元。

案例思考

1.分析影响斯特拉迪瓦里（Antonio Stradivari，提琴制作师）工作绩效的因素。

2.人们是如何评价斯特拉迪瓦里的工作绩效的？请从人力资源管理角度进行分析。

3.从人力资源管理角度看，你认为如何使组织员工达到斯特拉迪瓦里那样的工作绩效水平？

📁 【案例 7.3】

脱离员工实际的 Z 人寿保险公司绩效管理体系 ≫ ≫ ≫ ≫ ≫

摘要：本案例对 Z 人寿保险公司的绩效管理体系进行了全面的介绍，既有该公司的成功之处，也指出了该公司在绩效管理方面存在的不足。

关键词：绩效管理 绩效考核 Z 人寿保险公司

0 Z 人寿保险公司介绍

Z 人寿保险公司是一家成立于 2000 年的中外合资公司，是中国第一批拿到外资牌照的公司。经过 10 年的稳健发展，公司实现保费收入年均复合增长率 55%，标准保费复合增长率 37%，公司内含价值超过 33 亿元。10 多年来，公司形成了以营销员和银保渠道为基础、团险和电销渠道为重要补充的多元渠道发展格局，并呈现出可持续发展的良好势头；区域开拓稳步进行，在珠三角、长三角、环渤海及中部的 12 个省级经济较发达区域建立了 32 家营业机构，拥有 13000 多名员工及保险营销员；产品开发和创新、财务和风险管控、人力资源管理、企业品牌和文化建设等方面取得显著进步，为公司持续稳健发展提供了保障。但随着公司第二个十年规划的展开，现有绩效管理体系正逐渐面临公司发展带来的挑战。

1 Z 人寿保险公司人力资源管理状况

1.1 Z 人寿保险公司组织架构和岗位设置

Z 人寿保险公司由中西方股东派出人员组成董事会，董事会下设 CEO 办公室全面执掌公司事务,采取直线式管理。按照职能架构,Z人寿保险公司目前共有 10 个职能部门,分别为以创造利润为主的业务部门和以运营支持为主的后援部门。业务部门包括营销业务部、银行保险部和直复营销部(含团险业务和电话行销业务等)。后援部门包括市场及企业发展部、计划财务及精算部、人力资源部、合规及法律部、企业服务部、系统技术支持部和营运部。

Z人寿保险公司目前共有 11 家分公司。分公司采用扁平化管理,总经理下设 7 个职能部门经理,部门经理直接管辖普通员工,不再设科室级别。员工直接向经理负责,经理直接面向总经理汇报,不越级,不跨层。分公司下设各地级市营销服务部,营销服务部是公司业务利润的源头,分公司总经理对其直接负责。

Z人寿保险公司的组织架构清晰,职责划分明确,但是有些工作是很难界定其归属职能部门的,会出现交叉管理的情况。这种时候,工作分配和评定往往更多依赖于管理者的经验,较不客观,也不利于后期的绩效评定工作开展。Z人寿保险公司组织架构如图 7-4 所示。

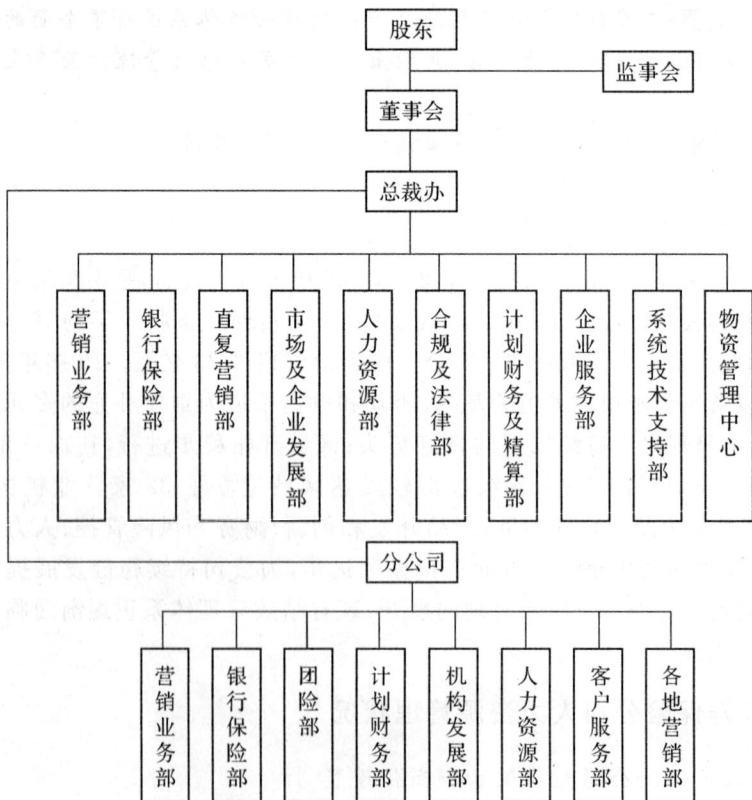

图 7-4 Z人寿保险公司组织架构

1.2 Z人寿保险公司员工总量和结构分析

人力资源管理中,一个基本而重要的要素就是员工总量与结构。为更好地研究 Z 人寿保险公司的人力资源现状,本人从公司总部人力资源部门获取了全部内勤员工的基本情况表,汇总统计结果如表 7-5 所示。

表 7-5　Z人寿保险公司员工基本情况表

项目	合计	年龄结构			学历结构			
		30 岁及以下	31—50 岁	50 岁以上	高中及以下	大专	本科	研究生及以上
人数	2613	1040	1267	306	25	180	1719	689
占比	100.00%	39.80%	48.49%	11.71%	0.96%	6.89%	65.79%	26.37%

数据来源:Z 人寿保险总公司人力资源部员工信息库

需要说明的是,寿险公司与其他行业不同,其直接面对客户进行营销的人员绝大部分是代理人。代理人又称为外勤,即传统意义上的营销员,是营销业务部门的主要保费来源。代理人与保险公司签订的是代理合同,等同于单独经营个体,需独立交纳营业税和个人所得税。代理人的绩效考核以业务规模、团队管理为基础,在每家保险公司中有单独的复杂计算方法,不在本案例中进行讨论。本案例讨论的对象是与保险公司签订劳动合同的内勤员工。

Z 人寿保险公司截至 2011 年底,有正式员工 2613 人(不含劳务派遣员工)。按照年龄结构分,30 岁以下的年轻员工占 39.80%,由于保险行业发展迅速,大量年轻人入行时就选择了这个行业;31—50 岁的资深员工占比 48.49%,是公司的中流砥柱;年龄在 50 岁以上的集中在公司的高级管理层;平均年龄约为 35 岁。学历结构上,大学本科及以上者有 2408 人,占 92.15%,其中本科生占比 65.79%,其次为研究生及以上学历,占比 26.37%,大专及以下学历占比不到 10%。在人员序列方面,管理层有 358 人,占比 13.7%。由此可见,Z 人寿保险公司目前的人力结构比较健康,员工的年龄和学历结构较为合理,后续人才储备相对充裕,已经具备了一定的人力资源基础优势。

2　Z人寿保险公司绩效管理体系的现状

Z 人寿保险公司现行的绩效管理体系是基于平衡计分卡的理念设置的,它通过财务、客户、内部运营、学习与成长等四个角度,将组织的战略落实为可操作的衡量指标和目标值。但在具体实施过程中,由于文化背景和工作经历的不同,业务部门的管理层习惯倾向于将重点放在业绩指标的量化考核上,而后援渠道则对业绩指标相对轻视,对客户服务、内部业务、学习与成长这三个指标较为看重。

2.1 绩效管理的目的和原则

1)绩效管理目标

Z人寿保险公司现行绩效管理体系以绩效考核为主。考核实行百分制,年底有调整项目对分数进行调整。在具体操作过程中,根据职位说明书和部门职能设置考核指标,按固定期间对员工全年绩效表现进行评估,得出的评估结果,为员工薪酬调整、职级晋升和岗位调整提供依据,使公司、部门和员工发展达到统一。

绩效考核中仅业务部门承担业绩经营指标,后援部门则根据部门职责不同侧重于不同目标。通过考核,使员工个人目标与组织目标基本一致。业务部门方面,每年年初制定公司总的业绩目标,各机构逐级分解业绩目标,制定出各自的业绩目标。后援部门员工无具体的业绩目标,员工按照职位描述及岗位职责检查绩效达成情况。绩效管理的最终目的是改善员工的工作表现,以实现公司经营目标。

2)绩效管理基本原则

Z人寿保险公司现行绩效管理的基本原则是从完成分公司整体指标出发,本着客观公正、民主公开的主要原则进行管理。但对业务部门员工和后援部门员工的考核方式相对脱节,尤其后援部门员工的绩效考核与公司经营目标相关性较弱。在实际操作中,本着客观公正、民主公开的原则,严格从实际出发,注意实施过程的民主程度和透明度,做到一视同仁、公开合规,以实际情况为主要考核依据。

2.2 绩效管理的组织结构和职责分工

Z人寿保险公司的绩效管理机构包括绩效管理领导小组和具体实施小组两部分。领导小组由总公司CEO和总公司人力资源部组成,负责领导工作和颁布公司的绩效管理制度;绩效管理实施小组设在省公司人力资源部,成员主要由人力资源部绩效管理专员和各部门经理组成。Z人寿的绩效管理体系涉及以下机构和人员,根据各自在绩效管理工作中的地位,确定其不同的职责分工。

(1)绩效管理领导小组负责制定与绩效有关的决策和制度,成员由总公司CEO和总公司人力资源部组成,主要承担如下职责:一是制定绩效考核制度及具体操作流程;二是对年度绩效评估得分进行评议和审核。

(2)各级人力资源部作为推动绩效管理体系运行的核心部门,承担着最多的职责。总公司人力资源部是绩效管理体系的建设和实施支持机构,承担以下职责:一是制订完善公司绩效管理制度和具体操作流程;二是落实绩效管理的指导、控制和推动执行工作;三是对分公司绩效管理工作提供帮助。分公司人力资源部是绩效管理的具体实施和推动部门,承担以下职责:一是负责员工绩效考核协调、推进、指导和监督工作;二是每年年初定期举行绩效考核的培训工作;三是对绩效管理的过程与结果进行监督与控制;四是为员工建立绩效管理档案,作为薪酬分配、工资调整、职务变动、岗位调整、员工培训和荣誉评比等的主要依据。

（3）部门负责人是绩效管理工作的主要责任人,主要承担以下职责:一是分解部门目标,协助员工制定绩效考核指标,推动和执行考核的具体工作;二是负责对员工的日常绩效辅导、沟通和评估;三是负责监督落实部门制定的年度指标,帮助员工达成个人绩效目标;四是根据考核结果与员工沟通确定改进计划和下一年度的培训计划;五是针对绩效评价中出现的问题随时与人力资源部沟通,向人力资源部提出建议。为了规避分公司总经理主观影响人力资源部和计划财务部工作的风险,分公司层面人力资源部和计划财务部经理的考核权集中在总公司,除此以外其他员工均接受自己直线部门领导的考核。

（4）普通员工作为绩效考核中人数最多的一部分,主要承担以下职责:一是接受绩效管理的培训,掌握绩效管理操作流程;二是配合部门目标制定 KPI 指标,并与主管沟通达成一致;三是积极参与绩效管理的各个环节,按照有关要求对工作进行合理评价,确保个人绩效信息的真实有效。

2.3　绩效管理流程

每年年初,董事会公布当年各项经营指标,各职能部门确定当年工作目标,人力资源部启动绩效考核流程。每个月制定行动计划方案和项目进度表,每周写报告提交主管,按月汇总,便于主管掌握各项工作进度情况。年中时,部门主管与员工进行半年回顾,确认绩效目标达成情况,并根据进度进行调整,以确保全年目标的实现。年终,根据员工全年工作表现,经过与主管的民主公开沟通,得出客观的绩效分数。另外根据财务部出具经内审批准的财务指标,加以必要的考核权重调整。人力资源部根据绩效考核结果进行员工薪酬和奖金评定工作,并对全体员工绩效考核结果进行存档整理,分析得出员工发展及培训方案。

2.4　绩效管理对象及指标设定

绩效考核在考核方式上可以分为对后援部门员工(包括计划财务部、人力资源部、企业服务部、系统技术支持部等,又称后援部门)和业务部门员工(包括营销业务部、银行保险部和直复营销部,又称业务部门)。

1)后援部门员工的月度绩效考核

(1)财务指标。

①综合费用率＝全年规模保费÷实际费用

②预算费用执行率＝实际费用＋预算费用

后援部门员工考核的财务指标是综合费用率和预算费用执行率。所谓实际费用即公司运营过程中发生的所有固定开支,如人力成本、房租水电、办公费用、差旅招待费用等。由于后援部门不直接承担保费业绩压力,若想要得到较高的分数,就需要各部门齐心协力降低综合费用。此项指标不区分部门,由全体后援部门员工共同承担。

(2)核心能力指标。

根据不同部门职能的不同,核心能力指标的设置也相应不同。

①人力资源部:核心能力指标有招聘计划达成率、培训进度达成率、薪酬福利管理计划达成率和绩效管理计划达成率。这四项指标基本涵盖了人力资源部的主要工作范围。

②计划财务部:核心能力指标有费用核算质量、税务管理、费用预算、资金管理、监管信息报送质量、报表分析和经营计划指标。

③企业服务部:企业服务部的主要职能是协助分支机构开拓和内勤员工办公软环境(如装修、签约酒店、机票预订、电话线路等),包含行政总务科和新机构筹备科。主要核心能力指标有内外勤场所使用质量、市场调研信息质量、员工工作环境满意度、机构筹备进度等。

④市场及企业发展部:分为产品及市场研发科和企业传讯及发展科,主要核心能力指标为产品研发进度、产品上线进度、媒体负面报道率、品牌认知度覆盖率、公益活动计划进度等。

⑤系统技术支持部:主要负责公司系统研发和维护,主要核心能力指标为系统故障率、系统需求研发进度、用户系统使用满意度等。

⑥合规及法律部:主要负责公司内部审计、合规风险管控以及法律方面的事务。主要核心能力指标有违规项目控制、内审计划进度、监管风险事项追踪、法律咨询和诉讼案件等。

⑦营运部:营运部是介于业务部门和后援部门之间的桥梁部门,下设客户服务、运作支持、新契约、理赔、保全和呼叫中心几个职能中心。其核心能力指标有投诉率、退保率、契撤率、理赔时效、保全率、续保率、回访率等等。

(3)服务意识。

公司倡导后援服务一线。服务意识即部门间合作的考核。年终考核时部门间彼此打分,以此作为绩效调整分数。部门员工为客户、为业务服务的意识如何,服务是否认真负责,能否正确处理工作原则性与灵活性的关系,都属于考核范围。

(4)学习与成长。

这个指标的考核是不区分业务与非业务员工范围的。每年年初,员工都会根据上年绩效情况,针对有待提升的地方与主管讨论,报名参加 Z 人寿网上大学课程,或参加技术专业考试。符合公司规定的考试和学习,由公司承担费用。

2)业务部门员工的月度绩效考核

(1)财务指标:综合费用率=全年规模保费÷综合费用。

业务部门的员工主要承担规模保费的指标,其中新单保费和续期保费分别考核。年初由董事会下达业绩目标,经过三大渠道层层拆解,目标落实到分支机构。各分支机构的渠道负责人根据业务节奏,将目标细分到各月份,逐月追踪实现。

(2)核心能力指标:营销业务部、银行保险部和直复营销部根据各自业务性质不同,具体核心能力指标也不同,其指标更直接地与业务驱动指标有关。

①营销业务部:营销业务部的业绩是由营销员贡献得来,因此营销员的数量和质量直接影响到该渠道业绩能力。其核心能力指标更倾向于营销员指标,如增员人数、营销员 13 个月留存率、营销员 25 个月留存率、月脱落人数、月均活动人数、件均保费等。

②银行保险部:银行保险渠道的业绩主要是由客户经理和合作银行网点实现的,因此客户经理质量,尤其是合作网点的配合程度尤为重要。其核心能力指标倾向于银行关系维护方面,如网点数、活动网点数、活动网均产能、网点活动率等。

③直复营销部:直复营销渠道是指公司在传统营销员渠道和银行保险渠道之外的销售渠道,如电话行销部、公司团险部。目前此业务部门刚刚成立,发展尚在探索之中,核心能力指标主要有电销实收率、成交率、接触率、活动量、人均产能、团险意外健康险保费占比等。

(3)服务意识:业务部门的服务意识既有传统意义上的对外部客户服务意识,也有对内部管理部门的服务意识,但更倾向于外部客户服务方面。对内则重于沟通协调,员工能否与相关部门有效进行沟通,对协调的工作能否积极处理,使双方目标达成一致,也在服务意识考核范围内。

(4)学习与成长:此项指标和后援部门员工采取同样的考核方式。

2.5 年终绩效评分调整和分布比例规定

1)年终绩效评估分支机构

计划财务部和人力资源部的考核权重有70％在总公司,30％在分公司,实行总分垂直化管理。其他员工的考核由直接主管全权负责,主管会根据员工的全年工作表现予以打分。如出现以下情况,酌情予以扣分或加分处理:

①扣分项目:有内外部客户投诉,并经核实的,依据严重程度,扣分幅度从1—10分不等;按照过失的不同类别进行相应扣分。

②加分项目:因本职工作,受到内外部客户书面表扬,经核实确对公司声誉有正面影响的,加1—10分;加分项目需由首席主管或分公司总经理审批。

2)绩效得分分布比例

员工各个绩效目标得分根据权重经过加权计算后,再经过分数修正,得出总体绩效评分。员工的考核等级分为低于标准、符合标准、超越标准、远超标准四个等级,员工绩效考核等级分布如表7-6所示:

表7-6 员工绩效考核等级分布

总体绩效评分与定义	对应的目标实际得分	分布比例
低于标准:要改进工作以符合工作职位所需的要求	＜80分	≥5％
符合标准:表现与工作目标期望相符合,表现出工作职位的要求	80—100分	≈70％
超越标准:表现持续达到并经常超越工作目标和期望	101—110分	≤25％
远超标准:表现持续超越工作目标和期望	111—120分	

资料来源:Z人寿保险公司绩效管理制度

2.6 绩效考核结果的应用

1)绩效考核结果与年终奖挂钩

Z人寿保险公司内勤员工的年终奖与业绩无直接关系,仅与个人绩效得分有线性关系。年终奖以2个月的个人薪资作为基数,如绩效考核得分在80分以下则扣减20％;如符合标准则发放2个月的薪资;如超越标准,则根据得分在上浮20％以内的范围调增奖金;如远超标准,则根据得分情况在上浮20％—50％范围内调整奖金,以上浮50％为限。其绩效考核等级与绩效工资系数如表7-7所示。

表 7-7　绩效考核等级与绩效工资系数

项目	考核等级	绩效工资系数
1	低于标准	−20%
2	符合标准	0
3	超越标准	0%—20%
4	远超标准	20%—50%

资料来源:Z人寿保险公司绩效管理制度

2)绩效考核结果与加薪、晋升机会挂钩

员工的绩效考核结果与职位晋升、薪资调整相挂钩。考核结果为100分以上者,部门主管可以在员工薪资调整时申请上调基本工资,上调幅度以该员工职级对应的薪资范围上限为限。连续两年绩效得分在100分及以上者可以得到职级晋升的机会,如员工成功晋级,则薪资以新职级对应薪资范围的下限为起点。对于得分在80分以下的员工及管理者,在对其综合能力进行全面评估的基础上,将酌情考虑对其采取调岗、降职或免职等措施。

3)绩效考核结果与培训计划的关系

在员工年度绩效考核时,主管要与员工就能力不足和尚待提升的部分进行沟通,双方达成一致后,将培训需求提交人力资源部。人力资源部将推荐员工参加公司网络大学的课程,有针对性地提高员工素质和能力。并将此计划列入下一年度的绩效目标中。

3　员工对现行绩效管理体系的反应

2012年初,公司向全体员工发放调查问卷,共收集到有效问卷2216份(全公司在册人力2613人)。随后又对司龄大于2年的老员工、老管理层和司龄小于2年的新员工、新管理层进行了16人次的访谈(老员工5人,老管理层3人,新员工5人,新管理层3人)。通过对问卷以及访谈收集到信息的汇总及分析,了解员工对公司现行绩效管理体系的反应。

3.1　绩效管理体系不完善

从问卷结果汇总情况看,员工认为Z人寿保险公司绩效管理体系的完善程度不够,认为完善及非常完善的比例是44%,认为一般的比例是45%,认为不完善及非常不完善的比例为11%。

结合问卷补充意见和访谈情况得知,各层级员工对现行绩效管理体系的认知程度均有偏差。高层管理者认为,绩效管理体系并未实现其应发挥的功能,对公司战略的推进动力不够大;中层管理者认为,人力资源部缺少有关提升绩效管理技巧和能力的培训,且倾向于将绩效考核作为约束员工的手段,而未将注意力真正放在绩效目标如何达成上;普通员工认为,由于不能真正参与目标设置、考核流程不紧凑、主管打分时常常凭主观印象,绩效考核就是走个形式,只要年度绩效考核结果不会影响绩效奖金的发放,就不会认真思考绩效目标和日常工作的关系,更不用说个人绩效与公司战略目标的关系了。人力资源部作为绩效管理工作的主导者,也反映公司当前的运营机制仍是侧重考核环节,并未实现绩效管理的战略意义。

3.2　绩效管理的指标设置欠科学

从问卷调查结果看,认为指标设计合理及非常合理的员工占比 28％,认为一般的员工占比 34％,认为不合理及非常不合理的员工占比 37％,这组数据显示了员工对公司绩效考核指标的设置并不满意,具体意见如下:

首先,公司层面战略目标到个人目标的分解过程员工无法参与,每年都是由上而下直接布置指标,员工被动接受。因此,绩效指标设置过程无法调动员工工作积极性。

其次,经营性指标只考核业务部门,不考核后援部门,导致公司出现后援部门不关心业绩的情况,反正都是大锅饭,业绩好坏与收入无关。同时业务部门的员工也表示此指标设置有失公平,导致两大职能部门间不愿配合,出现问题彼此推托。

最后,虽然财务、核心能力、内部服务和学习培训四大指标在公司运营中发挥的功能各不相同,但最终计算指标得分时只是做简单的相加处理,既失去了彼此单独的专向调节功能,又使得员工只关注总分,忽略发展的薄弱环节或重点工作。

3.3　绩效考核依据的来源不充分

关于绩效考核依据来源的调查显示,认为现行绩效考核的信息来源客观及非常客观的员工占比 71％,有 29％ 的员工认为绩效考核得分不够公平。在访谈中,有员工提到考核得分不公平的主要原因在于考核权集中在主管手里。主管对员工考核出现不公平有两种可能,一种是主管个人管理素质和能力较弱,存在主观臆断、随意敷衍或有个人报复行为等情况,另一种是由岗位设置(比如兼职兼岗情况下由谁来打分)和岗位变动(如绩效考核周期中变更主管)导致。就调查问卷和访谈的反馈意见来看,第一种情况是导致员工认为绩效考核得分不客观的主要因素。由于管理者个人领导能力、沟通能力、判断能力等的不同，很难做到绩效评估的公平、客观。部分员工表示，希望在年终绩效回顾环节，引入360度评估或部门间直接评分制度，由更多人参与对一个员工的考核，有助于提升绩效考核结果的客观性。

3.4 绩效考核结果应用的局限性

员工对公司绩效考核结果的应用调查结果表明非常满意的比例为11%，满意的比例是20%，一般的占59%，不满意及以下的占10%。一半以上员工认为这项工作仅仅和薪资调整、岗位晋升有关，其他方面没有感觉到明显的受益。

关于物质激励方面，在访谈和调查问卷反馈中，有部分管理层员工反映，现行的年终奖奖励方案仅与员工个人月薪和绩效得分有关，建议细化绩效考核结果对年终奖的激励政策，使其与业绩达成挂钩，激励方向更加有针对性，从而更好地推动公司的战略目标实现。

关于精神激励方面，访谈中有位管理者提出，符合一定条件的员工应予以颁发荣誉奖励。单单物质激励不能完全满足员工对考核结果运用的期望，只有兼顾物质和精神两方面的需求，才能充分发挥激励在管理工作中的功效。

3.5 绩效管理的实施流程不完善

结合问卷调查和访谈的结果，不论新员工还是老员工，对绩效管理实施过程持一般及不满意态度的占比达56%，仅有9%表示非常满意。

首先，在绩效目标制定环节上，员工不能共同参与绩效目标和考核标准的设定，因此对公司战略只存在模糊的认识，并不认可个人绩效目标对公司目标的支持作用。

其次，在绩效实施环节上，回顾和反馈的节奏不够紧凑。绩效考核工作自年初启动，员工被动接受上级安排的绩效任务，每月只有周报告月总结制度，项目进度表作为辅助工具。平时没有真正意义上的评估和反馈，仅在半年度时与主管进行一次回顾，也是以调整跟踪绩效目标达成为主。定期回顾制度的缺失造成了回顾和反馈不够紧凑的现象。

再次，在绩效考核环节上，主管打分时往往以员工最近的表现为依据，得出全年的绩效分数，而忽略了员工上半年的优秀表现或不良表现，从而导致员工的不满，认为绩效考核无非是年底一次走走形式的人事工作。另外，对于支公司较为普遍的兼岗员工，往往受分公司和支公司多部门管理，其直接主管未必能全面掌握员工工作表现。由于工作未能受到全面评估，由此得出的绩效分数也有失偏颇。

最后，在绩效考核反馈与沟通环节上，由于定期回顾的间隙较长，忙于日常工作的各级员工极少会对绩效管理工作予以足够关注,日常辅导和沟通很少。在年终绩效打分后,只要结果对员工没有带来太大的负面影响,考核反馈和沟通环节基本是走走流程,更谈不上研究绩效目标的达成方法,提高绩效了。

3.6 绩效管理体系实施保障措施不足

在调研绩效考核的实施保障情况时,有56%的员工认为保障措施达到满意,认为有待提升保障措施的员工占44%。通过收集实地访谈和问卷意见填写信息,员工认为绩效管理体系的实施保障措施有以下几点需要提升:

首先,需要开发电子系统。绩效管理工作依靠以前的书面和邮件沟通是不够的,建议研发绩效管理系统,将所有信息记录为电子数据。这样既便于主管回顾查询员工表现,而非仅靠年终印象打分,又有利于避免员工在工作内容发生调整或部门主管变更时带来的前后信息断层。

其次,组织上需要加强专业培训。目前绩效管理工作最需要的是专业培训,使员工真正理解绩效管理的内涵,尤其对管理层要加强日常绩效管理所需要的技巧和能力的培训。做到从上而下,首先从理念上认可绩效管理工作,才能逐级推进落实具体工作,保障绩效管理体系的健康运作。另外,制度上需要增设申诉制度。调查问卷的反馈中显示,绩效实施应增设申诉制度,以便员工在对绩效评分不认可时有向上反映的通道。这种做法可以减少绩效得分的不公平带来的负面影响。

3.7 各级管理者的绩效管理职责不清晰

调查问卷中显示,有一半以上的员工对管理者的绩效工作管理能力不甚满意,态度在一般及以下的员工比例高达71%,仅有29%的员工认为主管在绩效工作中对他们给与了及时、正确的引导和帮助,在绩效考核中能够开诚布公地进行沟通,并给他们打出相对公平的分数。大部分员工认为管理者的绩效管理能力较弱,无法给与有关的辅导和指引。绝大部分意见集中在主管与员工的沟通较少,很少主动互动、反馈、调整绩效目标,直到年终才发现诸多不合理。在绩效结果反馈阶段,管理者只是单纯地将绩效考评结果反馈给员工,而员工只要年度考核结果不低于标准,也都不会对考核结果提出任何异议,更谈不上双方就工作不足进行认真分析,以提高下一阶段的工作绩效了。

❖ 案例思考

1.你如何看待Z人寿保险公司绩效考核中出现的问题?

2.你如何看待绩效考核与绩效管理?

3.你认为Z人寿保险公司应该建立怎样的绩效评估体系?

第八章 薪酬管理

✧ 本章基本概念

1. 薪酬管理（Compensation Management） 薪酬管理是在组织发展战略的指导下，对员工薪酬支付原则、薪酬策略、薪酬水平、薪酬结构、薪酬构成确定、分配和调整的动态管理过程。

2. 薪酬（Compensation） 薪酬是组织对员工工作的可见的回报的总和。整体薪酬方案包括直接工资和间接工资或福利。

3. 内在薪酬（Intrinsic Compensation） 内在薪酬是雇员因完成工作而形成的心理思维形式，对个人而言是内在的，通常是因为参与特定的任务和活动产生的，例如，工作满意度、成就感等。

4. 激励工资（Incentive Wages） 激励工资，也称浮动工资，指根据雇员是否达到某种事先建立的标准、个人或团队目标、公司收入标准而浮动的报酬（和基本工资不同）。

5. 组织激励计划（Group Incentive plan） 组织激励计划是指在公司绩效超过最低绩效标准（如利润或根据股票价格计算的公司价值）时，给所有员工发放奖金。

6. 薪酬体系规划工作（the Salary System Planning） 薪酬体系规划工作是在不确定条件下进行的一项非常复杂的活动，它必须通过系统的方法，鉴别和分析企业内外部的多种因素，并使各因素与企业薪酬体系规划的总体目标相结合，才能保证规划的科学有效。

7. 福利管理（Benefits Administration） 福利管理包括对一揽子福利计划各组成部分的开发与完善，以及对不同的计划做出统一系统的管理。福利管理的主要行为主要包括员工注册、与员工沟通、处理员工贡献和项目状况的变化，以及与福利承销商的交往。

8. 薪酬战略（Compensation Strategy） 薪酬战略是通过对工资体系的精心安排，使其作为整体机制的一个必要组成部分，在内部和外部的约束下，引导各个部门和个人实现组织的目标。

【案例 8.1】

"同心锁":A 市农村信用合作联社中层干部的可变薪酬机制

> > > >   >

摘要:本案例以 A 市农村信用合作联社为例,介绍其中层干部的可变薪酬机制。根据前面的分析结果,从可变薪酬计划的准备、实施、评估与反馈四个环节为其他企业中层干部的可变薪酬机制提供一些建议。

关键词:中层干部 可变薪酬 农信社

0 企业概况

A 市农村信用合作联社是在原成立于 1951 年的 A 市信用联社及所辖农村信用社的基础上,由辖内农民、个体工商户、企业法人和其他经济组织入股组成的股份合作制地方金融机构。其主要经营业务是信贷业务,主要包括农户小额贷款等;储蓄业务,主要包括活期存款和定期存款等;结算业务,主要包括个人结算账户、单位结算账户、通存通兑、关联账户结息;以及信用卡业务。

至 2006 年末,各项存款余额达 21.36 亿元,各项贷款余额达 15.98 亿元,存、贷款总量继续位居全市金融机构之首。先后获得了全国农信系统支农先进集体、省农信系统支农支小十佳先进单位、省农信系统十强信用联社、省农信联社信息宣传先进集体、A 市金融贡献一等奖等荣誉。2012 年,A 市农村信用合作联社对全市 16 个乡镇街道全部完成了信用社的升格,为当地老百姓提供更为方便、快捷、优质的金融产品和服务,正式开创了政府满意、三农发展和联社做强做大的多赢局面。

1 中层干部可变薪酬体系

1.1 中层干部组成及职责

本文中农信社的中层干部主要包括市联社各网点的信用社主任、副主任、主任助理。农信社中层干部的主要职责包括以下几点：

（1）制定决策。包括三个方面：一是战略决策，对经营发展的未来目标方向做出正确选择。二是战术决策，指为实现中长期发展目标对应采取对策和措施做出的正确选择。三是业务决策，指为实现农信社年度经营目标，制定正确的工作计划，正确选择适合的对策和措施。

（2）组织与协调。中层干部的关键任务是合理安排信用社的各项业务，并且对开展业务活动所需要资源进行合理配置。协调是指经常对各业务岗位之间的关系和农信社内部人际关系进行调节，保持农信社的和谐。

（3）指导与控制。深入基层，对下属员工的工作进行指导，帮助他们正确领会高层决策者的意图，并且根据实际情况，使农信社的经营状况达到预期的目标。

（4）检查与监督。一是检查业务经营活动的进度。二是检查业务活动效果。三是检查制度执行情况，分析是否存在违反制度的现象。

（5）培养下属。一是增强下属对领导的信任感。二是充分调动下属人员的工作积极性。三是为信用社发展造就可靠的后备力量。

1.2 中层干部薪酬管理办法

农信社中层干部实行年薪制，由基本年薪和绩效年薪组成。绩效年薪按信用社等级设定。农信社依据上年度业务经营状况，以存款总量、人均存款量、存款增长率、新增存款占比、贷款总量、不良率控制比例、百元贷款收息率7项内容划分为5个等级。农信社中层干部实行年薪保底，考核后的年薪低于设置年薪的70％时，按设置年薪的70％兑现。

1）农信社等级评定

农信社等级评定指标权重设置为：存款总量25％、人均存款量20％、存款增长率5％、新增存款占比5％、贷款总量25％、不良率控制比例10％、百元贷款收息率10％。

农信社等级评定通过计算，并对照标准区间，确定各农信社每项评定指标的等级，按等级区间确定实际等级。计算公式如下：

实际等级＝∑（指标等级值×该指标权重）

指标等级值：一级等级值为1，二级等级值为2，三级等级值为3，四级等级值为4,五级等级值为5。

2)年薪考核

农信社中层干部的年薪根据当年度综合考核得分兑现。考核实行百分制,主要包括经营目标定量考核(40%)、阶段性目标考核(30%)、管理职能定性考核(15%)、考核测评(15%)。

(1)经营目标定量考核(100分)。

经营目标定量考核实行百分制,考核得分按40%计入总分。经营目标定量考核指标由市联社信贷管理部设定。

(2)阶段性目标考核(100分)。

阶段性目标考核分四个季度,每个季度目标完成情况实行百分制按权重计分,其中一季度占25%、二季度占25%、三季度占20%、四季度占30%。

阶段性目标考核得分=∑(各季度考核得分×每季权重)

(3)管理职能定性考核(100分)。

管理职能定性考核实际成绩以市联社本级各部年度分线考核得分为依据,具体分为:信贷管理工作15分,业务发展工作10分,财务会计工作10分,风险管理工作15分,综合信息工作10分,审计管理工作10分,计算机管理工作10分,安全保卫工作10分,人事管理工作10分。

(4)考核测评(100分)。

分三个层面进行考核测评:一是员工考核测评(40%);二是部门经理考核测评(30);三是市联社领导班子考核测评(30%)。

1.3 员工持股计划

农信社实行员工持股计划,员工以1元每股的价格购买单位股份,根据农信社经营业绩等情况,在每季度末的时候给予员工回报。有两种回报方式:第一种是,发放分红;第二种是,发放一部分分红,然后剩余的另一部分分红以员工的名义继续购买股份,也就是进行扩股。

2 A市农信社中层干部可变薪酬体系现状分析

2.1 可变薪酬体系指标

A市农信社中层干部可变薪酬的指标主要是存款总量、人均存款量、存款增长率、新增存款占比、贷款总量、不良率控制比例、百元贷款收息率这7个指标。根据这7个指标的实现情况设定中层干部的绩效年薪也就是可变薪酬的水平。然后根据经营目标、阶段性目标、管理职能和考评这几方面来考核。

针对指标设计的合不合理这个问题,作者对 10 位信用社在职的中层干部进行了访问,结果如图 8-1 所示。

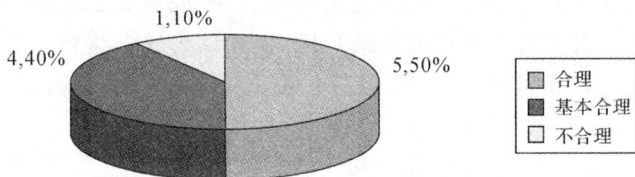

1,10%

4,40%   5,50%

合理
基本合理
不合理

图 8-1　指标设置是否合理

如图 8-1 所示,这 10 位中层干部中有 5 人认为目前的这些指标设置是合理的,他们认为,信用社的主要经营业务就是贷款和储蓄这两部分,这些指标能够体现信用社的经营特色。而有 4 位中层干部认为这些指标基本合理,但仍有改进的余地。只有 1 位是认为这样的指标设置并不合理,他认为,这样的指标过分侧重于业务,这样的话他们这些中层干部就同普通的客户经理和信贷员没有什么区别了,不能体现他们中层干部的职位特点。

在此问题基础上又对应该增加哪些指标进行了追问,让他们在员工满意度、客户满意度、解决问题的难度、工作的复杂程度、综合知识和其他几个选项里选择。结果如图 8-2 所示。

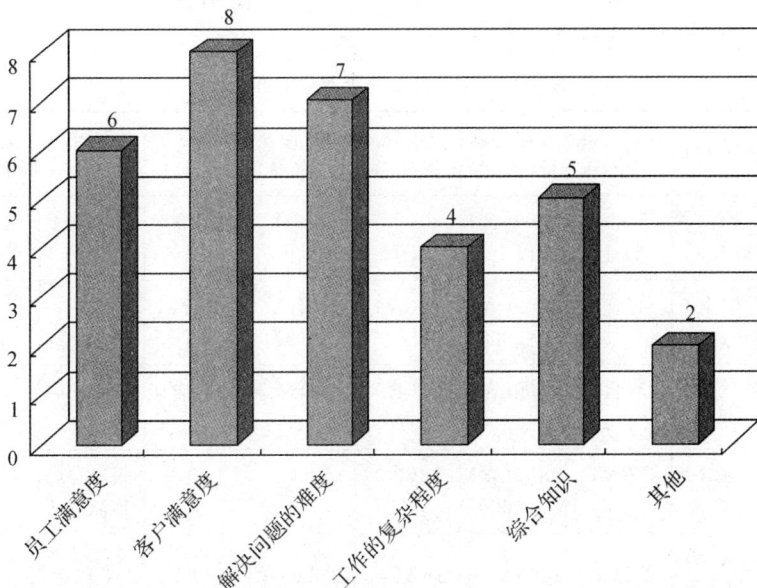

图 8-2　可以增加的指标

如图 8-2 所示,得票最高的是客户满意度,他们认为信用社是也是与服务相关的,客户是否满意应该成为衡量中层干部管理职能的一项重要指标。其他的按票数从高到底排列分别是解决问题的难度、员工满意度、综合知识、工作的复杂程度和其他。其中对于工作的复杂程度,他们认为这项指标虽然可以在一定程度上反映出他们所付出的努力,但是这项指标又比较难以衡量,可行性受到影响。

2.2 可变薪酬体系采用的类型

A 市农信社中层干部的薪酬制度中关于可变薪酬的主要是两方面,一个是利润分享计划,还有一个是目标分享计划。

关于利润分享计划,A 市农信社采用的是员工持股计划。该项计划是从农信社改制之后开始实施的。员工持股计划使得员工的薪酬和企业的业绩挂钩,A 市农信社给予员工回报方式有两种:在效益好的时候员工就会领到全部的现金,这部分现金的数额还会随着股票价值一起波动;而效益不好的时候,员工只能领到部分现金,其余的以扩股的方式来实现。而员工都希望获得更多的现金,因此员工也会更努力为农信社创造效益。

关于目标分享计划,A 市农信社基于存款总量、人均存款量、存款增长率、新增存款占比、贷款总量、不良率控制比例、百元贷款收息率 7 项指标设立目标,并根据指标完成情况为信用社分级,而信用社的分级直接影响到中层干部的年薪总额。具体指标如表 8-1 所示。

表 8-1　2012 年农信社等级评价指标

等级	等级区间	存款总量（亿元）	人均存款量（万元）	存款增长率（%）	新增存款占比（%）	贷款总量（亿元）	不良率控制比例（%）	百元贷款收息率（%）
一级	1(含)—1.5	5(含)以上	2000(含)以上	30(含)以上	9(含)以上	2.5(含)以上	0.6(含)以下	9(含)以上
二级	1.5(含)—2.5	4(含)—5	1800(含)—2000	26(含)—30	7(含)—9	2(含)—2.5	1—0.6(含)	8.6(含)—9
三级	2.5(含)—3.5	3(含)—4	1600(含)—1800	22(含)—26	5(含)—7	1.5(含)—2	1.4—1(含)	8.2(含)—8.6
四级	3.5(含)—4.5	2(含)—3	1400(含)—1600	18(含)—22	3(含)—5	1(含)—1.5	1.8—1.4(含)	7.8(含)—8.2
五级	4.5(含)以上	2 以下	1400 以下	18 以下	3 以下	1 以下	1.8 以上	7.8 以下

除了这部分目标外还设立经营目标、阶段性目标和管理职能目标,并且有具体的考核措施。农信社按照计划的执行情况给中层干部支付相对应水平的薪酬,有利于中层干部了解农信社的经营战略和发展目标,然后通过他们向下属员工传递,从而使农信社的战略目标得以贯彻于整个农信社内部。

除了这两部分外,农信社中层干部还实行年薪保底,这为中层干部的生活提供了保障,确保了可变薪酬的激励效果不会因为生存需要受到影响而大打折扣。

2.3　A市农信社中层干部可变薪酬体系特色分析

1)可变薪酬计划具有连续性

信用社等级的确定都是根据上一年度的经营状况来评定的,这样的设计主要是考虑了可变薪酬计划的连续性,表明了可变薪酬计划不是朝令夕改的制度,而是中层干部薪酬的重要组成部分。这样可以稳定中层干部的心理,也能够让他们清楚知道单位的经营目标,便于制定工作计划,以实现目标。而阶段性目标所占比例并不是平均分配的,一季度占25%、二季度占25%、三季度占20%、四季度占30%,这也是根据实际情况,考虑到每个季度的历史记录设计的。以上所示,可变薪酬计划的计算是考虑了农信社实际经营状况的。

2)短期激励与长期激励相结合

A市农信社主要采取的是利润分享计划与目标分享计划相结合的可变薪酬计划。目标分享计划主要是短期的激励作用,促使中层干部能够完成农信社设立的该阶段的目标,保持中层干部的工作积极性,在一定程度上能够减少职业倦怠感。而员工持股计划则是立足于长远的经营战略,中层干部因此更能够为农信社的长远利益考虑,目光会变得更长远。

3　存在的问题

可变薪酬计划在我国企业中还不是普遍实施的,因此可借鉴的经验不多,难免会存在诸多问题。A市农信社的可变薪酬计划也存在着一些问题。

3.1　可变薪酬计划设计过程缺乏中层干部的参与

A市农信社的可变薪酬计划是由联社相关部门设计,而该计划的实施对象农信社的中层干部却并没有机会参与到有关计划的任何一个环节当中去,因此计划实施之后有些中层干部对计划存在一些不解之处,也有少数会有抵触情绪。而且参与的过程是推动改进的动力。因此,在对中层干部提供一定的授权的情况下,可变薪酬最可能达到预期的效果。

3.2　可变薪酬体系考评指标不全面

改制以来,农信社逐渐从简单的档案薪酬制度转变为将农信社的整体经营状况与职工的薪酬水平相结合的薪酬制度。这种薪酬制度更加能够调动员工工作的积极性,促进农信社经营业绩持续快速健康地发展起来。但是与商业银行现有的薪酬制度相比,在指标的设定上还存在着缺陷和不足。农信社的可变薪酬体系依据的指标多数局限于经营效益,而对于中层干部来说,他们能创造的不仅仅是经济上的效益,对于他们来说,除了业务技能外,他们更多的是使用管理职能。这样的薪酬体系会导致中层干部过度侧重经营效益而忽视经营质量,这对于单位的长期发展是不利的。

3.3　指标的实际核对确定存在着一些问题

可变薪酬体系是将企业的业绩与员工的薪酬挂钩,农信社将实际收益转换为存款总量、人均存款量、存款增长率、新增存款占比、贷款总量、不良率控制比例、百元贷款收息率 7 项指标的数据,因此对这些指标的实际数值核对就变得十分重要。但是现在有一些网点因结构调整等问题对这些指标的核实产生了一定的影响,导致农信社评级结果在各年度之间出现了较大的起伏,中层干部获得的薪酬与其付出的劳动不一定相符,从而对中层干部的工作积极性产生一定的影响。

4　建议

根据 A 市农信社的实际情况,结合以上发现的问题,本案例在此给出一些建议参考。

4.1　增加中层干部的参与

在可变薪酬计划设计好之后,可以邀请一部分中层干部为代表一起进行商讨。首先向中层干部解释可变薪酬计划的一些细节,使他们了解此计划的目的,同时也起到了宣传的作用。而且中层干部处于农信社的管理层,他们可以将参与之后了解到的企业的战略和目标传达给下面的员工,使得信息从上至下得以传递,减少了员工对于可变薪酬目标和机制的理解困难。还有关键的一点,中层干部参与计划的某一环节之后,将会增加与农信社之间的信任感,为可变薪酬计划实施做好充分的准备。

4.2　建立基于 BSC 的可变薪酬模式

BSC 具有四个层面:财务、客户、内部流程和学习与成长。这四个层面之间具有关联性,使得企业战略得以传递和落实。这与可变薪酬的理念是一样的,两者都使企业战略在企业内部得以贯穿,而且 BSC 也满足了对中层干部的业务技能、人际技能和管理技能的考核全面性的要求,因此可以将 BSC 与中层干部的可变薪酬体系结合起来。

首先,在财务指标方面,可以沿用原来的存款总额、人均存款量、存款增长率、新增存款占比、贷款总量和百元贷款收息率。

其次,在客户方面,则体现在客户的满意度上,具体可从投诉率等方面来考察。

再次,在内部流程方面,可以设立出勤率、工作完成的时间和质量、成本费用、不良贷款率控制比例等指标。

最后,在学习与创新方面,农信社则可以从中层干部的综合知识的测评、新产品的创收等方面考评。

4.3　建立反馈机制,不断完善可变薪酬体系

在未来的可变薪酬体系完善过程中,农信社要逐步建立起反馈机制。中层干部通过自己的专业知识和在农信社长期工作经验的积累,对很多情况都会有一些自己的见解,其中也不乏很多有价值的建议,因此需要注重和中层干部的有效沟通。通过有效的反馈机制,中层干部会更了解该体系,对于为什么会产生这样的结果也就会不断地了解,这样会进一步加强他们对于该体系和企业的信任感。对于他们反馈上来的意见,需要有专门的人员或者是小组进行整理和研究,然后回复提出意见的中层干部。将有价值的意见交予可变薪酬计划设计小组,在下一轮修订中认真考虑,不断完善可变薪酬体系。

5　启示

在上面对 A 市农信社中层干部的可变薪酬制度分析的基础上,对于其他企业对中层干部实行可变薪酬体系有以下一些启示。

5.1　计划阶段

1)结合中层干部工作特点科学合理地制定指标

中层干部具有拥有知识资本、劳动过程难以监控和追求自我价值的实现等特点,而中层干部的工作内容往往是要求管理职能与业务技能相结合的。

如图 8-3 所示,中层管理人员相对于底层管理人员增加了概念技能的比例,但减少了技术技能的比例;相对于高层管理人员增加了技术性技能的比例,但减少了概念性技能的比例。而且由图可见中层管理人员应同时注重概念性技能、人际关系技能和技术性技能。

图 8-3 管理技能模型

因此,企业在选择可变薪酬体系考核指标的时候,要充分结合中层干部自身与工作内容的特点。在进行选择时,企业应认真讨论以下几个问题:

(1)哪些指标是所涉及变量的最有效、最精确的指示器。

(2)哪些指标最能与企业的经营目标协调一致。

(3)哪些指标最不容易受外界影响的扭曲。

(4)哪些指标受最多参与雇员的影响。

(5)哪些指标最容易被人们理解且与他们在工作中的行动有关。

2)短期激励机制与长期激励机制相结合

中层干部注重自我价值的实现,而且他们的流动性相对于基层员工而言更小,因此不能够仅仅对他们实行短期激励机制,要注重短期激励机制与长期激励机制相结合。

可变薪酬体系中股票期权属于长期激励,而且在已实施过的企业中成功的比例比较大,十分值得借鉴。而且长期激励会使中层干部对企业更忠诚,减少人员流动,无形中也为企业减少了人工成本。两者相结合,充分利用了两者的优点,也使两者产生互补作用,既能调动中层干部的积极性,也能够促使他们用长远的发展眼光看待工作。

5.2 实施阶段

在可变薪酬计划实施的过程中要具体情况具体分析,体现企业管理的人性化。现代企业在经营过程中受到外部环境和内部环境等多方面的影响,难免会遇到某些突如其来的变化,就如俗话所说"计划赶不上变化"。企业原先所设的目标以现在所处的情况来看已经是不切实际、难以实现的了。因此,当有某些计划之外的情况发生时,企业就需要根据具体的情况对可变薪酬计划的某些部分做出相应的调整,以免影响中层干部的工作积极性,同时也体现了企业管理的人性化。

5.3 评估阶段

企业在实施了可变薪酬计划之后,需要不断地对可变薪酬计划进行完善,因此建立可变薪酬计划评价体系就显得尤为重要。可变薪酬计划评价体系需要从准备的充分性、设计的合理性、实施的有效性、反馈的有效性、绩效以及效果这六大指标入手。范围涉及可变薪酬计划的整个过程，并且需要兼顾对企业和雇员双方产生的影响。企业也可以成立可变薪酬指导委员会，指导委员会的成员由原来的设计小组成员和其他新成员组成，设计小组的成员是对企业的可变薪酬计划最熟悉的人，而新成员则可以避免当局者迷的情况发生。

5.4　反馈阶段

想要企业的可变薪酬机制越来越完善，不能忽视反馈这一阶段。评估之后若不反馈，那么评估也几乎是在做无用功。因此在对可变薪酬计划评价之后，需要根据评估结果以及收集的意见进行反馈，对可变薪酬计划做出修改。在反馈阶段，企业仍可以将该工作交给可变薪酬指导委员会。当需要对可变薪酬计划进行修订时，指导委员会可以确定待选的各个方案，对备选方案进行评估并达成共识，然后邀请其他的计划参与者如给出建议的中层干部，交流计划的各项修订，方案通过之后予以实施。

◆ **案例思考**

1. 如何加强对中层管理人员的薪酬激励？
2. 薪酬制度的设计流程是什么？
3. 可变薪酬制度实施的条件有哪些？

Google 公司薪酬与福利的温情管理

≫ ≫ ≫　　≫

摘要: Google 作为全球驰名的搜索引擎技术开发商和高效的广告宣传媒介机构,由于其为员工提供的薪酬和福利能够让员工贡献才智,确保 Google 提高了组织的整体竞争力,从而使 Google 在激烈的竞争中脱颖而出。

关键词: Google 公司　薪酬　福利

0　公司简介

Google 是全球驰名的搜索引擎技术开发商和高效的广告宣传媒介。从 1998 年创立以来,富于创新的搜索技术和典雅的用户界面设计使 Google 从当今的第一代搜索引擎中脱颖而出。作为世界著名的搜索引擎,Google 将自身建立在网页级别(PageRankTM)技术之上,这项获得专利的技术可确保 Google 始终将最重要的搜索结果首先呈现给用户。

Google 的使命是整合全球信息,使其为每个人所用,让所有人受益。Google 是目前被公认的全球规模最大的搜索引擎,它提供简单易用的免费服务,用户可以在瞬间得到相关的搜索结果。Google 还依托着强大的媒体传播联盟,与美国在线及 Netscape(美国 Internet 浏览器开发商)等公司合作,可搜索包括 html、pdf、ps 等 13 种文件格式;拥有 100 多种语言界面和 35 种语言搜索结果。在访问 Google 主页时,客户可以使用多种语言查找信息、查看新闻标题、搜索超过 10 亿幅的图片,并能够细读全球最大的 Usenet 消息存档,其中提供的帖子超过 10 亿个,时间可以追溯到 1981 年。Google 全球平均每月用户量达 8700

万,其中 50％基于 Google.com 的交易发生在美国之外的其他国家。

Google 虽年轻,却已傲视群雄,成为搜索引擎领域当之无愧的执牛耳者。Google 能够在短时间内取得这么卓越的成就,是因为 Google 为员工提供的薪酬和福利能够让员工贡献才智,确保 Google 提高了组织的整体竞争力,从而使 Google 在激烈的竞争中脱颖而出。

1 崇尚开放和自由的工作环境

Google 惊人的发展速度与其优越的工作环境是分不开的。Google 以人性化、崇尚开放和自由、充满创意和灵感的工作环境闻名业内。

Google 总公司位于加州山景市,整体设计如大学校园。Google 公司还是环保主义的倡导者,使用太阳能电池、可回收的地毯,鼓励员工骑自行车上班,也可以搭公司的电动车,而这些只是 Google 环保行动的一部分,此外,Google 还在山景城的总部安装了一种特制的、对环境无害的空气过滤系统,可以清除空气中的有毒物质和杂质。在办公室里通宵编程的 Google 员工至少不用担心呼吸不到新鲜的空气了。

公司前台布置有一排日光灯和全世界最先进的投影,还包括 24 小时监控背投,可以自动识别来访者。除了这些先进设备之外,公司主楼内还装饰有老式电话亭,并按照维多利亚大西洋舰队中的风格建造了楼梯。

Google 位于硅谷的总部楼群面积 9 万平方米。近几年来随着 Google 公司的飞速发展,这些名为“Googleplex”的楼群在硅谷高科技企业圈内也声名鹊起:无论员工喜欢打排球,还是想去咖啡厅休息,或是进行身体按摩,员工的要求都可以在办公大厦里得到满足。公司总部大楼对员工来说是个充满刺激与和谐的工作环境,以至于 Google 一位资深员工曾向上司表示:即使不付工资,也愿意每天来上班。Google 优越的工作环境对员工的吸引力可见一斑。

Google 总部拥有按照常春藤大学校园规模建造的体育运动场地,包括排球场、户外食品区和游泳池。公司不要求员工穿正装,人性化的管理使员工可以穿便装上班。

Google 办公大楼设有健身房,提供各式训练器材和跳操室,甚至还有专业按摩房,这是公司为缓解员工长时间端坐电脑前的紧张而特意设置的。此外,各类办公室里都配备彩色小球,公司还为年轻员工和员工的孩子准备了娱乐设施。

办公室的氛围对互联网公司来说是非常重要的,相比严肃和沉闷来说,Google 更愿意让办公室氛围轻松,让年轻人更多地展现自己的活力。让其他公司员工羡慕的是 Google 的办公室兼具娱乐性和创造性。在 Google 的办公室中有跳舞毯、桌球以及桌式足球等娱乐项目,员工们可以摆放各种玩具,工作累了就去玩一会儿。此外,公司给每个员工都安排了颈椎按摩师,员工不但可以自己享受按摩,还可以带一个朋友享受按摩。

作为全世界员工的最高礼遇,Google 公司的员工甚至可以带着宠物来上班,只要保证宠物的安静、卫生即可。

Google 位于纽约曼哈顿的全新办公室的功能和设计类似山景市的总部。包括能让任何高中男生垂涎的设备完善的游戏室、桌面足球台、桌面曲棍球、乒乓球和撞球桌,供员工放松心情和激发创意。

Google 在进入法国巴黎之后也被当地的浪漫气息所感染,将办公室设置在古典与现代元素交相辉映的歌剧院大道。不过,虽然欧洲建筑及装修风格与美国差别很大,但内部设施依然尽可能地保留了亮丽的色彩。

Google 崇尚开放和自由的办公环境与其无处不在的创新灵感一起,成为公司文化的一部分。Google 管理层时时处处以员工为中心,让他们在工作之外不需为别的事情操心,希望员工在最满意、最开放自由的环境中工作,从而尽可能地发挥员工的创造力。另一方面,Google 希望让员工有一种归属感,让员工为自己的公司而骄傲,在这样的环境中工作,效率无疑会高很多。

2 Google 的员工薪酬

Google 令人称羡的工作环境和优厚的员工福利一直是 Google 吸引众多优秀人才加盟的重要因素。不过,Google 的员工年薪也是非常重要的吸引人才的因素。且不说业界盛传的"Google 员工上班 1 年购豪宅,4 年成千万富翁"[1]的说法,单看 2008 年 4 月有人在互联网上披露的 Google 员工薪酬的信息,我们对 Google 的员工薪酬可以形成一种大致的观点:凤凰城的 Google 程序员 174000 美元/年,加利福尼亚州的 Google 程序员 197000 美元/年,芝加哥的 Google 程序员:222000 美元/年,纽约的 Google 程序员 242000 美元/年。[2]

年薪只是 Google 员工收入的一部分,Google 员工持有的公司股票对员工来说是更有吸引力的一部分收入。2008 年 2 月中旬,Google 向美国证券交易委员会(SEC)提交的年度 10-K 文件显示,截至 2007 年底,Google 公司员工总数已由 2006 年底的 1 万人增至 1.68 万人,其中三分之一为研发人员,所有员工均

---

[1] finance. 163. com/06/0222/13/2AIN2DLL00251LEA. html.

[2] http://www. digglife. cn/articles/google-salary. html.

持有 Google 股票。① 全员持股实际上是 Google 两位创始人布林和佩奇一直坚持的管理理念。早在 1999 年，Google 已经引入了全员持股的做法，即每一位为公司服务的员工，哪怕级别再低，都能获得一定的股票期权。这种做法吸引了一大批有能力而且忠实于 Google 的员工。像硅谷里的许多公司一样，Google 授予员工多少股票期权，取决于员工什么时候开始为公司服务、谈判的技能、薪酬水平以及在公司内部担任的职务等标准。Google 自从 2004 年 8 月 19 日上市以来，越来越多的投资者看好 Google 公司未来发展的前景，他们坚信投资 Google 公司将会为他们带来超额的利润收入，所以 Google 公司的股票价格一路走高。根据财经分析师的预测，Google 股票还会升值，Google 将成为全球互联网的重中之重。可以看出，人们对 Google 股票充满希望，所以，Google 的全员持股会吸引和留住越来越多的优秀人才。

Google 员工的薪水是根据员工的等级而定的，如果员工想获得更高的薪水，就得非常努力地工作，从而使自己能够被提升到更高的等级。Google 员工持有的公司股份同样也是根据员工的等级而决定股票数量的。

事实上，Google 的全员持股政策对吸引优秀技术人才起到了举足轻重的作用，很多人来 Google 工作，就是冲着 Google 富有创造性的工作环境和带来无限希望的股票而来的。

为了激励员工努力工作，Google 设计了公平、合理、诱人的奖金发放机制。Google 员工的奖金是根据项目的重要程度而不是根据工作量发放的。即使一位员工负责一个非常小并且在其他人看来是超乎目前应用水平，或者毫无实际应用价值的软件产品，但是只要员工能够证明自己的想法是正确的，而反对者是错误的，那么这位员工就可能获得价值不菲的奖金。

Google 实行的另外一种奖励机制也非常有趣。每个季度末，Google 会向所有员工公示每一个项目，并贴上每个项目负责人的姓名、照片。Google 这样做的原因很简单：在 Google 这个引领互联网发展方向的豪门里，每个项目的成败都关系着公司的命运，所以任何一位关系公司未来命运的员工都应该受到所有员工的尊重。那些被树为榜样的员工深知背后有无数的眼睛在盯着自己，因此怎能不殚精竭虑，鞠躬尽瘁，努力工作。

Google 的员工奖励机制的优势在于：员工的能力有高有低，对公司的贡献各不相同，采用这种奖励机制能激发员工的积极性；Google 作为创意型公司，创意是它的发展源泉，这套机制有利于激励员工开发新项目，提出新的创意。

---

① http://www.techweb.com.cn.

另外,Google 的薪酬政策关注特殊员工群体的利益。据英国媒体报道,Google 公司宣布从 2010 年 7 月起,公司的 700 人左右同性恋员工的工资将高于异性恋员工。因为同性恋"家庭"无法享受正常家庭所得税减免优惠,而且每年必须支付同居者健康保险费用。公司多支付的工资将用来补偿他们高于异性恋的税收。同性恋员工每人将获得每年 650 美元的额外工资。①

3 Google 的员工福利

Google 能够坐上全美最佳雇主宝座的重要原因之一在于公司为员工提供各种诱人的丰厚的福利。

Google 向来重视员工福利,总部里餐厅、美容院、牙医、加油站,甚至按摩店应有尽有,俨然形同一个自给自足的独立王国。免费美食、24 小时开放的健身房、瑜伽课、演讲、医疗服务、营养师、干衣机、按摩服务、私人教练、游泳池、温泉水疗(Spa)、以生物柴油为燃料的班车、学习多种外语……这些丰富而具有吸引力的福利会让人义无反顾地选择 Google。

Google 餐厅不是五星级饭店,却拥有丰富的菜肴及多样选择,包括生鱼片寿司、手工制甜薯面条、香肠,还有健康的绿色食品等。不过,在这里有钱却不见得能吃到,只有 Google 硅谷总部员工才能享受这样的优待,而且还是免费!Google 总部有 11 家不同风格的自助餐厅,每天向每位员工提供三顿免费用餐服务。另外,每个 Google 员工都可以随时享受餐后休息,在公司提供的员工餐厅里,员工可以品尝到各类小吃、水果等饭后甜点,甚至可以用专用机器自制卡布其诺咖啡和苏打水,免费的新鲜果汁饮品可以随时满足客人或员工的需要。餐厅从早餐开始供应,除了提供比萨和意大利面之外,这里还设有查理的餐厅(巴基斯坦菜)、太平洋餐厅(亚洲菜)以及查尔斯顿餐厅(美式餐),此外,还有提供热食及三明治的餐厅。Google 甚至有一条不成文的规定:员工不能离食物超过 30 米远,这也是为什么 Google 总部随处可见免费的零食屋。

Google 一向以为员工提供免费午餐和零食闻名,但作为美国最佳雇主,Google 向员工提供的福利远不止这些。在 Google,公司还提供免费的剪发、洗衣、泊车和医疗服务。员工还可以加油洗车、锻炼身体、参加有公司补贴的培训课程、接受按摩、育婴以及免费体检。

Google 通过各种努力丰富员工的文化娱乐活动。为了使超过 6000 名公司员工观看电影的首映式,Google 会把整个电影院全天都包下来。热门大片《指

① http://tech.qq.com/a/20100702/000611.htm.

环王》和《变形金刚》都让 Google 员工大饱眼福。作为额外福利,每个人还能带上一位客人。

Google 非常关心员工的子女的健康。事实上,Google 出台政策,允许在 Google 工作的年轻妈妈每年带薪休假 18 周,专门照顾孩子。当然,在 Google 工作的父亲的也可以休假,不过时间要短一些,只有 7 周。

除了上述福利,Google 员工还可以享受各种补贴[①]:Google 每年向每位员工提供 8000 美元继续深造补助,条件是在各项课程中至少拿到 B;员工购买混合动力汽车,Google 将给予 5000 美元的补贴;员工生孩子,可以获得 500 美元的补助;如果员工领养了一个孩子,Google 会帮员工支付 5000 美元的法律和收养费用。

Google 的丰厚福利使之能够达到几大目标:吸引最优秀的人才;让员工在公司享用美食和处理私人事务,可以延长加班时间;告诉员工公司看重他们的价值;使员工在今后许多年一直使用 Google 提供的服务。

人力资源管理专业人士认为,Google 为员工提供诱人的福利是用最少的投资获得最大的收益,既吸引人才又促进公司发展,可谓"一举多得"。沃顿商学院的研究人员指出,尽管有人不一定会喜欢 Google 的慷慨福利,因为他们或许觉得 Google 这样做是在侵犯他们的私人空间。但多数人都认为 Google 在员工福利方面的慷慨做法不论对公司还是员工都有益。

◆ 案例思考

1. Google 为员工提供的薪酬与福利对中国企业有哪些借鉴意义?

2. 分析 Google 为员工提供的福利为公司带来的收益。

3. Google 依然在不断发展壮大,你认为 Google 需要在员工激励机制方面进行哪些调整?请详细分析你的观点。

---

① http://www.digglife.cn/articles/google-salary.html.

📂 【案例8.3】

与员工同乐:杭州之江有机硅化工有限公司的实物福利制度 ≫ ≫ ≫ ≫

摘要:本案例以客观的笔触,介绍了杭州之江有机硅化工有限公司的基本情况,描述公司在人力资源管理方面的做法,从公司的发展远景、企业文化,到公司的绩效管理、福利制度,特别是公司的实物福利制度。他们的做法可以为我国中小型企业的人力资源管理提供借鉴。

关键词:杭州之江有机硅化工有限公司　实物福利制度

0 公司基本情况

杭州之江有机硅化工有限公司是一家专门从事化工新材料研发和生产的股份制企业,国家经贸委首批认定的三家硅酮结构胶生产企业之一,国家级高新技术企业,博士后科研工作站。其"金鼠"商标被认定为"中国驰名商标"。公司已成为我国硅胶行业的隐形冠军。

公司拥有15条从德国、意大利和美国引进的全球最先进的密封胶自动化生产线,一批高素质的国内外中青年专家、教授组成的科研队伍,具有领先的产品研发、创新和市场服务能力。公司拥有8大系列60多个品种的产品,生产的"金鼠"系列产品广泛应用于建筑、汽车、机械、电子、电器、太阳能光伏等行业,不仅在国内赢得了良好口碑,而且远销欧洲、北美、南美、东南亚、中东等地区,多个产品获得省、部级科技大奖,并多次列入国家火炬计划、技术创新计划,在市场上享有很高的知名度和美誉度。在国家体育场(北京奥运会主场馆)、中国国家博物馆(世界上面积最大的国家博物馆)、上海世博中心(上海世博会永久性保留建筑)、广州太古汇广场(中国十大新地标综合体)等著名工程中应用,博得用户的高度评价。

2006 年,之江公司为了全面、快速地推进企业发展,整合多方成本优势并建立、完善各职能部门,在钱塘江入海口省级临江工业园区规划投建了杭州之江新材料有限公司,为打造成为国内最大、最先进的密封胶生产基地而不懈努力。

放眼世界,着眼未来。公司将秉承"精诚合作,分享,共同成长"的经营理念,与社会各界密切合作,提供永不落伍的优质化学建材产品和完善服务,为我国建筑、汽车、工业、电子电器、太阳能光伏等产业的发展做出自己应有的贡献!

1 行业发展背景

有机硅在日常生活里经常用到。家庭装修的塑胶门窗、橱柜、养金鱼的鱼缸玻璃之间的黏合剂、密封胶,以及医学美容行业里的隆鼻、隆胸,都是用有机硅做材料。可以说,有机硅在建筑装饰中无处不在,有"工业味精"的称号。

玻璃幕墙的兴起是 20 世纪八九十年代,随着改革开放步伐的加快,我国建筑规模、结构和建设速度发生了根本变化,建筑高度、体积和构件尺寸远超过以砖墙瓦屋面为主的传统建筑。窗洞面积显著扩大,铝门窗和塑料门窗普遍应用,我们的建筑外墙的装饰设计理念很快和我国港澳地区及欧美发达国家靠拢。以前只有在片子里面见到的高大建筑及其熠熠发光的玻璃幕墙无疑是工业国家发达的标志。

仿佛一夜之间,高楼大厦在深圳、广州、北京等地迅速立起,以往传统的马赛克外墙装饰被新兴的玻璃幕墙取而代之。如今高大宏伟的建筑通常使用玻璃幕墙作为装饰,除了几个钢钉,玻璃幕墙和金属框架完全靠有机硅密封胶来黏合。

玻璃幕墙的美观毋庸质疑,但是,巍峨的高楼上,那巨大的玻璃幕墙,每一块都足有五六个平方米,接近 100 公斤重。如果玻璃幕墙脱落,后果不堪设想,因此玻璃幕墙被有关专家称为"悬在城市上空的炸弹"。胶的质量的好坏,直接影响玻璃幕墙的安全,从某种意义上讲,密封胶就是硅酮建筑结构这个炸弹的保险栓。

幕墙的主体只有两种:玻璃和金属结构。金属结构无非是铝或钢及其他合金,它们和玻璃之间必须有黏合剂,让两者结合在一起。玻璃幕墙、石材和金属幕墙等建筑结构的弹性黏结装配,要求密封胶能传递结构应力并承受建筑载荷,固定、密封就是这种胶的基本功能。这种黏合剂就是硅酮建筑结构密封胶。

硅酮密封胶具有稳定耐热性和低温柔软弹性,耐气候老化,耐水,对玻璃的优良黏结性,单组分使用,挤注接缝方便,短时间黏结固化施工快捷,很快为建筑接受并广泛使用。硅酮结构密封胶从此成为建筑中极为重要的工程材料。

硅酮胶业是中国典型的"进口替代型"产业。

国家在"七五"期间已将建筑用中、高、低模量硅酮密封胶和密封胶专用生产设备项目列入国家科技攻关计划。我国最早一批硅酮胶企业诞生了:广东的江门精细化工厂从20世纪80年代后期开始生产硅酮密封胶,1990年山东化工厂和上海伊士本泰公司(合资)引进成套设备,90年代初广东省南海嘉美化工集团自主开发硅酮密封胶,并开始规模化生产,不久广东省内规模不等的生产厂也相继投产,同时还出现以购买大桶密封胶从事分装销售的企业。当时的主要产品是酸性玻璃密封胶,至1995年总产量已超过6000吨。

1995年,为适应幕墙建筑的发展,在结构胶产品开发的同时,国家下达硅酮结构密封胶产品标准制订计划。1997年,全国幕墙建筑在建工程面积已达50万平方米,所用硅酮结构密封胶依靠进口,也出现用普通酸性密封胶代替结构胶装配的不良现象,为保证建筑结构安全,1997年国家技术监督局发布硅酮结构密封胶的强制性国家标准(GB 16776),并对产品生产、销售、使用实施认定管理,有力地促进了产品生产的规范化发展。

随着中国经济的持续稳定增长,中国有机硅产品应用领域日趋广泛,产量不断增加,技术不断改进,"十一五"期间中国聚硅氧烷消费量的增长速度保持在15%—20%,2010年达到53.9万吨,成为世界上最大的有机硅消费国。中国良好的经济环境和有机硅市场的巨大空间,令世界各大有机硅产业巨头一致看好中国市场,并纷纷加大在华投入。外资和国内许多企业都在中国投建了有机硅单体装置,世界有机硅生产重心正在向中国转移。业界人士惊叹:有机硅正步入中国时代!

2009年,国外各大有机硅公司在中国的装置陆续投产,加快进行中国市场布局,希望在未来中国市场激烈的竞争中占得先机。

2009年10月21日,瓦克化学股份有限公司与道康宁公司宣布,双方在江苏省张家港共同投资建设的气相二氧化硅工厂二期工程正式破土动工,预计建成后,双方的硅氧烷工厂和气相二氧化硅工厂的额定年产能将达21万吨。

此外,瓦克化学集团新的可再分散乳胶粉及VAE乳液生产基地在南京正式投入使用。工厂可再分散乳胶粉年生产能力达3万吨,首期投资达5000多万欧元,构建了从VAE乳液到可再分散乳胶粉的完整生产线。瓦克化学集团与广东顺德的德美精细化工股份有限公司合资组建的德美瓦克有机硅有限公司开设了一家新的有机硅乳液生产厂,年产量为4500吨。该公司计划进一步增强其有机硅乳液市场地位。

另外,由新安化工和迈图合建的 10 万吨/年有机硅单体项目在 2010 年建成。该项目的建成,标志着迈图在中国市场形成完整的上下游产品链。

在国际硅业大鳄纷纷把中国及亚洲作为最为迅猛新增长点,投资极为给力时,中国有机硅企业也密集上市募资,以最快的方式扩充产能抢占行业龙头地位。

成都硅宝科技股份有限公司在 2009 年 10 月 15 日正式在中国 A 股市场交易,股价一度达到 45 元/股。这是中国第一家登陆创业板的有机硅公司。该公司本次总计在创业板发行 1300 万股,占总股本的 25.49％,募集资金主要用于生产汽车用有机硅密封胶技术改造等 4 个项目。另外,工程用胶黏剂最大供应商之一,中国主要室温胶生产商之一的湖北回天股份有限公司于 2010 年 1 月 8 日正式在深交所创业板上市,募集资金 6.188 亿元,用于该公司有机硅胶黏剂和密封胶项目及聚氨酯胶黏剂和密封胶项目建设,进一步巩固回天胶业在行业内的龙头地位。东岳集团则在香港联合交易所主板上市,最多集资约 13.7 亿港元,资金的 40％将用于兴建有机硅生产设施。至 2011 年,该集团有机硅年产能由现在的 6 万吨,大幅增至 30 万吨左右。

此前,在中国 A 股市场上市的有机硅相关企业包括蓝星集团旗下的星新材料(600299)、新安股份(600596)、宏达新材(002211)等数家企业。

中国有机硅产业的发展前景值得期待。

但是与外国相比,中国有机硅工业总体上还缺乏一定的竞争力,除外资、合资的项目外,中国新增的装置技术并未完全成熟。

另外,有机硅是应用最为广泛的材料之一。以下游产品开发为中心,带动单体合成的发展,使得行业具有单体集中生产、下游分散深加工的特点,上下游之间有着明显区别。

上游以金属硅粉和氯甲烷为原料合成含有数千种有机硅单体的粗硅烷,经过蒸馏可以得到二甲基氯硅烷等少数具有工业价值的单体,进而制成有机硅材料的中间体聚硅氧烷,这是有机硅行业上、下游间最关键的中间体。单体的生产具有工艺复杂、流程长、技术含量高、投资大等特点,成为有机硅行业主要的技术壁垒。目前国外仅道康宁、GE、瓦克、信越、Rodia5 家企业能规模化生产有机硅单体,这 5 大有机硅生产商一直占世界聚硅氧烷总产量的 80％以上。国内仅新安股份、星新材料和吉化具备规模生产的能力。

下游利用聚硅氧烷合成硅油、硅橡胶等下游产品,粗硅烷还可以直接制备硅树脂。有机硅产品目前已有 1 万多个品种牌号,市场上实际供应的约 5000 种,其中硅橡胶是产量最大、品种牌号最多的门类。由于应用面极广,单个品种有机硅材料的市场都不大,用户也非常分散。这种市场特征决定了有机硅下游的技术服务性非常强,企业的竞争实力体现在以客户的需求为中心,不断开发新品种,拓展市场。

2　公司的组织架构(图 8-4)

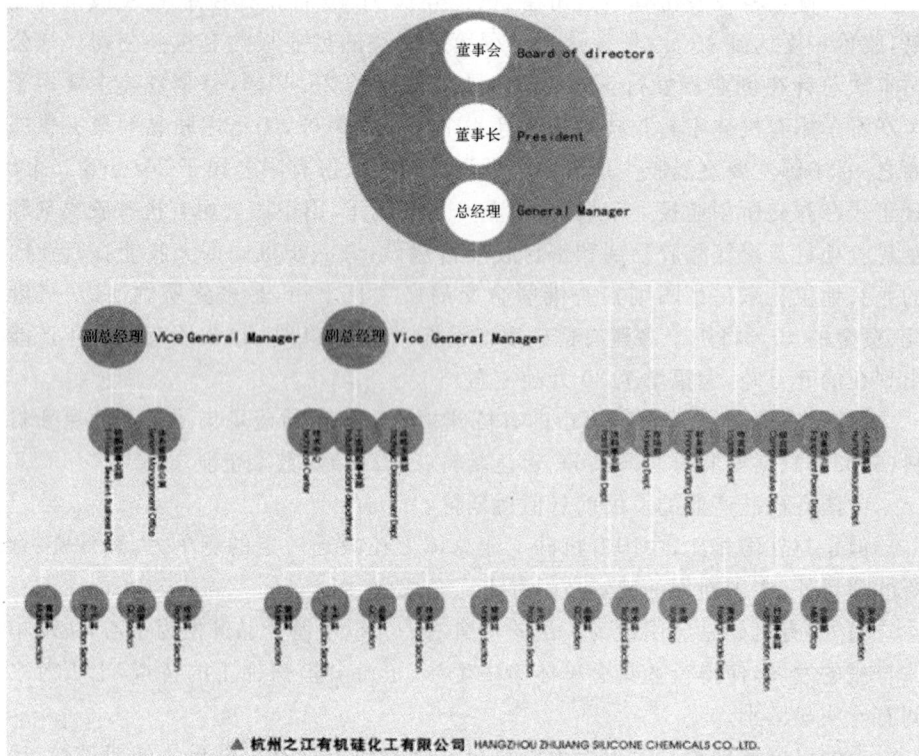

图 8-4　公司的组织架构

3　人力资源管理的做法

在 10 多年的发展过程中,之江公司逐渐形成了具有自己特色的人力资源管理体系。

3.1　公司的愿景

公司董事长兼总经理何永富先生认为一个优秀的企业必须要有一个愿景。他说,设立一个愿景而不是结果,不断追求实现愿景的过程,让事业做得不错,人生也活得有意义。

何总说:"在和国外企业接触中,我们也感受到了企业价值观中东西方文化的差异。我们中国人经常是事情还没做,就先定一个目标,我一定要达到什么样的结果。达到之后又怎样,接下来该如何,通常没有考虑清楚。而西方人喜欢设立一个愿景,也就是我们常说的使命感,然后他们不断地追求这个过程,同时在追求的过程中设定一些里程碑。这和人生的道理一样——人生本来就是一个过程,就算活到 100 岁,年龄也是有限的。从婴儿开始,到成年,工作的时间相对来讲是很短暂的,毕竟到了六七十岁以后又是老年了,要过晚年生活,人生这么短暂,就是一个过程。有的人退休了没有味道了,有的人退休后却活得有滋有味,就是因为对生活的理解不同。西方人对生活有很好的理解,做企业也自然一样。

"企业的决策层一定要有使命感,之江把西卡和国际上的一些密封胶企业作为学习的榜样。要在密封胶领域有所作为,这个就是一个过程,在过程当中,我们可以设立许多里程碑,5 年怎么样,10 年怎么样,15 年的时候我们在国内怎么样,在国际化方面又是如何。就像西卡,从 1910 年到现在没有结果,永远是个过程,就永远修炼这个公司,修炼自己,在这个过程中,事业做得不错,人生也活得有意义。之江就要像这些企业,注重愿景、价值观和战略,更重要的是我们的团队,要不断地学习,不断去迎接一个又一个里程碑,这是一个过程,之江要不断地努力,5 年、10 年、20 年,不断地努力下去。"

在发展中,之江将欧美一些值得学习的公司作为榜样,但在有机硅密封胶领域,他们学习的对象很明确,就是美国道康宁公司,其不仅是有机硅的发明者,同时在有机硅的上下游领域,也是在孜孜不倦地推动市场发展做贡献,在很多有机硅下游的产品开发和引导方面,道康宁是领先者。

3.2　团队建设

"多讲讲我们的团队吧。"何永富在向笔者讲述之江的故事时不止一次提出了这样的恳求。在之江,"团队精神"不是嘴边的一句话,而是实实在在的向心力。"或许是生产黏胶的缘故吧,我们'凝聚'得特别好。"何永富笑着说。他相信,企业的凝聚力是企业走得更远的"法宝"。他始终认为,他是一个搭建舞台的人,他的任务只是搭建一个好的舞台,让更多的明星演出更多的精品,获得更多的票房收入。

一次就是一大笔,不是老板一人出去,而是最关键的群体一起出去。读硕士班,一去就是 10 个,一出就是 50 万元。

"企业要良性发展,靠的是一大群业务过硬的人才梯队,作为老板,我必须看得更远。"何永富说,"我不怕他们学好后离开,我相信,人是讲感情的,你信任别人,才能取得别人的信任。"对人才进行情感关怀,尤其是对于中高层的管理者,这一点对于中小企业非常重要。一句话,企业与其说是在建产品,不如说是在建人才工程,正是从我们的后勤保障开始,到默默无闻的生产工人,到管理者,到科技人员、市场营销人员,都要使用专业人才,这个工程就是人才工程,这样才能做出精品,像德国的宝马、奔驰一样,将汽车做成艺术品,是由每个人组成的人才工厂才能产生的。

何永富还投巨资兴建了整洁宽敞的员工食堂、娱乐运动场所,在临江新厂建员工浴室、洗衣房。"一定要为员工创造一个好的工作和生活环境。"他说。其实,这种投入,极大地调动了员工的积极性,企业得到的回报也是丰厚的。

何永富的坦荡使倪宏志教授在这个小山沟里一待就是8年,还有一群业界的专家,一来就没有离开,是他们,研制出了一个一个新技术、新产品,让之江成了国内建筑胶的领先者,使之江有了敢于叫板通用等国际巨头的底气。

工人们始终把企业的事当成自己的事。安装设备、卸货、装车没有搬运工,都抢着干。近两年停电频繁,工人们回家后一旦得知来电,立即自觉赶到工厂。

何永富说:"搞好一个企业,你要分享。你要人家跟你合作,要人家给你卖命地做,最后这个东西就是你的,不是我的。一个不愿和员工分享的企业,要么留不下有胸怀的人,要么就留下没有创意的人。我与我的员工,尤其是明星员工,是一种合作的关系,不是一种雇佣的关系,这个是我留住员工的基本理念。"

在谈到之江的团队时,何永富讲了这么一个故事:他去比利时拜访速达公司时,速达老板特意给他介绍了一个老员工,说:"这个员工一直跟我一起工作了40多年。"尽管语言不通,但速达董事长在介绍这个白发老人时的那种自豪和尊重还是深深打动了何永富。一个令人尊重的企业的背后,一定是一个同样令人尊重的团队。

何永富由此总结了团队秘诀:"多换思想,少换人。"

他说:"我们要让客户和合作伙伴都知道,之江虽然是属于我,但实际上是一个团队共同创办的。我们也要让团队每个人都与时俱进,不断学习更新观念。思想换了,人就少换;之江通过提供培训和学习的机会,让老员工不断学习更新知识,同时引进一批人才,不断扩大我们的队伍,并让他们了解之江的愿景和战略,引导他们留下来和一起发展。"

对于之江团队,我们可以这样描述:"一个毫不张扬的老总,却带着一个张扬的团队,个个副总都比老总出位。"

3.3 实物福利制度

之江公司的实物福利制度实行了多年,几乎和公司的历史一样长。他们的做法是:

（1）投投巨资兴建了整洁宽敞的员工食堂、娱乐运动场所，在临江新厂建立了员工宿舍、浴室、洗衣房。"一定要为员工创造一个好的工作和生活环境。"

（2）在中国传统的年节日，每个员工都会收到价值不菲的实物。端午节的粽子、鸭蛋；中秋节的月饼、苹果；春节就更多了，从优质大米、品牌食用油到金华火腿、舟山海鲜、海蜇、野生甲鱼、土鸡、春笋、鸡蛋等等。用何总的话说，员工无须去购买年货，公司已经为员工置办齐全。

（3）不定期发放实物。如夏天降温的西瓜、毛巾、肥皂、香皂、洗发水、沐浴露。

（4）员工制服一年四套；鞋子一年四双；一线员工手套破损即换。

（5）为公司核心员工发放汽油费，经过公司办公会议讨论认可的公司核心员工，每人每月汽油补贴从 300—600 元不等，按季度发放，打入公司统一办理的员工加油卡中。

据公司人力资源部统计，除了公司投资打造的用于员工的固定设施，公司每年用于员工实物福利的资金平均每人在 3500 元左右。

4　丰厚的收获

（1）工人们始终把企业的事当成自己的事。安装设备、卸货、装车没有搬运工，都抢着干。近两年停电频繁，工人们回家后一旦得知来电，立即自觉赶到工厂。

（2）员工流失较少。多年来，核心员工几乎没有流失的。相反，大批优秀的技工、大学毕业生、研究生纷纷加盟之江。

（3）公司业绩逐年提升。在激烈的市场竞争中，之江公司由于其坚守"隐形冠军"的策略，加之引进先进的技术设备和独特的人力资源管理理念，2006 年以来，公司的产值和利润以每年 20％的速度递增，预计 2015 年产值将超过 15 亿元。

◆ 案例思考

1. 之江公司的企业文化的内涵是什么？

2. 之江公司的实物福利制度的优势是什么？有无可改进之处？

第九章　员工关系管理

✧　本章基本概念

1. 员工关系管理（Employee Relations Management，ERM）　员工关系管理是在企业人力资源体系中，各级管理人员和人力资源职能管理人员，通过拟订和实施各项人力资源政策和管理行为，以及其他的管理沟通手段调节企业和员工、员工与员工之间的相互联系和影响，从而实现组织的目标并确保为员工、社会增值。

2. 惩戒（Organizational Discipline）　惩戒的目的是促使员工在工作中行为审慎（在这里审慎的行为被界定为遵守规章制度）。

3. 不正当解雇（Unfair Dismissal）　在对员工的解雇违反法律或者企业通过其求职申请表、员工手册以及其他承诺所说明或暗示的契约的情况下，不正当解雇就发生了。

4. 再就业辅导咨询（Outplacement Consulting）　雇主利用再就业辅导咨询为被解雇的员工提供有关职业发展规划和求职技巧的咨询服务。再就业辅导咨询是被解雇员工的解雇补偿或遣散补偿的组成部分。

5. 临时解雇（the Layoffs）　临时解雇即雇主遣送员工回家待一段时间而没有工作，通常不是一种永久性解雇（虽然它有可能转变为永久性解雇），而是一种临时性的解雇措施。雇主认为这样的临时解雇是短时性的。然而，也有些雇主将临时解雇作为解雇或终止雇佣关系的一种委婉说法。

6. 心理契约（Psychological Contract）　心理契约是指一种个人的信仰体系。它能被组织所塑造，是个人和组织之间的一种交换协议的体现。它包含两个方面：一是对雇员确信的组织对自己的行为期待（如绩效需求等）；二是他们对能从组织中获得回报的期待（如薪酬、福利、持续雇佣等）。

📁 【案例 9.1】

员工第一:隆曦制品厂不平静的管理层

≫ ≫ ≫　≫

摘要:本案例描述了一家民营企业所面临的人员流动,尤其是企业中高层管理者的激励与保留问题。通过三个发生在管理层的小故事,揭示了该企业在对中高层的管理上存在的问题,反映了创业元老与外聘经理人之间的矛盾,创业伙伴的忠诚度等问题。这些问题在快速发展的民营企业中具有一定普遍性,如何加强对中高层管理者的有效激励对于企业谋求更好更快发展有十分重要的意义。

关键词:民营企业　管理层流动　人员激励与保留

0　引言

2012 年 10 月 7 日的早晨,隆曦制品厂董事长金照隆比上班时间提前一个小时来到办公室。她静静地坐在窗前,望着窗外的景物,陷入了沉思。2012 年发生的几起员工离职和冲突事件,给公司造成了很大的损失,这不禁引起了金总的反思。

1　企业概况

1.1　企业背景

隆曦制品厂成立于 2005 年,是一家纸制品生产企业,主要生产扑克牌、纸袋、包装盒等。刚成立时企业只有不到 10 个人,业务范围也仅限于国内的义乌小商品市场。在之后的 7 年中,隆曦制品厂走高端路线,利用设计优势和高质量保证迅速打开市场,并且通过展会交流、店面运营等方式极大地开拓了国外市场。利用义乌国际贸易平台,到 2013 年,隆曦制品厂已经成为一家拥有 300 名员工,年营业额超过 1 亿元的规模企业,并以高端设计和前卫理念闻名。

1.2 员工情况

在企业成立之初,由于企业规模的限制,员工普遍文化程度很低,最高的只有高中水平。随着业务量的上升,企业对技术人才和高学历人才的需求明显增加,金照隆在招聘中开始注重吸收这两方面的人才。不过由于这类企业本身不需要很高的技术含量,技术型人才、高学历人才也不太愿意到这类私营企业中工作,截至 2013 年初,企业员工中仅有 3% 的员工具有大专或本科学历,大部分员工为初中及以下文化程度。

企业的中高层管理人员大部分由最早跟着金照隆的老员工担任。至今还留在企业的元老最受金总器重和信任,不管能力高低或业绩好坏,他们都能享受较高的职位和丰厚的待遇。

1.3 管理现状

企业现在拥有高层管理人员 2 人,中层管理人员 6 人。中高层管理人员中大专学历仅有一人,是金照隆从其他公司挖过来的总经理,其他如采购、销售、财务和仓库均由金总的亲戚或者元老级员工担任。在企业日常管理中,总经理统管公司各方面具体事务,副总主管销售部门。

高管队伍中除了销售副总,还有一位董事长助理,是一位跟随金照隆多年的老员工。尽管其专业素质、管理能力等方面并没有太多可称道之处,然后由于其对金照隆的忠诚度,使得金照隆对其十分重视,视为心腹,并专设了一个董事长助理职位,让她协助管理一些行政事务。

2 公司面临的问题

2.1 "不搭调"的财务经理

隆曦制品厂将采购、财务和仓库的管理统一于财务部门,由财务经理统一编制采购报表、会计报表和仓库报表。由于之前的财务经理已经不能满足不断扩大的业务和科学化管理的需要,企业在 2011 年聘请了一位有多年经验的财务经理,金照隆对其寄予厚望,希望他能帮助企业走上一条规范化的快速发展之路。

经过几个月的实践,金照隆发现财务经理给她的报表她看不懂了,采购报表、仓库报表和会计报表完全跟之前的不一样,报表结构复杂,看起来颇为费力。另一方面,为了规范公司的财务管理制度,这位财务经理对公司的财务部门进行了大刀阔斧的改革,很多工作方法都进行了调整,部门其他员工不愿意放弃已经习惯的旧方法,而财务经理又缺乏一定的领导授权和沟通技能,导致他与部门成员之间关系僵化。很多部门的老员工跑到金照隆面前告状,说财务经理在部门完全自己搞一套,不顾公司的情况;加上本身对报表看得头疼,金照隆对这位新任财务经理越来越不满。

对于财务经理来说,他觉得自己很冤。因为隆曦制品厂规模扩大之后,之前的那套财务制度已经不能满足需求,而且从长期的发展战略考虑,有必要建立一套规范化的财务管理制度。尽管自己完全从有利于公司发展的角度出发,但是却得不到领导的实质性支持和同事的理解配合。他认为,这一方面是老板没有授予他相应实权,对他并不十分信任;另一方面,作为空降兵,毕竟他没有根基,部门员工对他面和心不合,阳奉阴违,尤其是那些老员工。这也导致很多制度没能有效执行,改革的效果大打折扣。

为了协调好财务经理和员工之间的关系,更好地向规范化管理稳步过渡,金照隆把财务经理叫到办公室进行了第 n 次沟通。金照隆觉得在制作报表的时候可以分两种,一种是公司存档的报表,按照财务经理认为的标准化格式;另一种是给她看的报表,还是按照以往常用格式呈现。不想,财务经理却坚持认为领导应该尝试学会看正规报表,这样对公司长期发展有利,而且做两套报表浪费了时间精力。

财务经理的这种观点,引起了金照隆心里的极大不满。对于她来说,不管是正规的财务报表还是老式报表,只要能如实反映企业的信息就足够了。她没有那么多时间去研究报表,应该根据企业的实际情况来设计报表。毕竟这个只是给老总看的,当然只要选择方便快捷的方式就好了。毫无悬念,由于理念上的差异,这场沟通会再次无果而终。

2012 年 6 月,金照隆最终下定决心把财务经理辞退,重新聘请一位能够听进自己意见的经理。

2.2 "揭竿而起"的销售副总

销售副总也是一位老员工,虽然达不到元老级别,也已跟了金照隆快 5 个年头。在离职之前,她主管企业的销售部门,包括电子商务和销售门店两大块。可以说,她对公司几乎每笔业务、每一位客户资料都了如指掌,掌握着公司最核心的信息。

金照隆对她颇为信任,给予了足够的权限和较高的待遇,方便她对销售部门更有效地管理。在最初的几年里,她对工作展现了很大的热情,对公司表现出了极大的忠诚,公司的业务在她的帮助下蒸蒸日上。然而,随着公司业务规模的增长,副总逐渐不满足于现有的收入水平。她觉得公司的业务都是在她的带领下做出来的,公司理应给她更多的报酬,她向金照隆提出能否给一些公司股份。经过慎重思考,金照隆觉得此举不妥,这也与她的计划不符,但为了安抚副总,金总提出在她现有提成的基础上增加提成额。副总表面表现得比较满意,但内心却在筹划一个更大的计划。

2012年4月,销售部门发生了一场9级地震——主管销售的副总和几位业务员突然提出辞职,和他们一起离开的,还有公司超过30%的业务。原来副总并不满足于提成的增加,她要获得更多的利益。利用自己的职位,她悄悄联络了几个平时关系比较好的业务员,说服他们跟自己一起拉杆子单干。经过一个星期的努力,她成功说服了3个业务员,尽可能争取公司的客户以后跟他们合作。最终,有超过30%的客户表示愿意与他们继续合作。带着这30%的客户资源和3位业务员,这位销售副总潇洒地走了,只留下了几个空空的座位和金照隆的一声叹息。

2.3 "心高气傲"的董事长助理

在销售副总突然离职之后,这个职位暂时空缺了下来,金照隆本打算自己直接管理销售部门,但由于精力有限,分身乏术,她想到了自己的得力助手——严妮,在招到合适的销售主管之前,由严妮临时照看销售部门的工作并随时向自己直接汇报。

2012年4月初,董事长助理被正式任命到销售部门,兼任跟单员一职,岗位职责是:帮助业务员实时关注订单的生产情况,督促生产车间及时完成订单任务,协调销售部门和生产车间之间的业务关系。跟单这项任务本来是由销售部业务员各自负责,现在为了能对每位业务员的业务情况有所掌握,将这项工作从业务员工作流程中抽离出来,并统一由董事长助理负责。

严妮是最早跟随金照隆的元老之一,她与老板的关系,她的特殊身份,使得她在销售部门工作的开展并不顺利。一方面,严妮自认为是老板心腹,比较心高气傲,很难跟部门员工打成一片;另一方面,部门业务员也知道她是老板派来的"监军",本身对她也会产生一种防备心理。结果在严妮任命之初到2012年末的9个月间,她与业务员之间发生了多次"交火"与"冲突"。

事件一:广交会"首次交锋"

公司每年春季都会参加广交会,展示自己的产品,扩大知名度,以吸引更多的潜在顾客。根据公司安排,2012年广交会由严妮、一位新进业务员以及另两位老业务员组成销售团队,并由严妮提前两天前往广州进行准备工作。然而与其他业务员不同的是,严妮独自订购了往返机票,而不是选择与其他人相同的动车出行的方式。

更让同事们感到惊讶的是,当他们两天后到达广州时,发现严妮负责的准备工作几乎没做,展览摊位的装修进度非常慢。此时,他们尝试联系严妮,结果发现对方手机联系不上。等到晚上终于联系上了,严妮却说准备工作有条不紊地在进行着。另外,他们有两个分散的摊位,老业务员提议跟其他商家有偿调换一下,把摊位并在一起,这样更容易吸引人气,也方便布置和管理。对此,严妮持反对态度,因为公司要因此多出 3 万元(将一个位置比较偏的摊位换到另一个大通道摊位旁)。最终,他们找到了金照隆询问此事处理方案,金照隆经过权衡还是赞同了老业务员提出的调换方案。

此外,严妮与两位老业务员还就广交会期间的员工住宿问题产生了严重分歧。严妮表明应尽量给公司省钱,住宿可适当将就。老业务员则认为自己在外布展十分辛苦,晚上希望能够有一个舒适的环境休息,而且公司有合理的住宿标准规定,就按公司规定来。就这个问题,双方讨论良久,虽然最后还是按照公司规定选择了住宿,但几位业务员心里却不是滋味。

事件二:跟单跟"丢了"

根据金照隆的安排,严妮负责所有业务员的订单跟踪,然而她的业务能力和水平却遭到同事的质疑。在实际操作中,严妮跟单不够及时,加上与生产车间的沟通不良,导致业务员对其十分不满。

有一位业务员有个单子 2012 年 6 月 18 日要交货,本来跟严妮说好协调生产车间 6 月 17 日把货赶出,结果到了当天业务员询问生产进展时,严妮的回答是不知道这件事。无奈之下,这位业务员只好自己打电话去车间询问,却被告知没有人通知安排生产。业务员一下子就蒙了,本来都说好的,这跟客户怎么交代?没办法,只好跟客户道歉,并亲自去车间催货。

看到这一幕,其他业务员也开始担心了——会不会自己的单子也被拖延了?他们纷纷向严妮询问,结果得知好几个快要到期的订单都没有安排下去。面对这种状况,业务员都比较心急,不免提高了音调。这一下严妮不干了,用质问的语气问业务员:"我干不好,那你们告诉我怎么弄?"有一位业务员说话比较直接,顶了一句:"老板派你来干吗的,连单子都跟不好,明明说好的,为什么不安排下去,就算做不出来也要打个招呼呀!"面对几位业务员的不满,严妮觉得自己受了很大的委屈,撂下一句"你们自己好自为之"气呼呼地摔门而去,下午也没到公司上班。

可随后,业务员得到一些消息,严妮已经快人一步去向老总投诉和抱怨了。业务员在知道此事后,都对她抱有很深的成见,也开始渐渐地与她疏远。更严重的是,业务员们士气低迷,认为老板对自己不放心,还派人来监督自己的工作,关键是这个人还拖整个部门的后腿。

◆ 案例思考

1.公司该如何有效解决创业元老与外聘经理人之间的矛盾?

2.部门经理间的工作关系如何处理?

3.员工关系管理的流程是什么?

第十章 职业生涯管理

◇ 本章基本概念

1. 职业生涯(Occupation Career) 指一个人一生中从事职业的全部历程。这整个历程可以是间断的,也可以是连续的,它包含一个人所有的工作、职业、职位的外在变更和对工作态度、体验的内在变更。

2. 职业生涯管理(Career Management) 职业生涯管理是组织根据组织发展的需要,结合员工个人职业发展的构想,对职业历程进行设计、职业发展促进等一系列活动的总和。它包含职业生涯决策、设计和开发。

3. 职业倾向性(Occupation Tendency) 霍兰德提出了职业性向理论,他把大多数人的个性区分为六种类型——操作型、研究型、艺术型、社会型、经营型和传统型,社会上的职业类型也分为这六类,提出了个性类型应与职业类型模式相匹配。

4. "职业锚"理论(Career Anchor Theory) 埃德加·施恩首先提出了"职业锚"的概念。所谓"职业锚"就是指一个人进行职业选择时,始终不会放弃的东西或价值观。职业锚是人们选择和发展自己的职业时所围绕的核心。

5. 胜任原则(Competency Principle) 胜任原则即在职业生涯选择中,应考虑工作的实际需要,考虑自己的学识水平、身体素质、个性特点、能力倾向等是否符合职业要求,而不能盲目攀比,就高不就低。

人性化的 P 公司员工职业生涯管理制度

≫ ≫ ≫ ≫

摘要:职业生涯管理制度是组织有效开发人才、留住人才的重要手段。鉴于很多组织的职业生涯管理制度没有或比较简略,本案例以 P 公司人力资源经理为例,分析员工职业生涯管理制度设计流程与做法,为有志于职业生涯管理制度的组织提供一个可以借鉴的范本。

关键词:职业生涯管理制度　HR 经理　人力资源管理

P公司员工职业生涯管理制度

（以公司 HR 经理为例）

第一章　总则

第一条　目的

为充分、合理、有效地利用×××有限公司（以下简称公司）内部的人力资源,特制定本制度来规划公司人力资源部经理的职业生涯发展,从而促进人力资源部经理与组织共同发展,并使组织效能最大化。

第二条　适用范围

本制度适用于公司人力资源部经理。

第三条　原则

人力资源部经理的职业生涯管理应遵循具体性、长期性与动态性原则。

（一）具体性原则:针对人力资源部经理进行具体的职业生涯发展规划。

（二）长期性原则：人力资源部经理的职业生涯管理应贯穿其职业发展的全过程和公司发展的全过程。

（三）动态性原则：根据公司发展战略、组织结构的变化以及人力资源部经理在职业发展不同阶段的需求对其职业生涯规划和本办法进行相应的调整。

第四条 归口管理单位

人力资源部为公司人力资源部经理职业生涯管理制度设计的归口管理单位。

第二章 晋升与发展

第五条 有关职务晋升的程序：

1. 上一级岗位出现空缺时，从具备职务晋升资格的人员中选拔。

2. 管理职务任免倡导公平竞争机制，推行能上能下的晋升制度。

第六条 具备职务晋升资格还需要满足以下的条件：

1. 担任公司下一级职务1年以上；

2. 上一年年度考核成绩为"优"，本年度月考核成绩均为"优"；

3. 具备拟任职位的任职资格和管理技能，具有发展潜力。

第七条 存在下列条件之一的应降免职务：

1. 年度考核成绩为"不合格"；

2. 连续两年年度考核为"基本合格"。

注：晋升和降职的幅度一般为一个职务等级。

岗位等级每升降过一次，考核结果便重新开始积累。

所有职务升降一般从每年1月份开始执行，如遇特殊情况以公司发文为准。

第八条 具备晋升资格者被列为"培养目标"，职务空缺时首先从内部具备职务晋升资格的"培养目标"中选拔，在没有合适人选时，再考虑外部招聘。

第九条 中层以上职务的晋升必须经过组织考核、公司党政联席会议批准。

第十条 人力资源部经理晋升的具体路径为：

人力资源部经理——人力资源总监——行政人事部总经理——CEO

第十一条 人力资源部经理的"入口"与"出口"：

1. 岗位轮换：从同级岗位开始，通过岗位轮换进入人力资源部经理岗位，例如从营销部经理、行政部经理、物流部经理等轮换为人力资源部经理；同样，人力资源部经理也可以工作轮换为营销部经理、物流部经理、行政部经理等同级岗位。

2. 岗位晋升：从下一级岗位开始，通过岗位晋升进入人力资源部经理岗位，

再通过晋升到人力资源总监,如下图:

```
入口:
招聘部主管
培训部主管
薪酬管理部主管        →    人力资源部经理    →    出口:
绩效管理部主管                                 人力资源总监
员工管理部主管
档案部主管
```

第三章　方法与程序

第十二条　对公司人力资源部经理进行跟踪、培训、辅导、考察、评估,按照胜任力来判断职业发展计划。

第十三条　人力资源部经理的晋升职位是人力资源部总监,晋升需要领导能力、全局观念、战略思考能力、授权能力、成就导向、人际交往能力、分析判断能力、识人用人能力等。

第十四条　人力资源部经理进行工作轮换的职位有行政部等,轮换需要信息分析能力、沟通协调能力等。

第十五条　人力资源部经理横向发展或是纵向发展都需要所需的培训,纵向发展需要劳动法以及相关知识、心理学等的知识和技能培训,沟通与人际关系能力、团队维护能力、创新管理能力、战略思维决策能力、外部环境分析能力等的能力培训等。

第十六条　人力资源部经理执行自己正确的职业行为可以利用职业管理框架体系、职业生涯共赢模式、企业教练技术等工具。

第十七条　人力资源部负责有关岗位变动、空缺以及新设岗位、任职资格的咨询,通过内部报刊、企业网站以及其他的方式及时地将以上的信息向人力资源部经理发布。

第十八条　人力资源部通过定期与不定期的统计、座谈等方式全面了解人力资源部经理的职业发展等信息。

第十九条　各级管理人员应该帮助人力资源部经理制定合理的职业发展计划,关心人力资源部经理的职业发展需求,并及时地和人力资源部沟通。

第二十条　人力资源部经理可随时地与人力资源部或相关领导面谈,主动汇报自己的工作、思想状态以及自身的职业发展需求和设想。

　第二十一条　人力资源部经理应该结合公司发展需求及自身的特点,主动调整和改进自身的职业发展设计,与人力资源部保持经常性的沟通。

第四章　附　则

第二十二条　本制度由公司人力资源部负责解释与修订。

第二十三条　本制度自印发之日起施行。

第五章　　附录

附录一:组织结构图

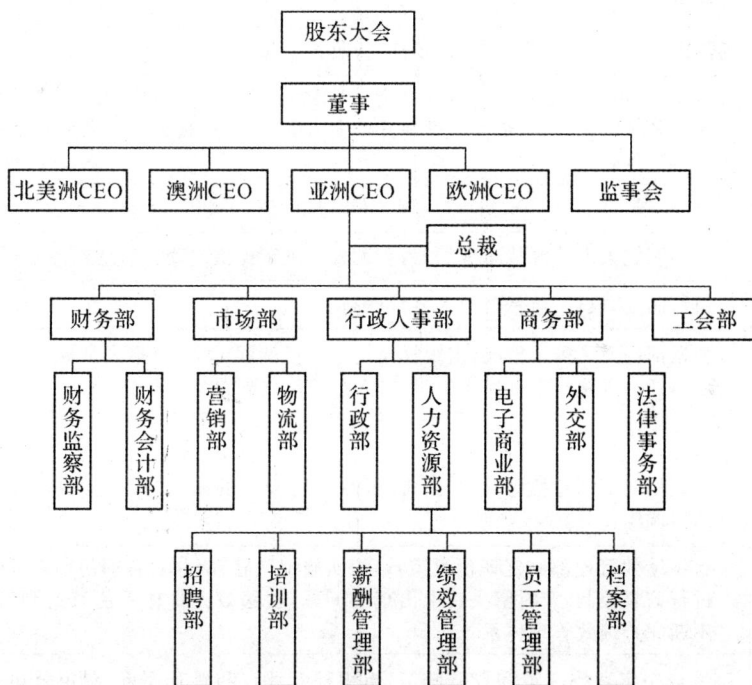

附录二:人力资源部经理岗位说明书

岗位名称	人力资源部经理	岗位系列	管理类
所属部门/科室	人力资源部	岗位编码	HR-02
岗位级别	中层管理者	岗位人数	1

<table>
<tr><td rowspan="4">岗位关系</td><td>直接上级</td><td colspan="3">人力资源部总监</td></tr>
<tr><td>直接下级</td><td colspan="3">招聘主管、培训主管、薪酬主管、绩效主管、员工管理主管、档案部主管</td></tr>
<tr><td>外部协调</td><td colspan="3">各利益相关者</td></tr>
<tr><td>内部协调</td><td colspan="3">财务部、商务部、市场部、行政人事部等</td></tr>
</table>

岗位摘要(用一句话概括):协助制定、组织实施公司人力资源战略,建设发展人力资源各项构成体系,最大限度地开发人力资源,为实现公司经营发展战略目标提供人力保障。

岗 位 职 责

1. 参与制定人力资源战略规划,为重大人事决策提供建议和信息支持。

2. 组织制定、执行、监督公司人事管理制度。

3. 根据部门人员需求情况,组织提出内部人员调配方案(包括人员内部调入和调出),经上级领导审批后实施,促进人员的优化配置。

4. 与员工进行积极沟通。

5. 组织招聘部制定招聘计划、招聘程序,进行初步的面试与筛选,做好各部门间的协调工作等。

6. 组织绩效管理部制定评价政策,组织实施绩效管理,并对各部门绩效评价过程进行监督控制,及时解决其中出现的问题,使绩效评价体系能够落到实处,并不断完善绩效管理体系。

7. 参与制定薪酬政策和晋升政策,组织提薪评审和晋升评审,制定公司福利政策,办理社会保障福利。

8. 配合人力资源总监做好各种职系人员发展体系的建立,做好人员发展的日常管理工作。

9. 完成人力资源总监交办的其他工作。

(岗位描述 / 岗位概述)

岗位任职资格	学历要求	本科及以上学历	专业要求	人力资源管理或相关专业
	职称要求	中级以上	资格要求	人力资源管理师
	经历要求	5年以上人力资源管理相关工作经验		
	素质要求	**思想素质**:为人正直、忠诚守信、爱岗敬业、责任感强。 **身体素质**:身体状况良好、精力充沛、能忍受长时间紧张的高强度工作。 **心理素质**:谨慎细心、有耐心、乐观开朗、反应快、沉着冷静。 **知识素质**:熟悉国家有关政策法令;掌握人力资源管理模式;了解国内人力资源动态;熟知人力资源管理各个模块。 **能力要求**:对现代企业人力资源管理模式有系统的了解和实践经验积累;对人力资源管理事务性的工作有娴熟的处理技巧,熟悉人事工作流程;熟悉国家、地区及企业关于合同管理、薪金制度、用人机制、保险福利待遇和培训方针。		
	其他要求	(如性别、年龄、英语、计算机等要求) 1.熟练使用办公软件以及相关的人事管理软件; 2.有较好的英语听说读写能力。		

职业发展	培　训　内　容	培训类型 (岗前、岗中)	培训形式 (在职、脱产)
	现代人力资源管理技术	岗中	脱产
	劳动法及相关的法律知识	岗前	在职
	心理学知识和沟通方面的知识	岗前	脱产

环境与安全	工作环境	办公室
	工作时间	全天8小时工作时间
	工作危害性	无

备注	

附录三：人力资源部经理晋升的特定路径

晋升

(一)职务晋升程序：

1.上一级岗位出现空缺时，从具备职务晋升资格的人员中选拔。

2.管理职务任免倡导公平竞争机制，推行能上能下的晋升制度。

(二)同时满足以下条件的具备职务晋升资格：

1.担任公司下一级职务1年以上；

2.上一年年度考核成绩为"优"，本年度月考核成绩均为"优"；

3.具备拟任职位的任职资格和管理技能，具有发展潜力。

(三)满足下列条件之一的应降免职务：

1.年度考核成绩为"不合格"；

2.连续两年年度考核为"基本合格"。

注：晋升和降职的幅度一般为一个职务等级。

岗位等级每升降过一次，考核结果便重新开始积累。

所有职务升降一般从每年1月份开始执行，如遇特殊情况以公司发文为准。

(四)具备晋升资格者被列为"培养目标"，职务空缺时首先从内部具备职务晋升资格的"培养目标"中选拔，在没有合适人选时，再考虑外部招聘。

(五)中层以上职务的晋升必须经过组织考核、公司党政联席会议批准。

(六)具体岗位晋升路径之人力资源部经理晋升路径：

人力资源部经理——人力资源总监——行政人事部总经理——CEO

附录四：人力资源部经理职业发展所需的技术和行为素质

一、人力资源部经理——人力资源总监——行政人事部总经理——CEO

人力资源总监是人力资源部经理的直接上司。

要成为经理，就会需要管理能力和凝聚力，以及风险控制能力。

人力资源总监，需要的是领导力。

领导能力(TL)：

即有意做一组人或一群人的领导，希望领导其他人。领导能力往往以一个正式的权威位置来体现，尽管不一定全是这样。"组"这里应该理解为广义的能有一个头领导的人群。注意与团队协作(TW)素质正相反。(这人是否能领导人们有效地在一起工作？)

计算分析时切记：领导能力与"权威"管理风格类似。1级到2级可反映出基本的"经理"角色,3 级以上要求更有力度更强的领导。

这种人:

(1)能有效地安排会议:明确会议议程、目标、控制时间、分配任务等。

(2)确保人们得知必要信息:在领导位置上,确保人们知道哪些工作在进行,做了什么决定等,即便这些人不一定非知道这些消息不可。确保本组人掌握所有必要信息,解释做某项决定的理由。

(3)增强团队的工作效率:作为领导能采用复杂的战略来提高团队的意气和工作效率(如利用招聘与解雇手段、团队任务分配、交叉训练等手段,如果清楚表述了要提高团队或进程的有效性,可计分为得到他们的支持)。或可包括建立团队精神的行为(参考 LC)以提高团队工作效率。

(4)关心本组形象:保护本组形象和名誉,确保本组的实际需求的满足:有所需的人才、资源及信息。

(5)自认为是领导:确保其他人接受领导的使命、目标、工作安排、所创的气氛、说话声调和政策。"确立"好榜样以期好行为。保证本组任务的完成,确是一位有功的领导。

(6)用激动人心的预见激励大家:具有真正的"领导气质",能与下属沟通,用激动人心的预见鞭策大家,对团队的使命表现出极大的热情与献身精神。

影响力(INFLUENNCE)

说服或影响他人接受某一观点,推动某一议程,或领导某一具体行为的能力。

一级:

运用直接说服法:以试图产生影响。呈现合理的论据、数据和具体的实例。并清楚地组织事实与论据。

行为示范:

(1)清晰地解释相关事实,呈现合理的准备充分的案例。

(2)运用直接的证明,诸如关于实质特征的数据、意见一致范围与利益等进行说服。

(3)提出有说服力的论据以支持个人观点,要求对方做出承诺或保证。

二级

用行动或语言引起别人的兴趣和同意。预测你的语言或行动将会造成何种影响。

行为示范：

(1)通过指出他们的忧虑以及强调共同利益来说服他人。

(2)预测别人怎样反应,并采取相应的表现方式。

(3)根据相应的需要采取实时的风格和语言应对。

(4)用案例或论据创造出一个"双赢"的解决方案实现双方目标。

三级

采取多元化的影响战略:采用多样的行为去影响听众,每一种行为要适应其目标听众。

行为示范：

(1)运用新的宣传媒介吸引听众。

(2)开发有选择性的信息发送媒介,每种媒介适应不同听众的兴趣。

(3)使用的宣传方式适于整合关键听众的"兴奋点",并结合其他关键事件和策略以提高你的影响力。

四级

运用复杂间接的影响:通过第三者或专家来施加影响。结成联盟,建立幕后支持,构成影响别人行为的有利形势。

行为示范：

(1)游说关键性人物,证实并解决他们的忧虑和担心,利用这些个人去支持自己的观点影响他们。

(2)精心策划事件以间接影响他人(如计划时间的安排,策划关键事件,预测有关关键联盟的提议,影响证言等)。

全局观念(OVV)

【定义】从组织整体和长期的角度,考虑决策、开展工作,保证企业健康发展。

■ **认清局势** 深刻理解组织的战略目标,组织中局部与整体、长期利益与短期利益的关系,以及其他各关键因素在实现组织战略中的作用。

■ **尊重规则** 有较强的法律、制度意识,尊重企业运作中的各种规则,不会为局部小利而轻易打破规则和已经建立的平衡与秩序。

■ **团结协作** 倡导部门间相互支援、默契配合,共同完成组织战略目标。

■ **甘于奉献** 明确局部与整体的关系,在决策时能够通盘考虑;以企业发展大局为重,在必要时能够勇于牺牲局部"小我"和暂时利益,为企业战略实现和长远发展的大局让路。

等级	行为描述
A-1	工作思路混乱,不分轻重缓急;不按公司的规章制度办事,对企业的战略目标理解不够明确,通常只为自己或所在部门的利益考虑。
A-0	工作思路清晰,重点不够突出;较能按照企业规章制度办事,对于企业的战略目标理解得比较明确,并以此基础安排工作,能将企业看成一个整体。
A+1	工作思路清晰,重点突出;严格按照企业制度办事,对企业的战略目标有准确的理解,并以此为出发点,安排各项工作;将企业看作一个整体,决策时能通盘考虑;在顾全大局、勇于奉献上,起带头表率作用。
A+2	从组织整体的角度考虑问题,恪守企业制度;对企业的战略目标了然于胸,并能有详细的实施步骤;倡导团队间精诚合作,为企业无私奉献自己。

战略思考(STG)

【定义】深刻理解公司战略思想,根据本企业实际将战略落到实处,并采取相应的措施保证战略的实现。

■ **战略理解** 对组织战略制定的背景、原则和重点有透彻的理解,并向下属正确地传达与解释。

■ **战略分析** 分析市场环境的机遇与挑战,组织的优势与劣势,探寻实现战略的机会,确定达到战略目标的实施策略。

■ **战略实施** 结合组织现实的资源状况、运作模式和企业文化,制定与战略目标一致的具体行动计划,并在计划实施过程中不断校正计划与战略的偏差。

■ **战略评估与反馈** 总结战略实施成功与失败的关键信息,评估战略价值,向上级提出建设性的意见或建议。

等级	行为描述
A-1	不清楚企业目前发展中将会遇到的机遇与挑战,自身优势与劣势,战略执行力差,并且对于战略实施成败没有反馈。
A-0	了解组织的战略制定背景、原则,对于企业发展将面临的机会与挑战有较清晰的认识,能够总结一部分企业战略成败的经验。
A+1	具备将战略目标落实为具体行动规划的能力,能够总结战略实施的成败经验,向上做出反馈,促进工作战略的不断调整与优化,对于企业发展所面临的机遇与挑战有着清晰透彻的认识。
A+2	对公司战略理解深刻,具备卓越的战略执行力,能够根据企业具体实际情况将战略落实到实处,同时采取各种方法使得战略的实施得以实现。

授权(ATH)

【定义】将工作职责与职权赋予个人或群体,使员工对组织产生承诺、归属感和参与感,提升员工的贡献度,并使自己从日常事务中解脱出来,专心致力于全局性工作。

■ **愿意授权** 理解"真正的管理者通过别人来进行工作"的理念,把授权作为提升管理效能、激发下属潜能的重要工具。

■ **自信与信任** 对自己有信心,不会因为担心被取代而不给下属机会;信任下属,相信他们能够在没有自己的干预下取得成功。

■ **澄清责权** 在授权时,清晰地表明工作的原则和权限范围,明确要完成的目标;以正式的渠道公告授权内容,以帮助下属获得配合和减少冲突。

■ **跟踪指导** 授权后,对工作方法给予必要的指导,对成绩给予及时肯定,对问题进行沟通和处理,确保职权不被滥用以及在必要时提供帮助。

等级	行为描述
A-1	事事亲力亲为,喜欢独断专权;经常干涉下属员工的工作,对下属不够信任,较少授权。
A-0	有一部分权力授权给下属,对下属比较信任,不干涉下属的工作;希望各个下属都能发挥各自的特长,但是职责分配并不好,权责与权力分配得不明确。
A+1	懂得"事事亲力亲为未必是个好领导"的道理;能做到"用人不疑",给予充分的信任,不随便干涉被授权者的工作;通过适当的职责分配,能够让下属每个人都发挥长处;能够让下属有充分的责任感。
A+2	开明的管理者,没有强烈的权力欲,能将各个工作职责和权力赋予相应的个人,提升员工的满意度与忠诚度,并赋予员工强烈的参与感;从而从日常工作中解脱出来,专心于全局性工作。

成就导向(ACH)

【定义】不满足于现状,对成功具有强烈的渴求,总是设定较高目标,要求自己克服障碍,完成具有挑战性的任务。

■ **自我愿景** 有符合社会和企业利益的理想抱负,愿意为之实现而不懈努力,并能够承受困难与挫折,甚至牺牲眼前利益。

■ **内激励** 成功体验主要来源于做好工作本身所带来的乐趣,而不依赖于外在的荣誉和报酬。

■ **行动性** 对工作热情投入,乐于不断采取行动以推动事情进展,对出色完成任务、取得工作成果有强烈的渴望。

■ **挑战性目标**　不满足于现状,敢于冒险,毫不畏惧地为自己和组织设定挑战性的目标,不断追求超越自我,开发和调动潜能。

■ **高标准**　对人对事有比较严格的要求,愿意使事情更接近完美,并努力驱动自己和他人为了做得更好而继续努力。

等级	行为描述
A－1	自我实现意识不强烈,效用的满足主要来源于外在的荣誉与报酬,而非来源于事业本身;在企业内没有强大的使命感,缺乏内驱力;满足于现状,不愿意冒险,严于待人,宽于律己。
A－0	有较强的自我实现意识,愿意接受挑战,有一定的使命感,对自己有较高的标准,对于出色完成任务取得工作成果有较强烈的渴望。
A＋1	始终把搞好经营管理、创造更好的成就作为自己的奋斗目标;渴望成功,喜欢迎接挑战,不断追求卓越;在工作上执着追求,近似工作狂;不满意现状,总是希望把事情做得更好、更漂亮。
A＋2	好大喜功,追求事业的巅峰,执着追求事业近乎偏执;对自己以及员工要求极高,渴望追求完美。

人际交往(PEC)

【定义】对人际交往保持高度的兴趣,能够通过主动、热情的态度以及诚恳、正直的人格面貌赢得他人的尊重和信赖,从而赢得良好的人际交往氛围。

■ **人际敏感性**　对自己及他人的性格、情绪、需要等有敏锐的直觉和认知。

■ **热情主动**　在人际交往过程中,积极主动地去了解他人或使他人了解自己,体察他人需要,对团队支持性行为保持高度的热情。

■ **社会适应性**　对人际压力有良好的承受力和应对能力;能够针对不同情境和不同交往对象,灵活使用多种人际技巧和方式,以适应复杂的人际环境。

■ **诚实守信**　在人际交往过程中,信守承诺,有较强的责任感,表现出诚实正直的品性,使其令人信赖。

等级	行为描述
A－1	待人不够真诚,无法获得大部分人的信赖;为人处事比较刻板,不懂得变通,与人交流不够技巧,社会适应性比较差。
A－0	待人比较真诚、大方,能获得周围大部分人的支持与信赖;为人处事懂得变通,在工作中考虑他人的感受,诚实守信,有较强的社会适应性。

续　表

等级	行为描述
A+1	能够给人一种真诚的印象,并获得周围人的支持与信赖;在工作中,能够顾及他人的感受,懂得适当地照顾他人情绪;具备良好的沟通交流能力,能够恰当地表达和倾听,待人主动热情;对于不同性格的人,能够区别对待,采取不同的人际应对策略。
A+2	待人友好真诚,能真心地对待每一位朋友,获得周围人的信赖;在工作中,处处为他人考虑,人们都愿意与他交往并保持良好的关系。

分析判断(ANJ)

【定义】对已知的事实进行分析推理,把握事情的本质。

■ **理解能力**　能够根据外界提供的信息,结合自己以往的经验与认知,对事物的性质、内涵、状态等形成清晰的认识。

■ **判断能力**　能够对事物的是与非、对与错、好与坏、真与假等品质做出恰当的评判和区分。

■ **推理能力**　对事物经过分析、理解、判断及综合等逻辑思维过程后,得出结论。

■ **决断力**　对零散结论性信息进行整合加工,分析利弊,做可行性比较,选择最合适的方案。

等级	行为描述
A−1	根据外部的信息,无法很快地认清楚事物的本质;对于分析事物的是非、对错、好坏、真假缺乏一定的能力;缺乏对事物的逻辑推理能力,选择最优方案时常常缺乏决断力,犹豫不决。
A−0	能够较快地认清和把握事物的本质;对事物有自己的看法,能够较深入地分析事物的各种特征,并做出判断;有一定的综合分析能力、推理能力,会在大量的工作后从众多方案中找到一个合适的方案。
A+1	能够很快地认清和把握事物的本质;对事物有自己的独到见解,并且有理有据;能够根据表象与表面线索,对事物之间的深层联系做出推断;综合分析能力强,能够快速地从众多方案中找到最优方案。
A+2	具有卓越的逻辑思维能力及心理分析能力,对于事物的本质能够把握得非常准确;具有卓越的推理能力,对事物的发展轨迹把握得一清二楚;总是能快速地找到最优的解决方案。

识人用人(STF)

【定义】识别和发掘下属的优势与潜能,用人之长,使其最大限度地发挥作用,实现团队与成员共同成长。

- **识别能力**　对下属的特点、优势、特长及成熟度有比较深入的了解,对蕴含在员工身上的潜能有一定的预测和判断能力。
- **优势使用**　用人之长,尽可能使下属做自己擅长做的事,为其发挥优势创造条件。
- **激励能力**　能够注意到下属的需要,并有针对性地采取激励措施,以激发员工的工作热情。
- **促进发展**　将下属的成长和发展视为自己以及团队的责任,努力为员工创造发展的空间和机遇。

等级	行为描述
A−1	对于下属知之甚少,更不了解他们各自的优缺点,很少激励下属并给予他们成长的空间。
A−0	比较了解下属的特点,对下属的长处与不足也有所了解,能够用其所长;偶尔会与下属进行沟通,激励下属并努力给下属提供和团队一起成长的空间。
A+1	了解每个下属的长处与不足,能够用其所长;能够给下属一个发挥潜力的空间,经常性地给予支持和鼓励。
A+2	对下属了如指掌,能够做到人尽其用,总能将下属的特长发挥到最好;能够提供给下属一个不断成长的空间,激励他们向更高的职业生涯前进。

二、人力资源部经理——行政部经理

行政部工作与人力资源部工作有相似性。

信息分析(INF)

【定义】能够把那些原始的、零散的材料经过归纳整理、综合分析,去粗取精,去伪存真,变成系统的、具有较强操作性和指导性的意见、建议。

- **信息搜集**　能够通过网络、报章杂志书籍、会议和人际交流等多种途径,快速获得大量信息。
- **信息管理**　能够有意识地做好信息的分类、整理和贮存,以便在必要时可以迅速调用。
- **信息加工**　能够从零散的信息中,敏锐地洞察社会、行业及市场等的新动向、新趋势,并判断分析出潜在的发展机会。
- **整合与应用**　能够将来源不同的信息整合起来,并将信息分析中呈现的新动向和新趋势与企业实际相联系,提出预见性建议,为规划企业发展以及应对市场变化提供依据。

等级	行为描述
A−1	平时不重视信息的收集,不擅于使用信息搜索工具,没有能力对零散的资料进行加工,认为信息流可有可无。
A−0	能应用一些基础的信息搜索工具,明白信息的重要性,平时会积累一部分信息资源,能对零散的信息进行加工,从而提炼出自己的观点。
A+1	能熟练地掌握和使用信息搜索工具,视信息为资源,认为"掌握了信息就掌握了工作主动,能经常性地用大量的信息证明自己的观点,能够对零散的资料进行整合,提炼出精华"。
A+2	卓越的信息收集能力,精通各种搜索工具,能快速地将原始、零散的资料整理归纳;有卓越的综合分析能力,能够通过信息的整合,提出系统性、指导性的观点和建议。

沟通协调(CMC)

【定义】妥善处理与上级、平级及下级之间的关系,促成相互理解,获得支持与配合的能力。

■ **积极沟通** 重视且乐于沟通,愿意与人建立联系;在遇到沟通障碍时,能够以积极心态和不懈的努力对待冲突和矛盾,而不是强权或回避。

■ **换位思考** 能够打破自我中心的思维模式,尝试从对方的角度和立场考虑问题,体察对方感受,促进相互理解。

■ **及时反馈** 重视信息的分享,用心倾听各方的意见,并根据实际情况及时做出调整和回应。

■ **机制保证** 能够有意识地在组织中搭建沟通平台,通过机制建设确保沟通渠道的顺畅。

等级	行为描述
A−1	平时不注重沟通,遇到冲突与矛盾以强权或回避来解决;习惯自我为中心的思维模式;缺少全方位思考,缺少协调与沟通。
A−0	了解沟通的作用,与工作中的各方都有比较好的关系;遇到问题与冲突时愿意体谅与理解别人,能及时回复一部分信息;略懂得聆听的艺术,愿意以制度方式明确沟通职责。
A+1	与工作中的各方保持密切联系与良好关系;能够体谅和理解他人,愿意就具体情况做出调整与妥协;愿意就对方疑问做出及时的回应,确保信息的准确表达;倾向于以制度的形式明确沟通职责;懂得倾听的艺术。
A+2	成为企业内部的桥梁,有着卓越的协调能力,能与上下级做好沟通,并妥善处理好之间的关系,促进其相互理解,获得他们的支持与配合。

附录五：人力资源部经理的"入口"和"出口"

一、岗位轮换：从同级岗位行政部经理开始，通过岗位轮换进入人力资源部经理岗位

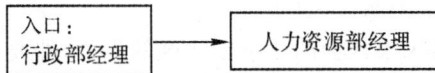

```
┌─────────┐        ┌──────────────┐
│入口：   │ ─────→ │ 人力资源部经理 │
│行政部经理│        │              │
└─────────┘        └──────────────┘
```

二、岗位晋升：从下一级岗位开始，通过岗位晋升进入人力资源部经理岗位，再通过晋升到人力资源总监

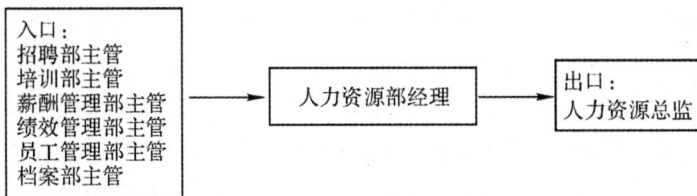

```
┌──────────────┐
│入口：        │
│招聘部主管     │
│培训部主管     │      ┌──────────────┐      ┌──────────┐
│薪酬管理部主管  │ ───→ │ 人力资源部经理 │ ───→ │出口：    │
│绩效管理部主管  │      │              │      │人力资源总监│
│员工管理部主管  │      └──────────────┘      └──────────┘
│档案部主管     │
└──────────────┘
```

附录六：人力资源部经理所需的培训和发展项目

一、知识培训

1. 劳动法及相关的法律知识：人力资源部经理在进行日常的工作时，需要处理很多事情，在员工劳动关系的处理及薪酬的问题上，需要依照法律展开工作，不能做出违反国家法律的决策，不然会给公司带来麻烦，影响公司形象。

2. 心理学知识：心理学是人力资源管理的重要理论基础之一，人力资源部经理在处理公司事务时要面对形形色色的人，他们对职位和工作的要求也有所差异，未来让公司和谐、高效地运转，除了管理等方面的因素外，选拔和安置合适的工作人员也是相当重要的。由于工作不同，其对人心理特点的要求也就不一样。

二、技能培训

现代人力资源管理技术：人力资源部经理需要对人力资源部的工作开展进行统筹指导，因此，他自身需要在人力资源管理知识和技能的掌握上有过硬的基础。

三、能力培训

1. 沟通和处理人际关系的能力：人力资源部主管公司的人力资源，作为人力资源部的经理，需要跟形形色色的人打交道，沟通和处理人际关系的能力是人力资源部经理必不可少的一项重要能力，对其工作的顺利开展有很重要的影响。

2. 团队建设能力：团队建设就是能够把不同背景、不同个性、不同专长和不

同经验的人组织在一起,使他们成为一个富有成效的工作团队。人力资源部是由不同的人组成的,但人总是有优缺点的。要组建高效的团队,就必须用人之长、容人之短。团队并不是由一群完美无缺的成员组成的,团队成员也不可能没有缺点,作为管理者就是要设法发挥团队成员各自的优点,抑止其缺点,这样才能真正形成一支高效的团队。

3. 创新管理能力:未来社会的竞争是速度的竞争,即要有比别人更快的学习能力,人力资源部作为公司主管人力资源的部门,在公司创新经营思维的形成及创新能力的提高中起到至关重要的地位,人力资源部在打造企业文化时,将创新引入企业文化将带给公司更多地活力。

4. 宏观经济分析能力:人力资源部是企业的重要部门,对企业的正常运营提供了重要的辅助作用,人力资源部在制定人才招收计划的时候,需要分析内外部的经济形势,制定有利于企业的人才战略。并且,这个能力也为人力资源经理的职位晋升打好了基础,在进入更高一级的管理层之后,能更好的胜任工作。

5. 战略思维决策:人力资源部并不是孤立的一个部门,是与公司整体相联系的,人力资源部在展开工作的时候,并不仅仅是从本部门的计划出发的,还要同公司整体战略相结合,人力资源部是实现公司战略目标的重要辅助部门,需要为公司战略的实施提供充足的人才供给,人力资源部经理在制定人才战略的时候需要充分分析公司战略。

附录七:职业行动所需的工具、信息和支持

一、需要的工具

1. 企业教练技术

与传统的管理方式相比,企业教练强调以人为本,着重于激发个人潜能,发挥积极性,寻找最适合自身发展的工作方式,从而有效快捷地达到目标。

所以对于一个经理人来说,企业教练实质上是其打造其团队核心竞争力的工具,通过团队的提升,最终达到自我职业生涯提升的工具。

帮助员工实现理想、培养员工良好心态。及时给予员工指导。

2. 职业规划

提高工作生活质量。

3. 沟通力

沟通力的核心要素是态度、思维方式和表达力。

首先,沟通力的实现必须要以人为中心,以平等、民主为基础。

其次,思路决定出路,要实现沟通力就必须是沟通人之间的双赢或多赢。

最后,表达力是在态度和思维方式要素下的具体运用能力,它直接决定沟通力的强弱。

4. 领导力

"领导"(leadership),是影响他人行为与思想的过程,领导的目的是影响被领导者做出努力和贡献去实现组织目标。"领导力"则是激发他人跟随你一起工作,以获取共同目标的能力,其本质就是影响力。

"领导力"的核心要素包括:"情感智力"(emotiona lintelligence)、"技术技能"、"人格素质"、"认知能力"、"领导风格"。领导力具体体现在领导者在特定的环境下通过独特的风格和方式感召和影响具有不同才能的追随者去实现组织目标的过程。

5. 职业管理框架体系

因为职业管理框架体系既能够帮助企业减少员工流失率、增加员工参与度;同时还能够帮助企业在那些员工最难以招募或保留的职能领域,如营销、销售、工程和研发等领域,塑造其内部的卓越品质。

6. 职业生涯共赢模式

职业生涯共赢模式是一种通过企业、管理人士和员工之间的相互合作,共同改善职业生涯管理实践和成果的模式。

二、所需要的信息:职位空缺信息披露。

三、所需要的支持:针对员工个人的,如各类培训、咨询、讲座以及为员工自发的扩充技能,提高学历的学习给予便利等等。

对组织的诸多人事政策和措施,如规范职业评议制度,建立和执行有效的内部升迁制度等等。

第十一章 企业文化管理

✧ 本章基本概念

1. 组织文化(Organization Culture, Corporation Culture) 得到广泛认同的界定是这样的:组织文化指组织成员共有的一套意义共享的体系,它使组织独具特色,区别于其他组织。

2. 强文化(Strong Culture) 在强文化中,组织的核心价值观得到强烈而广泛的认同,接受核心价值观的组织成员越多,对核心价值观的信念越坚定,组织文化就越强。

3. 主文化(Main Culture) 主文化体现的是一种核心价值观,它为组织中绝大多数成员所认可和共享。

4. 亚文化(Sub Culture) 亚文化通常在大型组织内部发展起来,反映了其中一些成员所面临的共同问题、情境和经历。

5. 组织社会化(Organizational Socialization) 不管组织在人员的甄选和选拔录用方面做得多好,新员工都不可能完全适应组织文化的要求。由于新员工对组织文化尚不熟悉,所以他们可能会干扰组织中已有的观念和习惯。因此,组织需要帮助新员工适应组织文化,这种适应过程称为社会化过程。

6. 组织发展与变革(Organization Development and Change) 组织发展与变革是指将行为科学知识广泛应用在根据计划发展、改进和加强那些促进组织有效性的战略、结构和过程上。该定义突出了几个特征,使得组织发展区别于其他对推动组织变革和改进的措施。

人以群分:BMS 公司医药销售代表的离职

≫ ≫ ≫　≫

　　摘要:进入 21 世纪以来,医药企业间的竞争日益激烈,大型跨国企业间的收购、兼并时有发生,国内一些中小规模的民营企业为了应对日益激烈的市场竞争,按照国家最近出台的改革发展方针,加快了企业合并重组的步伐。在总体动荡的行业背景下,医药销售代表已经成为流动最频繁的一类人。企业要盈利,要长久发展,离不开优秀的营销人员。如何留住优秀的销售人员,降低医药销售代表的离职率,是每个医药企业都迫切需要解决的现实问题。

　　关键词:医药行业　销售代表　离职　人力资源管理

0　中国医药行业发展现状

　　我国医药行业竞争格局总体上是低水平的重复建设,医药企业众多,多为恶性的价格竞争,医药产品以仿制药和低价的中成药为主,市场秩序缺乏监管,混乱不堪。展望医药行业的将来,并购重组将成为医药行业发展的主旋律。

　　21 世纪以来,由于国际医药市场竞争的加剧,众多跨国医药巨头将视线转向中国区域的市场,外资企业正在加快对中国的市场布局,除了购买具有研发实力的国内医药企业,还在国内设置生产工厂,提升企业在中国市场的竞争力。

　　目前中国共有 6000 多家制药企业,在这些企业中,有竞争优势的产品很少,同时多数企业的管理水平不高,国内的医药企业正处于挣扎中求突破的发展阶段。

1　医药销售代表介绍

　　根据国际制药企业协会联盟公布的《医药代表宪章》中对医药销售代表的定义:医药代表是隶属于医药品生产公司或经营公司的,以正确使用和普及医药品为目的,代医药公司同医疗人员接触,提供有关医药品的质量、有效性、安全性等信息服务并负责信息收集、信息传递等工作的业务人员。

　　医药代表始于西方,是一种备受人们推崇与尊敬的职业。20 世纪 80 年代末,国内一批具有医药学本科及以上学历,并且在医疗企业或药品相关机构有过工作经历的人,在中外合资的医药企业中经过了专业知识和技能的培训后,首先加入了医药代表的行列。早期医药销售代表的工作主要是组织专家和一线医生参加各种级别的学术会议,通过对医生进行药品的研发原理、试验结果、安全性、有效性等介绍,让其逐渐了解新药的机理、疗效、使用方法及不良反应处理,并使之形成用药习惯。正是这批医药销售代表,创造了医药企业与医生之间直接沟通与交流的机会,带动了医药企业在中国的发展,使得医药销售代表这一职业很快在我国盛行开来。

　　医药销售代表在推动我国医药行业的发展过程中起到了许多积极的作用,但是从 20 世纪 90 年代中期开始,由于缺乏监管,个别医药企业为追逐利益,采用销售业绩与其个人收入直接挂钩的薪酬模式,滋生了各种变相行贿的不正当竞争方式,导致医药代表为了追求利益纷纷背弃了传递药品信息的职业操守,不仅造成医生为收取回扣而乱开药、多开药等现象,更激化了医患矛盾。

　　在国外发达国家,医药产业已经相当成熟,相关法律亦很完善,从业门槛也比我国高出许多,医药销售代表必须取得职业资格才可从业。但是在中国,医药行业尚处发展阶段,存在着市场监管不力、法律不完善等现象,导致了企业间恶性竞争层出不穷、屡禁不止。国内医药企业为追逐利益,采用单纯以业绩考核员工的方式,催生了变相贿赂的销售模式。为了追逐个人利益最大化,国内的医药代表忽视了医药知识的学习和积累,急功近利,不只激化了医患矛盾,更是引发了一系列的社会问题,这也使得医药销售代表这个职业不被社会大众所认可。内部从业压力不断增大,外部媒体过度曝光、社会大众不认可,导致医药销售代表频繁跳槽、转行,对医药企业管理者造成了很大的困扰。

2　BMS 公司简介

2.1　公司历史与概况

　　BMS 公司成立于 1982 年 10 月 14 日,由美国某大型医药公司与中国医药对外贸易总公司和上海医药总公司共同投资设立,是中国第一家中美合资的制药企业。目前 BMS 公司在中国有 15 个办事机构,业务遍及中国各大省市。多年来,BMS 公司在中国上市了近 40 个优质的处方药和非处方药,产品涉及慢性乙肝、心血管、糖尿病、肿瘤、抗生素等多个领域,是多个治疗领域的市场领导者。

2.2 公司的行业地位及产品特点

由《财富》杂志评选出的 2012 年度世界最受尊敬公司排行榜中,BMS 公司以综合得分 6.20 的成绩列第三。排名第一的是综合得分 6.56 的诺华,雅培以综合得分 6.39 摘得亚军。值得一提的是,在单项评选的产品质量这一项,BMS 公司位列第一。

BMS 公司具有强大的研发能力,公司旗下的产品多为自主研发的药物,优质且强效。比如治疗慢性乙肝的抗病毒药物——博路定(恩替卡韦片),其具有强效、安全、抗耐药的特性,是目前国内市场上的优质药物,当然,其价格也是一般国产仿制品的两倍。

2.3 公司销售人员管理概况

BMS 公司在中国有 15 个办事机构,销售遍及全国所有省份。截止到 2012 年底,在中国的员工总数为 2500 人,其中销售人员 1996 人。

BMS 公司在中国没有独立的研究中心。公司总部位于上海,人事及财务都设立在总部。下设 15 个办事处,主要是销售人员及提供技术支持的医学顾问和提供资金支持的市场经理的办公处。

BMS 公司将中国的市场按区域划分,主要分为华东区(山东、江苏、安徽、浙江、福建、江西、上海)、华中区(湖北、湖南、河南)、华南区(广东、广西、海南)及华北区(北京、天津、河北、山西、内蒙古)。负责这四个区域的销售主管称大区经理,向销售总监报告。大区经理下设地区经理,主要负责一线城市及周边二线城市的销售工作。地区经理下设销售代表,负责具体完成销售指标。

销售代表的主要职责是:通过专业的拜访建立并维护客户关系;了解客户业务上的需求,提供相应的专业信息;分析客户类型和业务机会,制定并实施相应的业务计划;和公司内其他部门紧密合作,确保工作顺利进行。

表 11-1　BMS 公司销售人员文化程度统计表

学历	人数	比例
硕士及以上	489	24.5%
本科	1340	67.13%
专科及以下	167	8.37%
合计	1996	100%

从表 11-1 可以看出,BMS 公司销售人员的文化水平较高,这也跟医药销售代表这个行业本身的职业门槛有关,尤其是 BMS 公司身为世界 500 强企业,对员工的素质要求较高。本科学历、医学相关专业毕业的销售人员基本能够胜任医药销售代表的工作。BMS 公司销售人员中,硕士学历比占 24.5%,这是由于国内多数医学专业的设置都是本硕连读的 7 年制,这也体现了医药销售代表的专业性,符合 BMS 在中国维持多个治疗领域的市场领导者的战略要求。

表 11-2　BMS 公司销售人员年龄统计表

年龄	人数	比例
25 岁以下	465	23.3%
26—30 岁	756	37.88%
31—35 岁	458	23.5%
36—40 岁	196	9.82%
41 岁以上	112	5.6%
合计	1996	100%

从年龄层面分析 BMS 销售人员的构成,不难发现,跟所有企业的数据比例相似,30 岁以下员工占据了大部分比例,这也正是销售工作高强度、高压力的特性所决定的。年轻人生理素质较年长者强,亦能承受较大的压力,也更需要销售工作丰厚的报酬。其中,30 岁以下的销售人员多为基层的医药销售代表,地区经理级别的销售人员多数集中在 31 岁到 35 岁的年龄区间,而大区经理的年龄多数分布在 41 岁以上。

2.4　公司销售代表的薪酬福利待遇

公司在医药销售代表的薪酬管理上,主要采用以下的制度:

(1)新员工有 6 个月的试用期,试用期的前 3 个月内,本科学历的销售代表的薪酬由每月 4000 元的底薪和奖金(保底 10000 元/季度)构成,奖金按季度发放,如果新员工百分之百完成指标,他所获得的奖金为 12000 元/季度;若是新员工无法完成指标,他所获得的奖金为保底奖金,即 10000 元/季度。试用期的后 3 个月,销售代表的基本底薪不变,保底奖金减少为 8000 元/季度。本科以上学历的销售代表的底薪较本科学历的有所上调。

(2)试用期结束后,销售代表的底薪 4000 元/月不变,奖金按绩效水平发放。完成指标 80% 以下的,当季度奖金为零;完成指标 80% 以上不到 100% 的,当季度奖金为 8000 元;百分百完成指标的,当季度奖金为 12000 元;超额 20% 完成指标的,当季度奖金为 16000 元,即封顶奖金。

(3)公司按国家规定为每位员工缴纳五险一金,五险即养老保险、医疗保险、工伤保险、生育保险和失业保险,一金即住房公积金,为底薪的 20%。另外每个月提供 1200 元的交通补贴,凭打的票等凭证报销。

(4)公司还有一个系统,用于考勤。每月按时完成拜访任务的销售代表,将获得 500 元的考勤奖。

(5)另外,女员工还有 5 个月的超长带薪产假。

3 销售代表离职现状分析

随着公司销售业务的增多、销售规模的扩大、几个新产品的陆续上市,销售代表队伍建设不断加快,销售代表的招聘更是逐年增加。2010 年,BMS 公司销售代表的人数为 802 人,其中新招人数为 92 人;2011 年,销售代表的人数上升至 1070 人,其中有 357 人为当年招聘人员;截止到 2012 年底,销售代表的人数为 1440 人,新招聘员工 478 人。2010—2012 年中,销售代表的离职率基本稳定,如表 11-3 所示。

表 11-3　BMS 公司 2010—2012 年销售代表离职率统计

区域	2010 年		2011 年		2012 年	
	离职人数	离职率	离职人数	离职率	离职人数	离职率
华北区	11	7.46%	13	5.28%	14	4.44%
华东区	33	11.13%	29	10.64%	42	11.48%
华南区	27	11.23%	36	12.24%	39	11.16%
华中区	9	8.07%	11	8.91%	13	5.80%
合计	80	10.05%	89	9.51%	108	8.61%

总体来说,BMS 公司销售代表的离职率低于行业平均水平。从表 11-3 中可以看出,2010 年到 2012 年,BMS 公司销售代表的离职率逐年降低,主要原因在于欧债危机爆发以来,全球经济形势不佳,就业压力大,员工出于工作家庭等方面考虑,选择留在企业。

另外,从表 11-3 中可以明显看出,华东区与华南区的离职率明显高于华北区和华中区。华东区与华南区这两个区域是中国经济最发达的地区,同时也是竞争最激烈的地区,日益加剧的工作压力使得这两个区域的员工比起华北区和华中区的员工更容易产生离职行为。另一方面,华东区与华南区能提供给员工的就业机会也大大多于华北区和华中区,这就造成了这两个区域员工离职率居高不下的现状。

4 销售代表离职原因

4.1 国家政策影响

随着医药产业在我国的快速发展,政府加大了对医药行业的监管力度,制定了一系列的政策制度。政策制度对销售人员产生的制约,在一定程度上推动了销售代表选择离职。2012年上半年,国家下达控制药费比例的政策,严格限制药费比例,造成了BMS公司的一些高价药没有医生愿意处方。销售代表在无望完成指标的情形下,无奈选择离职。

4.2 薪酬水平的影响

BMS公司的销售代表的薪酬远远高于那些规模小、研发能力弱、以生产仿制品为主的民营企业,其薪酬体系的构成是高底薪加季度奖金,这就意味着,如果不能完成指标,4000元的底薪也仅供维系一个人在一线城市的正常开销。

另外,与其他行业相比,如IT、房地产等行业,BMS公司的薪酬待遇不具备外部竞争力,很难吸引到优秀的营销人才。

对内而言,BMS公司薪酬的公平性也没有得到很好的体现。销售代表往往按区域分配指标,有的热点区域对药品的需求大,负责这一块区域的销售代表就较容易完成指标,相对地,就有销售代表很难甚至无法完成指标,仅靠基本工资过日。指标制定的不合理、绩效考核方式的不灵活,导致薪酬分配的内部不公平,这也是导致销售代表离职的重要原因。

4.3 缺乏科学的考核体系

对医药代表最常见的考评方式就是与销量直接挂钩。这种方式最简单直接,也最容易产生经济效益,但是,它的弊端也是显而易见的。因为绩效考核的结果直接与医药代表的薪酬相挂钩,考核结果的不公平容易造成薪酬的内部不公平。一个无法体现内部公平性的考核体系也是造成员工离职的重要原因。

4.4 实际工作环境

BMS在中国设立的办事处,一般是在商用写字楼租用的,每个办事处的办公空间有限,通常只有地区经理拥有格子间与写字台,销售代表们甚至没有自己的办公桌。销售代表每天的活动地点多数是在医院。尤其是频繁地加班、出差,让医药销售代表感到非常疲惫甚至厌倦。

4.5　发展与晋升的机会

BMS 招聘地区经理,通常会选择外部招聘,这在一定程度上会打击销售代表的工作积极性,当销售代表看不到晋升的希望与发展的前景时,往往会选择跳槽,以获取更好的发展。

4.6　其他因素

病人的指责、舆论的压力、媒体过度曝光等,都会对医药销售代表离职产生一定的影响。

◆◇ 案例思考

1. 公司如何构建高绩效企业文化?

2. 从公司角度看,员工离职的原因有哪些?

3. 企业文化的要素包括哪些?

第十二章 人力资源管理发展趋势

◇ 本章基本概念

1. 工作一家庭边界（Work-Family Barginal） 克拉克（Sue Campbell Clark）在对以往的工作一家庭关系理论进行批判的基础上，提出了工作一家庭边界理论。它认为，人们每天在工作和家庭的边界中徘徊，"工作"和"家庭"组成各自不同目的和文化的领域或范围，相互影响，虽然工作和家庭中很多方面难于调整，个体还是能创造出想要的平衡，在一定程度上塑造了工作和家庭领域的模式、两领域间边界和桥梁。

2. 员工援助计划（Employee Assistant Plan，EAP） 员工帮助计划又称员工心理援助项目、全员心理管理技术，它是由企业为员工设置的一套系统的、长期的福利与支持项目。通过专业人员对组织的诊断、建议和对员工及其直系亲属提供专业指导、培训和咨询，旨在帮助解决员工及其家庭成员的各种心理和行为问题，提高员工在企业中的工作绩效。

3. 人力资源外包（Out-sourcing） 外包就是将组织的人力资源活动委托给组织外部的专业机构承担，基础性管理工作向社会化的企业管理服务网络转移，比如档案管理、社会保障、职称评定等庞杂的事务性工作，知识含量不太高的工作等，逐渐从企业内部人力资源部门转移出去，而工作分析、组织设计、招聘、培训、绩效考核等具有专业性的职能则交给外部专业管理咨询公司。

4. 双职业生涯（Double Career） 双职业生涯是指夫妻双方作为一个整体，进行双方的职业生涯设计，双方均可为自己的事业成功而拼搏，不需要其中一方以牺牲自己事业为代价来换取另一方成功。双职业生涯设计在夫妻双方的职业安排上、职业发展关键时间上进行统一考虑，减少夫妻双方的冲突，成为双事业型夫妇。

【案例 12.1】

化解代际冲突：云怡制袋厂新生代农民工用工问题

>>>>　　>

摘要：本案例描述了一家私营企业在对农民工，尤其是新生代农民工的管理当中碰到的问题。这类家庭式手工作坊遍布于浙江乡镇，其中农民工构成了这类企业大部分的劳动力来源。尽管在长期的生产过程中，当地企业与外来农民工已经形成较为稳定与平衡的劳动关系，然而当前企业仍然面临了来自新生代农民工的种种挑战。以云怡制袋厂为例，在介绍其生产与用工情况后，着重分析该企业近年来所面临的用工难题。与父辈相比，新生代农民工存在招工难、劳动力成本高、员工流动性大、员工需求多样化等特点。本案例描述的情况在浙江省手工生产企业中具有普遍性，如何加强对新生代农民工问题的认识和管理有助于企业更良性地发展。

关键词：私营企业　新生代农民工　云怡制袋厂

0　引言

2013 年 2 月 25 日，春节刚过，云怡制袋厂已经开始新一年的生产。看着寥寥无几的员工，老板张春祥皱起了眉头。近几年来，厂里的外地打工仔一直是一支不稳定队伍，尤其在年后返工的这个时候，员工总是三三两两，不能到齐。今年的情况更加糟糕，张春祥打了几十通电话，不是说老家有事不来了，就是说好了时间却一拖再拖。年前都是约定好的，过了个年就都变卦了。于是，张老板每年过完春节，甚至春节期间就得考虑空缺人员的补充问题。外来务工者的用工问题成为张老板的一个心病。

1 制袋厂概况

1.1 制袋厂的发展历程

2005 年,在义乌的一个偏远村庄,张春祥开始筹办一个纸袋生产厂。虽然改革开放已有一些年头,义乌市整体经济发展迅速,然而张春祥感觉距离市区较远的农村一直没有太大改善,当地老百姓还是以务农为主,城乡差距逐渐拉大。当时,张春祥的一个朋友在义乌小商品城租下一间商铺,从事纸袋销售,据说需求量很大。在朋友的鼓动下,张春祥买了一台设备,雇了几个村里人,办起了纸袋生产厂。

依靠朋友提供的稳定的销路,制袋厂的生产规模逐步扩大。创办第二年,随着订单的增加,张春祥又添置了一组设备。然而此时,从村里雇的人手已明显不足,张春祥只好去义乌人才市场招了一批外地务工人员。依靠稳固增长的销量、长期合作的供应商以及越来越娴熟的工人,制袋厂的效益也越来越好。2006 年和 2007 年销售额都比前一年有了较大增长。由于各方面生产成本得到很好的控制,利润额也比前一年同期有了增长。

然而,2008 年的金融危机让许多义乌中小企业陷入困境。尽管云怡制袋厂成功地维系了一批国内老客户,然而受整个经济环境影响,制袋厂还是进入了寒冬。为了应对突如其来的危机,张春祥立马减少设备数量,并降低工人工资。对于表示不满而提出辞职的员工,张春祥马上结清工资,让他们另谋生路。到了2008 年底,设备从高峰时期的四组减少到了两组,工人数量也减少了将近一半。

在这之后,制袋厂的发展似乎趋于平缓。尽管没有前两年那样的辉煌成绩,张春祥对当前的状态还算满意——厂里事情几乎是自己一人说了算,每年有稳定收入,在当地算是中等水平以上。

1.2 产品与市场

义乌是一个小商品较为集中的市场。身处这样一个特殊的城市,云怡制袋厂找到了自己的立足点——利用丰富的农民工资源,相对低廉的劳动力成本,可靠而价廉的原料,更凭靠着一个连接全国甚至全世界的商贸中心,专门生产那些喜庆类的纸袋并分销到各地的喜庆用品批发商。由于价格便宜,这样的纸袋在我国农村以及欠发达地区有着稳定的市场。

云怡制袋厂主要进行纸袋的加工。从供应商那里采购印有图案的纸张和编织麻绳后,制袋工序一般包括折袋、压边压底、穿绳、包装等。其中大部分工序都是手工作业,只有压边压底需要在设备上操作完成。一般一组生产线包括两台设备(分别进行压边和压底),分别由一个人操作,此外,还包括十来个手工作业者。

尽管张春祥也想过做一些高技术含量的产品,比如自己做设计、开发新产品,然而毕竟在一个相对闭塞的乡村里,对市场的把握有限,又缺乏相关方面的人才,张春祥还是一直重复地生产那些传统的低附加值的产品。只是有时,张春祥会根据客户的反馈,向供应商提出建议,在纸袋图案上做一些小改动。

2 制袋厂用工情况

2.1 员工构成

随着市场变化,制袋厂的员工数量也存在波动。最多的时候员工人数达到50余人,目前员工人数在30人左右。尽管员工数量不多,但人员结构比较多元化,既有本地人,也有外来务工人员;既有年纪大的,也有年纪轻的。本地人和外地人被安排在两个不同的工作地点。制袋厂最早的一批老员工一直是在张春祥家里作业,有十来个村里人,这些人一般年龄都在40—60岁之间。生产规模扩张后,由于家里地方有限,张春祥向村民租了一间仓库作为厂房。仓库离家有3公里路程。而这间仓库里,则是以外来务工人员为主,这些外来务工人员年纪相对较轻,一般在20—40岁之间。对外来务工人员的生产管理则主要由张春祥信任的一对同村夫妻负责。

整体来说,员工的文化素质不高,家里作业的村民大多没有读过书,而外来务工人员则多数为初中学历及以下,正规高中毕业生或有一定专业技能者不愿来或者干不久就辞职了。外地人主要来自两个地区:江西和贵州。

2.2 员工工作环境

该行业的工作特点是:手工作业者工作难度低,无危险性;设备操作者工作难度高,有较高危险性。整个工作场所内有一定噪音和粉尘,但是在可接受范围之内。该制袋厂还有自身的特点:由于都是张春祥自己一手创办起来的,厂房设备比较简陋。一开始,员工都是冒着严寒酷暑工作,到了晚上光线也非常暗,工作效率低,条件非常艰苦。后来,经过张春祥对厂房的逐步改造,工作环境得到了一些改善。例如在厂房里装上水空调,以使员工能够在酷热的天气安心工作。布置更多节能灯,让员工在晚上也能看得清楚。

张春祥规定,每年下半年忙时一般工作时间为早上8点到晚上10点,上半年闲时一般工作时间为早上8点到下午5点。每个月休息一天,除春节之外的法定节假日放假一般不超过 3 天。不过员工还是有很大的自主调节性,临时请假都是允许的。因为实施计件工资制度,请假或迟到早退都意味着工资将会减少,员工一般都不会离岗过久。

3 面临的用工压力

近年来,张春祥还是碰到不小的用工压力。随着 80 后新生代打工仔大量涌入劳动力大军,打工者与老板之间的关系发生了很大的变化。新生代打工者较他们的父辈在思维、对生活的态度以及工作模式上都发生了改变。张春祥就深刻地体会到这一点,当前的用工压力主要体现在以下几个方面。

3.1 招工难

每年春节前后都是张春祥最煎熬的时候。一方面客户订单激增,一方面员工人手不够,生产跟不上。春节是中国的一个传统节日,所有人都希望能与家人团圆,尤其对于外地打工者,他们在外辛苦了一年就盼着春节这个与家人团聚的日子。这都是可以理解的,可是离过年还有一段时间,外地员工就提出要返乡了,这一走就是十几二十号人,任凭张春祥费尽口舌也拉不住员工急切回家的心。仓库里一下就安静下来了,然而老板张春祥的手机还响个不停,从下半年一直到新年这段时间,正是客户大量订单发来的时候。年前还能靠积累的库存维持一阵,年后就只能拖住客户。

这种现象有越演越烈的趋势。前些年外地员工基本上年前提前几天才集体离开,而近年来,员工在离过年还有二十来天时就有人开始提出返乡。并且,这种行为极具传染性,跟着就有其他员工也来请假回家。离过年还有半个月的时间,仓库里基本上就没有人了。相应地,外地员工年后返厂时间也是越来越晚。从开始规定年初十返厂,到十二,再到过了元宵,外地员工才陆陆续续地回到厂里。不管年前和老板有何约定,不管老板如何接二连三地打电话说好话,他们依旧悠然自得地享受假期。

尽管在家中工作的村民一般过完年初八就恢复了正常生产,但这些人一般年龄较大,基本上只能进行手工操作,生产效率较低,不能满足订单量的要求。

3.2 劳动力成本高

低廉的价格是制袋厂最核心的竞争力之一,而廉价的劳动力成本优势就是维持制袋厂竞争力的根本。然而,由于近几年来国内经济的快速发展、人员工资的大幅度提高、各项福利制度的不断完善,与几年前的成本构成和劳务费成本相比,目前的单位劳务成本提高了,在单位总成本中所占的比例也增加了。以销量最大的一种纸袋为例,2005 年的单位生产成本是 7.5 分/只,劳务成本是 4.3 分/只,占了 57.3%;2012 年的单位生产成本是 9.4 分/只,比 2005 年提高了 25%,但劳务成本是 7.2 分/只,比 2005 年增长了 67.4%,占到单位生产成本的比例也提高到 76.6%。并且今后劳务成本依然会呈现不断上涨的趋势。

3.3 员工流动性大

对于制袋厂而言,偶尔有一两个人提出离职是比较正常的,也是可接受的,因为每个员工的工作都是可替代的,很容易从市场或通过厂里老员工介绍进行补充。然而,如果在忙季(例如春节前后)或者集体提出辞职则是很麻烦的。每年春节前后都有外地员工离职,具体原因有很多,如妻子生小孩、父母生病、亲人过世、安排相亲等。然而,张春祥知道这其中有些人只是找个借口,他们嫌在这赚得少,希望去接更赚钱的活,或者回家自己创业。现在很多中西部地区的农村经济也在发展,很多人发现在家里打工和在外地打工赚到的钱也差不了多少,于是很多外来务工者出来几年就回老家去发展了。

还有一次,一帮贵州人联合起来罢工,一个接一个地来跟老板请辞。张春祥知道,他们是对工资不满意,想借此要挟老板加工资。张春祥对这群贵州的务工人员向来不是太满意,工厂处于忙季的时候,他们总是请假或消极怠工,工厂处于淡季的时候,他们又干劲十足,这些员工好像总是和老板背道而驰。因此,对于贵州人的这次联合罢工,张春祥一一同意,并马上结清了员工工资,将这群棘手的员工"请"了出去。

当然,一批员工集体辞职对于生产难免会有影响。尽管劳动力市场上可以找到一些具有相似技能的手工操作者,然而要不就是因为工资待遇不符合这些劳务者的期望,要不就是对工作环境或住宿条件不满意。张春祥越来越发现,60、70 后员工更看重工资待遇水平,他们在谈判时往往注重工资待遇情况,并且会与他们做过的其他工种进行比较。这些员工当中还有很多是同时打几份工,他们往往会在其他工厂处于淡季时出来兼职。而 80、90 后员工除了对工资水平有一定要求,他们还比较看重工作环境和住宿条件等方面。有一对老员工介绍来的年轻人,刚刚从专科毕业。干了一周时间,就说也没说一声地走了。后来通过中间人打听到,他们觉得工作环境和住宿环境太差,和他们的期望有差距。

3.4 员工需求多样化

和他们父辈相比,80 后外出务工者对金钱的渴望没有那么强烈,或者说,除了金钱以外,他们还有许多其他追求。新一代外出务工者在各方面的状况都有了很大改善,物质生活条件、平均受教育程度都提高了,背负的家庭压力也减轻了。外部条件的改善会促使个体产生高层次的需要。

年轻人喜欢参与更多的娱乐活动。淡季时,一般每天工作 8 小时,工作完后,一些年轻人就会去镇上消遣。几个老乡三五成群,上馆子,泡网吧,打桌球,还有一些人喜欢打打牌。这些年轻人往往没什么家庭负担,自己挣钱自己花。一个月下来,不少人口袋里所剩无几。

还有一些年轻人非常关注自己的成长。从与一些离职员工的谈话中,张春祥察觉到,现在一些年轻打工者还是比较看重自己在打工过程中所能积累的经验,而不是像上一辈人那样,只抱着"有工就打,有活就干"的传统思想。他们刚开始打工时可能是因为想增长一些见识、出来闯一闯,但是渐渐地,随着他们思想变得更加成熟,他们开始关心能不能真正学到一门手艺,思考如何实现长期稳定就业,或者盘算怎样自己开创一份事业。更有少数有想法的年轻人开始为自己将来的职业进行规划。也正是年轻人这种思维的转变,使得张春祥越来越难招到工人。

这些外来务工者对于福利待遇方面也提出了更高要求。以往务工人员只要有一份工作就满意了,现在情况已经大为不同了,务工人员已经开始追求更多的福利待遇。一些员工就提出,老板也要与时俱进,为他们提供医疗、住房等福利待遇。目前,张春祥只是给每位员工提供每月 500 块钱的住房补贴。机器上的员工容易发生工伤,一旦发生事故,张春祥都是自掏腰包给他们支付医疗费。

张春祥经常为员工着想,试着想办法提高他们的工作舒适度。对于几个工作卖力的员工,张春祥也是格外照顾,通过私下的机会给他们增加一些福利。尽管张春祥对于员工是无微不至的家长式管理,然而对于大部分员工来说,他们始终不能产生一种归属感。当他们的种种需求无法得到满足时,他们的满意度就会降低,就会选择离开。

4 尾声

种种迹象看来,今年年后返厂的员工可能更少了。对于用工难题,张春祥陷入沉思……

◆◆ 案例思考

1. 劳动力密集型企业如何留住员工?

2. 新生代员工有什么特点?

📁 【案例 12.2】

崇尚团队精神:宁波倍特公司如何让 1+1>2   ≫ ≫ ≫   ≫

摘要:本案例描述了一家科技型新创企业的创业之路,揭示了当前大学生创业,尤其是一类以外贸为主的科技型创业企业所面临的共同问题。在介绍该企业的行业背景、创业团队构成以及公司概况之后,刻画了其面临的各方面困境与压力,最后着重从该企业在团队分工与成员考核方面的尝试进行了深度展示。本案例描述的情况在大学生创业企业中具有普遍性,如何加强创业团队的合作对于创业企业打破瓶颈、冲出突围有十分重要的意义。

关键词:科技型创业企业   创业团队   团队合作

0 引言

宁波倍特公司是一家销售节能照明产品的外贸公司,从公司筹备注册至今已有两年多时间,眼看公司资金渐渐耗尽,业务还未走上正轨,合伙人已是个个身心俱疲,召集人即公司总经理 Peter 陷入了沉思……

1 进入节能照明产业

1.1 行业背景

我国于 2002 年 6 月正式启动"国家半导体照明工程",并启动了产业化基地建设,随着国家专项推广 LED 照明工程的深入,尤其是中西部地区,人口多,消费会持续增长。预计到 2015 年 LED 照明产品将取代 30%～50% 的通用照明市场。伴随各国相继推出节能灯、LED 灯取代白炽灯的政策，节能灯市场在近几年还会有较大幅度的增长。随着经济全球化和 LED 产业的进步，国际市场需求量也会增长。

国家节能战略的推行给节能照明行业带来了难得机遇。照明行业的发展随着我国近年国民经济的持续向上，整个行业发展的预期良好，节能、环保将是未来重要的发展趋势。在国家的产业政策引导与宏观调控下，国内整体社会环境将进一步规范化，约束了一些小企业的不规范运作，将使公司间接受益。

近年来，我国节能照明行业在国际市场的发展也遇到一些阻碍。该行业产品出口不仅受到国际环保政策限制，而且受人民币升值因素影响，竞争更加激烈，产品利润率降低。与此同时，主要原材料和燃油价格上涨及人力成本的增加，对企业的成本造成一定的压力。

1.2 创业团队构成

Orin：公司的业务核心，公司所有的业务均来自于 Orin；

Gavin：公司的技术生产核心，几乎所有的技术和产品生产问题都需要 Gavin 去解决；

Peter：公司的组织和协调者，负责公司的组织、沟通及各类后勤保障工作；

Tony：公司的一名新业务员，入职 2 个月，业务经验不足，需要时间培养；

Lin：公司的外部技术支持，技术实力较强，经验丰富。

其中，Orin，Peter 和 Gavin 是公司的股东成员；Tony 是公司雇佣来的员工，Lin 与公司存在一些合作关系。

1.3 公司概况

公司自 2009 年底开始筹备，到 2010 年 11 月底的时候，Orin 首先从原公司离职出来，正式着手公司的场地、注册等工作，并于 2011 年 3 月份正式注册公司，之后在 2011 年，Peter 和 Gavin 先后从原来的工作中辞职出来全职创业。

公司的主打产品叫 T5 转换支架，属于当前主流的节能照明产品；其次是 T5 和 T8 荧光灯具；最后是 LED 产品，LED 属于下一代的主打产品，未来之星。公司原本打算在以 T5 转换支架为主的前提下，也大力发展其他产品，推广其他产品线。但是经过大半年的努力，除了 T5 转换支架，其他产品均效果甚微，投入进去的人力物力财力，却没有任何产出，因此公司打算再次收缩产品线，专注做 T5 转换支架产品，如果客户需要的话，顺带卖荧光灯具和 LED 灯具产品。

目前，公司主要客户和市场在美国和南美。以美国为代表的发达国家将劳动密集型的电光源和灯具生产转移到发展中国家，利用发展中国家廉价的劳动力,大量进口以满足其国内市场需求。再加上当地政策的大力支持,在近些年对于节能照明产品的需求非常旺盛。这对于我国节能照明行业是一个很好的机遇,宁波倍特公司也正是抓住这个契机来追求发展。

2 遭遇重重困境

2.1 错失关键客户,未能打开市场

销售是现金流来源,是维持公司运作的基础,因此,如何扩大客户来源和持续地获得客户合作,是创业的最大压力。但销售又与产品和服务有关联。

目前公司开发客户的能力尚可,但是维护和经营客户的能力不够,没有给客户创造价值。站在客户的立场来想想,客户手中有一个工程需要竞标或者已经拿到一个订单,要求在两个月内将灯具全部装好。那么作为供应商,公司在这个订单的环节中所起的作用,就是帮助其客户满足他的订单需求,去帮助他完成工程,这样公司就是在为客户创造价值。尽管 Orin 在前期开发客户的过程中做得都比较顺利,也往往比较容易获得客户的信任,顺利地下了样品单甚至订单,但是公司在后期制作样品与生产过程中,要么是延误很久才能发出样品,要么发出去的产品并不能完全满足客户的需求,或者产品本身就有问题,结果客户需求一直不能得到满足。这个时候 Orin 就要不断地向客户解释,并且想办法弥补,一次、两次、三次,客户就不再有信任与合作了。一个不能为客户创造价值,不能解决他们问题的供应商,他为什么还要继续合作呢?

第一个客户是已经下过单的美国客户 John,此前他给公司下了一个 20 尺柜的订单,这对公司来说算是一个还不错的订单。但是由于该订单生产过程中发现产品质量问题(客户并不知情),需要对已经做好的产品进行再次全检,并对问题产品一一修正。这一问题的出现导致交货期比原本承诺给客户的时间晚了近 2 个月,其间产品返工产生的费用以及海运改成空运等额外产生的费用总计近 8 万元,比整个订单的毛利还要多。该订单不仅产生了亏损,而且导致客户那边也受到严重影响,客户对公司的印象也变得很糟糕。

然而,该客户并没有因为这一件事情就完全撤走,而是答应再给公司一个 20 尺柜的订单,以及另一个 LED 产品的小订单。可是该订单从开始谈,到最终确认,已经确认过好几轮,客户却始终没有打来货款。截止到 6 月 7 日晚,他又对公司负责人说,有几个会议要去参加,待确认后再进一步沟通。对于该客户的这种态度,Orin 十分担心他把订单又下给别的竞争对手(在此前订单被延误的时间里,他已经向其他竞争对手下了 3 到 4 个柜的订单)。客户自己对于一再拖延给出的解释只是"忙",但是"忙"似乎不是唯一的原因,Orin 与公司其他负责

人一致感觉到可能还有其他原因。

关于这一合作,公司自开始与 Jogn 进行接触,他就表示要做一款符合美国质量标准(简称 UL)的产品,并表示希望公司能够帮助他一起做,可是他至今还没有真正跟公司谈如何进行 UL 认证的合作问题。前不久,Orin 曾追问他关于 UL 合作的事情,他似乎都不太愿意多说,给 Orin 的感觉是,他已经开始做这一认证了,至于是跟谁一起做的,不得而知。同时,他又向公司索要了用于申请 UL 认证标准的样品(国内还没有几家工厂能够做出符合 UL 标准的产品,倍特公司便是其中能做出 UL 标准的一家),似乎又是一次合作的机会。可是再进一步谈如何合作的问题,他又避而不谈。于是乎,几个合伙人的心中感到颇为不安——他到底是什么态度?是什么原因导致他对公司现在这种态度?难度真的是所担忧的最坏的情况——他已经跟公司的主要竞争对手开始合作去做 UL 认证标准了?

第二个客户是公司目前正在争取的客户 Rick,也是近期刚刚开始接触的客户,是美国市场上一个关键的大客户。该客户已经与倍特的主要竞争对手——LM 公司进行了合作,双方合作申请 UL 标准应该是已经到了了后期,目前可能还有一些问题在最终解决。由于 Orin 对于客户 Rick 的积极争取与持续不断的努力,他已经逐渐愿意透露一些细节,并且开始详细了解倍特公司的情况,包括公司简介、从业历史、相关产品细节和技术问题以及产品价格等等,目前正在沟通中。公司相信,如果能够把这个客户抓住,那么公司的状况将会好得多,不仅能够正常运作,而且将会获得不错的利润。

第三个客户叫 Perry,同样是一个美国大客户,目前也与主要竞争对手 LM 进行着密切的合作。但是,由于 LM 的资质无法满足他的需要,他正在进一步寻求更多的供应商来合作,倍特公司便是其中之一。该客户坦言,他与 LM 的合作非常好,将来会继续从 LM 采购货物,但是也会与倍特公司商谈采购的产品,因为他的需求量在急速增加,他需要大量的供应商来满足这些需求。他希望能够与倍特公司的负责人见面沟通一些事情,并且最好是飞到美国去见面。

其他还有一些小客户,这些客户与公司的关系相对稳定,但是订单量目前都不大。

2.2 低估竞争对手,给自己致命一击

倍特公司很清楚竞争对手 LM 公司存在的各种问题,因此对该公司一直以来都持着嗤之以鼻、不屑一顾的态度,感觉似乎超越他们,并拿走他们所有业务是迟早的事情。然而事实却是,LM 公司现在正变得越来越强大,倍特公司却越来越虚弱。

倍特公司总认为自己的产品是很好的,是其他竞争对手所很难抄袭的。甚

至认为，即使他们抄袭，也无法做到自己这样的低成本和低价格，如果要做出跟倍特公司一模一样的产品，他们的成本和价格将会更高。这些都是公司一直很坚信的东西！

果然如此吗？不错的，倍特公司产品的一个主要部分——整流器确实可能比 LM 公司的产品更稳定，当然成本也更高。其次，灯头和铝材外壳是自己开的模具，给人整体感觉更高档，质感更好。然而，让倍特公司没有想到的是，客户对这些似乎并不是那么在意。问题就在这儿，客户对于低成本有更高的重视度，而对于一些非核心元器件(灯头和铝材外壳)上的精致性并没有过高的要求。因此，只要竞争对手"抄袭"倍特公司的整流器设计，将整流器进行一些调整，然后应用到他们的产品中去，那么他们既能完成对产品的升级，还能将总成本控制得比倍特公司还低。

如果真是这样，那么倍特公司的所有设计开发倒是造就了竞争对手的竞争力，让他们原本不够稳定的产品变得更稳定，而成本却没有增加多少。

失去了客户信任，加上受到竞争对手低成本的威胁，倍特公司不但失去了一份极具诱惑力的订单，还将这笔不小的订单"拱手"让给了竞争对手。

2.3　资金耗竭，入不敷出

公司现有资金枯竭。公司运作至今，已投入近 60 万元，所有这些钱都是公司的几个合伙人找亲朋好友东拼西凑起来的。如今经过一年多，很多债务都已到了该偿还的最后期限了，结果都无法兑现。此外，公司的运作需要资金，而公司账上的现金目前已只有几千元了。这让公司合伙人感到捉襟见肘。

2.4　团队信心缺失，彼此抱怨不断

团队成员面临信心危机，甚至开始思考是否要坚持下去的问题。经过一年多的经营，公司一直处于投入阶段。其间做了几个单子，但是要么是小单没赚多少钱，要么就是大单由于生产问题导致延误，结果导致亏本。总之，一直在投钱，一直都没有看到利润。团队核心成员也一直是处于零工资状态，基本的生活都快成问题了。更重要的是，由于公司前期战略的偏差，眼下预计无法短时拿到一笔大订单来让公司缓过劲儿。整个团队目前处于十分疲惫的状态，大家都急于寻找一笔大订单来提升团队的信心和士气，而预期并不乐观。

3　面对困境，该何去何从？

公司面临如此困境，各种大小问题总是不断出现，团队成员整天忙于到处救火，拼死拼活努力这么久的公司，至今还是不断地亏损……这种状况已经让大家

身心俱疲,究竟还能坚持多久? 必须寻求能够真正解决问题的方案。

通过长久以来的反思与总结,Peter认为所有问题都聚焦在"人"身上,而且所有问题也唯有从"人"出发才可能得以彻底解决。他决定在本周三晚上,三个人通过网络会议开一个恳谈会,大家敞开心扉,把各自心中的想法都说出来,真正打开心中那个结,彼此再给大家一次机会,真正破釜沉舟来搏一把,以前所有的不快和埋怨,统统放一边,大家同心协力,全身心投入接下来的工作中。在解除疑虑之后,Peter还决定就一些关键问题听取成员的意见,主要是关于今后目标责任与激励机制如何明晰化等方面。

3.1　重新进行团队成员的权责划分

其中,调整最大的是Peter的工作。以前的实际工作中,Peter作为一个整体组织协调员,往往是参与到所有人的工作之中。但是Peter感觉,正是自己过多地参与他人的工作使得决策过程变得复杂——由于与其他合作伙伴常常会形成不一致的想法与意见,往往导致决策变得缓慢。争论更多变成了彼此间的一个隔阂,成了失败后彼此推诿的一个由头。久而久之,在决策面前,所有人都被束缚了手脚,反而变得不知如何进行决策了。经过思考,Peter认为有必要划清每个人的工作职责,调整以后的工作任务与职责划分如下:

表 12-1　调整后的工作任务与职责划分

团队成员	调整后的主要工作任务	备注
Peter	1.主要精力转到做业务,承担业务指标,并进行考核; 2.荧光灯产品的报价和样品单生产跟踪; 3.相关出纳事项及公司内账记录和整理; 4.推动公司重要事项的共同决策及外部资源拓展。	1.公司除了生产就是业务,其他职能全部弱化;2.Orin、Peter和Tony负责卖出产品,确保年销售额;3.Gavin负责买入产品,确保产品质量和交期;4.业务员需自己负责从订单拿下到顺利出货的全流程;5.建立激励体系,并实施即时奖励和惩罚。
Orin	1.负责公司主要的销售额来源,承担主要业务指标; 2.开发和经营好客户,负责拿下订单、催促款项及时到位及报关报检和出货安排等业务全流程。	
Tony	1.承担部分业务指标; 2.开发和经营好客户,负责拿下订单、催促款项及时到位及报关报检和出货安排等业务全流程。	
Gavin	全权负责所有生产、技术和产品类事务,确保产品质量和交期(Peter不再干涉Gavin的工作,如果Gavin需要协助,由自己主动提出)。	

3.2　确定考核指标及相应的激励制度

确定公司今后的两条主线:买和卖。"卖"的事情需投入绝大部分精力,且需形成"全员业务"的理念,包括技术在内的所有人员都需要抱持一种业务意识,即所做的一切都是在为客户创造价值,只有为客户创造了价值,客户才可能把订单交给公司。"买"的事情需保证所采购产品的品质和交期,并控制好成本,成本控制好了才能更有价格竞争力,质量和交期控制好了才能既让客户感到满意,又能够赚到钱。

下面是 2012 年下半年时间,公司应对日常开始将要付出的各项费用,总计约15.2 万元,约需要 100 万元的销售额才能保证收支平衡,才能让公司继续生存下去。

表 12-2　公司将要付出的各项费用

序号	项目	应对措施	2012 年后半年费用（万元）	备注
1	厂房租金及物业水电费	将多余的厂房约 90 平米（室内已装修）和 60 平米（室外未装修）对外出租,约 2100 元/月租金和物业费	2.1	5600×6＝3.36 万（元/年）
2	ETL 证书季度厂检费	无法减少	1.8	2012 年还有三次厂检,每季度约 6000 元
3	日常行政办公费用	减少不必要的浪费,节省 2000 元/年	0.5	
4	营销推广费（阿里巴巴平台、网站 SEO、产品手册）	集中优势资源到最有效果的渠道中去,且每做必精	4.5	
5	日常生活费用	尽量减少个人开支	2.88	
6	产品开发与模具费用	新的模具费用争取让客户支付,可从后面的订单中返还,省下 5000 元/年	0.5	
7	一个外聘员工的薪资及社保福利	如果年销售额低于 36 万元,则不值得留下该业务员	0.4	三个月试用期,视业绩和业务潜力如何再做决定
8	客户来访接待及拜访客户的费用	控制客户来访接待费用预算,合理安排接待日程,节省 2 万元/年	1	
9	其余各项费用	控制到 3 万元以内,节省 2 万元/年	1.5	
	总计费用（万元）		15.2	需要 100 万元销售额来维持收支平衡

然而,如果想要达到上述营收平衡,让公司活下去的目标,公司需要在"买"和"卖"两端分别比之前做得更好才能实现该目标,具体而言是实行责任到人制度、目标管理制度和绩效考核制度。

对于责任到人制度,今后的每一个订单由业务员本人一直跟踪到底,从拿到订单直到产品出货,全部由业务员本人去安排,订单的跟单责任人是业务员本人;订单的生产、质量和交期的责任人是 Gavin,在成本方面,对于每一个订单,一旦确定开始生产,则须同时确定产品的采购价格,不可出现中途增加成本的事情。除因特殊原因外,如出现产品质量问题、工厂交期问题、报关报检操作问题或者出货安排问题等可能造成客户满意度下降的问题,所造成的损失,均需责任人来承担。

对于目标管理制度,当前公司的第一任务是活下去,因此将下半年的总销售额指标定为 200 万元,具体个人目标见下表:

表 12-3　具体个人目标

团队成员	目标	达到目标后的奖励	不达目标的惩罚	备注 (同意请签字)
Orin	2012 年下半年完成不低于 120 万元的销售额	超过目标销售额的部分,将超出额中所得毛利的三分之一奖励给业务员本人	如目标达成率不足80%,则在年终一次性扣除 15% 的股份充公	
Peter	2012 年下半年完成不低于 40 万元的销售额			
Tony	2012 年下半年完成不低于 40 万元的销售额	正常提成之外,给予更多休假和工作时间自由	辞退	
Gavin	负责每一个样品单和订单的产品质量和交期,确保质量可靠、如期交货,并争取到有竞争力的价格	每次顺利完成生产的即时奖励;如产品质量和交期均能保证,则年终奖励 5000 元	如出现重大产品质量、交期或者成本事故,则在年终一次性扣除 15% 的股份充公	

注:重大产品质量、交期或者成本事故主要包括:①客户对所购买的产品提出赔偿要求,并且赔偿金额超过 1000 元的;②交期超过约定交货时间,且延误交货时间达到 7 天及以上;③在每一次订单生产之前必须与工厂签订正式的采购合同,如在生产前未签订合同且出现采购成本突然上升达 3% 以上,则视为重大成本事故;④其余未包含的重大事故的情况,可在发生之后由团队投票决定是否认定为重大事故。

此外，生产和技术主管如能持续不断地开发和推出更有竞争力的产品，以及不断降低产品成本或者其他能够有助于塑造产品竞争力的行为，并且通过业务部门卖出去的，公司将根据所改良或者推出的新产品的销售增长情况在年终给予其公司特别奖金，用于表彰其在公司做出的贡献，具体金额视其对公司的业务所起到的带动作用和公司利润情况而定，大致在 2000—10000 元。

对于绩效考核制度，业务员拿到订单后，全程跟单，且做到顺利报关报检和安排出货，则给予相应的奖励；生产主管由于需要负责每一个订单，因此对每一个订单都有一次获得奖励的机会，但是前提是确保产品质量和交期，一切都基于对于工作成效的考核。

表 12-4　绩效考核

序号	订单类型（元）	业务员奖励金额（元）	生产主管奖励金额（元）	备注
1	<100	60	60	1. 客户订单下达，业务员顺利安排报关报检及出货，并在货款全部到位后即刻发放该现金奖励给业务员。
2	100—500	200	200	2. 产品顺利生产，无产品质量和交期问题，则在货款到位后即刻发放该现金奖励给生产主管；对于普通产品质量和交期问题，并对公司造成成本升高或需要赔偿的，则生产主管需赔偿损失总金额的 30%；如发生交期延误，则需进行相应的惩罚，金额如下表。
3	500—1000	500	500	
4	1000—5000	800	800	3. 如生产主管多次出现重大产品质量、交期或者成本事故，则对于每次事故，生产主管均需要赔偿损失总金额的 30%；对于重大交期延误，则进行 5000—10000 元的惩罚。
5	5000—10000	1200	1200	4. 该奖励在工资之前优先发放。
6	10000 以上	1500	1500	

交期延误与惩罚金额对照表

天数/天	1	2	3	4	5	6	7 及以上
惩罚金额/元	300	300	300	400	500	600	重大事故
备注	以上金额根据天数累计计算，如延误三天，则金额为 300＋300＋300＝900 元。						

上述方案，建议从目前正在做的南美 3000 套的订单开始执行。但与此同时，对于之前 John 的订单，公司也必须进行相应的总结，并追加相应的奖励，在

这个订单中,Orin 总体上表现尚佳,不仅拿下了该订单,而且货款也都及时到位,并且在产品出现问题的情况下,客户仍然考虑给我们更多的订单,因此建议给予其 1200 元的追加奖励,对于 Peter 和 Gavin,由于此二人都存在较大的工作失误,这里暂时不予惩罚,但是都需要仔细反省,特别是总结未来工作中应该注意的问题,并确保今后的类似工作不再出现类似的错误。Peter 的反省之处主要在于一是今后不再直接干预 Gavin 的生产和产品类工作,除涉及到公司核心利益由大家一起讨论决定以外,其余生产类事情全部由 Gavin 全权负责;二是形成书面的跟单工作流程,包括付款节点、报关报检及出货安排等等,今后的跟单工作全部可以参照该流程进行,就不容易发生疏漏。Gavin 的反省之处主要在于如何保证产品质量和交期,这里需要形成标准化的生产作业文件(需图文并茂),并对工厂人员进行严格培训,直到工厂能够按照生产作业标准来生产为止;关于交期的控制,需要在每次订单下达之前跟工厂形成统一的生产进度表,对于关键的生产节点,一定要严格把控和监督;关于质量问题的责任划分问题,需要跟工厂在订单生产之前就在合同中注明责任归属问题,以免事后发生问题时无法区分责任。

◆ 案例思考

1. 科技型创业企业如何进行有效管理?

2. 新创企业需要人力资源管理吗?

3. 如何正确处理分权、授权?

图书在版编目(CIP)数据

人力资源管理案例集 / 胡孝德主编. —杭州:浙江大学出版社,2014.8

(人本管理案例丛书/陈惠雄主编)

ISBN 978-7-308-13279-4

Ⅰ.①人… Ⅱ.①胡… Ⅲ.①人力资源管理－案例 Ⅳ.①F241

中国版本图书馆 CIP 数据核字(2014)第 109911 号

人力资源管理案例集

主　　编　胡孝德

副　主　编　旷开源

人本管理案例丛书　丛书主编　陈惠雄

责任编辑　周卫群

封面设计　续设计

出版发行　浙江大学出版社

　　　　　(杭州市天目山路 148 号　邮政编码 310007)

　　　　　(网址:http://www.zjupress.com)

排　　版　杭州中大图文设计有限公司

印　　刷　德清县第二印刷厂

开　　本　710mm×960mm　1/16

印　　张　14.5

字　　数　260 千

版 印 次　2014 年 8 月第 1 版　2014 年 8 月第 1 次印刷

书　　号　ISBN 978-7-308-13279-4

定　　价　28.00 元

版权所有　翻印必究　印装差错　负责调换

浙江大学出版社发行部联系方式:0571－88925591;http://zjdxcbs.tmall.com